19.50

Jane Rule

Bilder und Schatten

Die lesbische Frau in der Literatur

AMAZONEN

1. deutsche Auflage 1979
Titel der Originalausgabe:
"Lesbian Images"

Umschlagentwurf: Friderike Lohse

Satz und Druck: Movimento-Druck, 1000 Berlin 36

ISBN 3 - 88171 - 007 - 8

Vertrieb: Frauenbuchvertrieb GmbH
Mehringdamm 32-34
1000 Berlin 61

Vorwort des Verlages

Die Übersetzung dieses Buches aus dem Amerikanischen wurde durchgeführt:

Die Kapitel *Vita Sackville-West, Violette Leduc, Vier Jahrzehnte Romanliteratur* und *Moderne Sachbücher* von **Cornelia Holfelder-v.d.Tann**, Berlin; die Kapitel *Willa Cather* und *May Sarton* von **Daniela v. Raffay**, Berlin; die Kapitel *Ivy Compton-Burnett, Elizabeth Bowen, Colette, Margaret Anderson, Dorothy Baker* und *Maureen Duffy* von **Marianne Preuß**, Berlin. Die übrigen Kapitel des Buches wurden von Frauen aus dem Verlag übersetzt.

Cornelia Holfelder-v.d.Tann, Daniela v. Raffay und Marianne Preuß möchten wir für ihre Mitarbeit sehr herzlich danken. Ohne ihre großzügige und zuverlässige Hilfe hätte dieses Buch zu diesem Zeitpunkt nicht erscheinen können.

AMAZONEN-Verlag

Für Elizabeth Marie Pope

Inhaltsverzeichnis

Vorwort

Dieses Buch erhebt keinen Anspruch darauf, eine umfassende Darstellung lesbischer Literatur- oder Kulturgeschichte zu sein. Eher ist es ein gewöhnliches – oder nicht ganz ungewöhnliches – Buch zum Lesen, eine Darstellung meiner eigenen Auffassung von lesbischer Erfahrung, wie sie sich mißt an den Darstellungen anderer Schriftstellerinnen innerhalb ihrer Werke und/oder ihres Lebens. Wenn auch die Literatur, die ich hier näher betrachte, von Psychologie und Soziologie stark beeinflußt worden ist, liegt es Kunst doch immer näher, Wahrheit in der Vielfalt des Besonderen zu suchen, als im niedrigsten allgemeinen Nenner von hundert Fallbeschreibungen. Nur allzu oft verkürzen die Sozialwissenschaften die Erfahrungen des Mensch-Seins, um sie dem Verständnis besser zugänglich zu machen. Aber tiefere Einsicht in die Vielfalt des Lebens ist, trotz aller "wissenschaftlicher" Untersuchungen, immer noch eher die Domäne der Literatur. Denjenigen, die wissen wollen, was es bedeutet, lesbisch zu sein, gibt dieses Buch so viele Antworten, wie sich Stimmen dazu erheben. Obwohl ich nicht verbergen kann, daß ich für einige mehr Sympathie empfinde als für andere, muß die eine Betrachtungsweise nicht unbedingt eine andere entwerten; denn dies ist eher eine Forschungsreise in die Mannigfaltigkeit als eine Dissertation, die meine persönliche Ansicht erhärten soll.

Vom unheilvollen Masochismus einer Violette Leduc zum lyrischen Wunderwerk einer Margaret Anderson, vom moralischen Ernst einer Gertrude Stein zum ambivalenten Zynismus einer Colette, von der kastrierten Sexualität einer Ivy Compton-Burnett zum grellen sexuellen Hunger einer Vita Sackville-West, von der zurückhaltenden Schweigsamkeit einer Willa Cather zu den rückhaltlosen Geständnissen einer May Sarton überschreitet die Realität lesbischer Erfahrung alle über sie aufgestellten Theorien. Und wenn dieses Buch auch nur erstaunte durch die Zahl der Frauen, und sehr begabter Frauen, die sich mit Liebe zwischen Frauen beschäftigt haben, so hätte es seinen Zweck erfüllt; denn keine wird die leichthin übergehen können, die auf den folgenden Seiten einen Platz gefunden haben.

jane rule

Einleitung

Als 1964 mein erster Roman, *THE DESERT OF THE HEART*, veröffentlicht wurde, äußerte sich die Mehrzahl der Rezensenten in unverhüllter Mißbilligung über das Hauptthema. *"The Desert of the Heart* zeigt sich äußerst frei in der Darstellung lesbischer Liebe. Vielleicht ein bißchen zu frei. Die Autorin läßt sie fast schon erstrebenswert erscheinen." "Ich erfuhr sehr viel mehr über Lesbierinnen, als ich eigentlich wissen möchte." "Es gibt Aspekte geistiger Krankheit, die nicht besonders hübsch sind, und wenn diese Dinge heute auch nicht mehr nur hinter verschlossenen Türen diskutiert werden – ist es denn notwendig, sie zu drucken, um sie öffentlich zur Schau zu stellen?" "Aber unaufhörlich blättert man zurück zur Photographie der Autorin auf dem Umschlag und fragt sich, wie eine so gut aussehende Frau wohl dazu gekommen sein mag, ein so widerwärtiges Thema zu wählen." "Miss Rules Stil hat eine Art pervertierten guten Geschmacks an sich." Sätze wie "der moralische Selbstmord der Homosexualität" und "das Unheil der lesbischen Liebe" waren allgemein verbreitete und offen praktizierte Verhaltensweisen noch vor kaum zehn Jahren. Als meine Wiedereinstellung als Universitätsdozentin des Buches wegen auf dem Spiel stand, verteidigten meine liberaleren Kollegen mich mit dem Argument, daß Kriminalschriftsteller nicht unbedingt selbst Mörder sein müßten; daraus folge, daß die Verfasserin eines lesbischen Romans nicht notwendigerweise selbst Lesbierin sein müsse. Ich wurde eingestellt.

Acht Jahre später, als mein dritter Roman, *Against the Season*, erschien, zeigten sich die Kritiker – einige von ihnen identisch mit meinen einstigen Rezensenten – weit weniger sicher in ihrer moralischen Selbstzufriedenheit, und einige konnten das Buch sogar ohne Unbehagen rezensieren. Das Ergebnis dieses Klimawechsels ist tiefgreifende Verwirrung. Über Stil und Atmosphäre des Buches sagt zum Beispiel ein Kritiker: "Intelligent, feinrassig, geschickt, sensitiv und stets geschmackvoll. Aber an keiner Stelle gelingt der Durchbruch in Ungestüm und Mysterium des vollen, runden Lebens". Für einen anderen wiederum "gibt es in diesem einen Buch mehr an brusthaarigen Hormonen als in den ersten sechs von Truman Capote zusammen, aber sie jagen alle durch angeblich weibliche Adern". Obwohl die Einschätzungen von Vitalität und Geschmack sich direkt widersprechen, nehmen beide Rezensenten immer noch Anstoß am zentralen Thema. Von den im Buch dargestellten Personen wird gesagt: "Es ist etwas so Alltägliches um diese Leute, daß sie einem auf schrecklich distanzlose Art vertraut werden," und ebenso wird gesagt:

“Sie scheint fasziniert zu sein von menschlichen Verirrungen.” Von der Ausstrahlung der einzelnen Personen behauptet einer der Kritiker, ich hätte die Gabe, “ihre Charaktere mit starkem Leben zu erfüllen und die meisten liebenswert zu gestalten, was mehr ist, als vielen heutigen Romanschriftstellern gelingt.” Ein anderer allerdings bedauert: “wenn sich Personen durch kaum mehr voneinander unterscheiden als durch ihre Namen, gelingt es mir nicht, sie zu empfinden.” In jenem Jahr hat meines Wissens niemand meine Stelle als Gastdozentin für kreatives Schreiben in Zweifel gezogen, obwohl ich inzwischen schon lange öffentlich als Lesbierin etikettiert war.

Jedes Urteil über Bücher enthält zugleich eine subjektive Moralvorstellung, ob ein solches Urteil nun offen ausgesprochen oder mit ästhetisierenden Vokabeln verschleiert wird wie “geschmackvoll” oder “geschmacklos”. Da Vorurteile des Rezensenten so häufig unausgesprochen bleiben, ist alles, worauf ein Leser hoffen darf, ein Hinweis darauf, wovon das Buch handelt, aber bis in die allerjüngste Vergangenheit hinein zeigten sich viele Rezensenten höchst abgeneigt, das Wort Homosexualität auch nur zu erwähnen, selbst bei Romanen, die hauptsächlich von diesem Thema handelten. Und auch Verleger waren äußerst zurückhaltend bei der Beschreibung der wenigen lesbischen Romane, die zu veröffentlichen sie bereit waren. Ein Werbetext für Han Suyins lesbischen Roman “Winterliebe”, der 1962 veröffentlicht wurde, lautet in toto: “*Winterliebe* unterscheidet sich vollkommen von allem, was sie bisher geschrieben hat. Das Buch enthüllt eine ganz andere Facette des weiten Spektrums menschlicher Gefühle, die Han Suyin untersucht mit der Objektivität des Arztes und dem Mitgefühl, das untrennbarer Teil der Begabung jedes Schriftstellers darstellt, der mehr als nur flüchtigen Ruhm verdient.”

Moralische Selbstzufriedenheit, in literarische Sprache gekleidetes Vorurteil und befangenes Stillschweigen sind kümmerliche Werkzeuge für überzeugende Beurteilung von Literatur. Ein Rezensent formulierte das Problem mit erfrischender Aufrichtigkeit. “Oh, wohl der einfacheren Vergangenheit, da alles, was ein Mann als kompetenter Kritiker zeitgenössischer Dichtung brauchte, in einer Einschätzung der englischen Sprache bestand und in der Fähigkeit, dies auszudrücken. Heutzutage ist kein Rezensent mit Bildungsqualifikationen unterhalb eines Ph.D. in angewandter Psychologie mehr hinlänglich qualifiziert, eine fundierte Meinung zum Ausdruck zu bringen.” “Eine solche Ausbildung würde den Kritiker zwar eher korrumpieren als bilden, doch steht er zumindest zur Begrenztheit seiner Erfahrung und seines Begreifens.

Ich fälle in diesem Buch nicht allzu oft literarische Urteile, da mein Anliegen ist, zu entdecken, welche Leitbilder lesbischer Frauen von Schriftstellerinnen entworfen wurden in Dichtung, Biographie und Autobiographie. Allerdings habe ich bei meinem Engagement für Literatur als Schriftstellerin wie als Lehrerin nicht immer der Versuchung widerstanden, die Qualität der literarischen Darstellung zu kommentieren, da sie, wenn sie hervorragend ist, klärend und überzeugend wirkt, wenn mangelhaft, verzerrend und enttäuschend. Aber in diesem Buch beschäftigt mich nicht so sehr der Grad des literarischen Könnens als die Interaktion der Schriftstellerinnen mit ihrer Kultur, d.h. wie stark sie bei der Darstellung lesbischer Frauen beeinflußt sind von religiösen und psychologischen Vorstellungen und von ihrer eigenen, persönlichen Erfahrung. Oft wurden mir Grenzen gesetzt durch unzureichende Information und ich habe versucht, das, was auf Tatsachen beruht, von dem, das lediglich Vermutung sein kann, deutlich abzusetzen. Aber die wissenschaftliche Sorgfalt, die ich beobachtet habe, nimmt mich nicht aus von meiner eigenen moralischen Subjektivität. Ich bin so weit entfernt von objektivem Desinteresse, daß mein Leben oder doch zumindest die Qualität meines Lebens davon abhängt, was andere Menschen denken und fühlen darüber, was es heißt, Lesbierin zu sein.

Mit fünfzehn Jahren las ich zum ersten Mal "Quell der Einsamkeit" von Radclyffe-Hall. Damals wußte ich nichts über das Leben und nicht allzuviel von meinem eigenen, aber ich war zutiefst verstört. Ähnlich wie Stephen Gordon, Hauptfigur des Buches, war ich sechs Fuß groß. Ich hatte breite Schultern und schmale Hüften, keinen Busen und eine tiefe Stimme. Bis auf ein oder zwei rein weibliche Interessengebiete wie Handarbeiten und das Sammeln von Miniaturtieren war doch ein großer Teil meiner Kinderzeit damit ausgefüllt, mich in die Aktivitäten meines älteren Bruders einzuschalten, ob das nun Fußball war (als ich mir einen tiefen Riß am Ellbogen zuzog, trauerte meine Mutter über den nicht wiedergutzumachenden Schaden für meine Zukunft als Frau, da ich nun zum Tragen langärmliger Abendkleider verurteilt sei) oder Fischengehen mit meinem Vater (der sich nachsichtig für meine Rechte als jüngste und einzige Tochter einsetzte, obwohl ich unterwegs immer autokrank wurde und kaum jemals etwas fing außer Ästen, von denen ich dann wieder befreit werden mußte). Mit zwölf Jahren kam ich auf eine Mädchenschule und war dankbar dafür, denn ich war schon zu groß, zu aktiv und zu aufgeweckt, um mehr als einen höchst grotesken Übergang in heterosexuelle Jugendzeit zustande zu bringen. Unter Mädchen konnte ich mir meinen Stolz auf Attribute erhalten, die mein Bruder, ohne nach Entschuldigungen suchen zu müssen, unbefangen ins Erwachsenenleben mit hinübernehmen konnte. Ein Junge wollte ich niemals sein, aber es forderte mich heraus, daß Größe und Intelligenz für ihn Tugenden waren und für mich Handicaps. Da ich den einen Fehler nicht verstecken konnte, hielt ich es für sinnlos, den anderen zu verbergen. Auf einer Mädchenschule galt es nicht als unnormal, Basketball zu spielen und die diffizilen Probleme lateinischer Grammatik zu diskutieren. Aber im "Quell der Einsamkeit" entdeckte ich plötzlich, daß ich eine fragwürdige Existenz war, ein genetisches Monster, Mitglied eines dritten Geschlechts, die sich irgendwann einen männlichen Vornamen zulegen würde (Telefonisten redeten mich ja schon mit "Sir" an), eine Krawatte tragen und im Exil in irgendeinem europäischen Ghetto leben. Ich kann mich nicht erinnern, wie ich eigentlich auf das Buch kam. Eine Leseratte war ich damals nicht. Aber ich erinnere mich, daß es das Begreifen meiner Kindheit und meine Wahrnehmung der wichtigeren Freundschaften meines damaligen Lebens radikal veränderte.

In tastenden Gesprächen mit Frauen, die älter waren als ich, erwarb ich mir eine entstellte Anschauung von psychologischen Zusammenhängen, die mit Konditionierung zu tun hatte. Eine lesbische Phase in der Entwicklung war etwas Normales, aber die Auflösung dieser Phase hatte darin zu bestehen, daß man vom ersten erreichbaren Mann verführt wurde. Hatte sich eine Frau dann erst einmal umfassender Heterosexualität erfreut, dann konnte eine lesbische Erfahrung ab und an ein erfülltes Leben reizvoll würzen. Würde aber die erste Erfahrung mit einer Frau gemacht, bliebe man lebenslang sexuell fixiert, bedauernswert wie ein auf einer Türklinke festgeklebter Vogel. Ich grübelte darüber nach, und der Gedanke paßte mir ebensowenig wie die vorn geknöpften Golfjacken Größe 18, die ich um meinen Telegrafenmastkörper hing. Lächerlich auszusehen, daran war ich gewöhnt, aber mich lächerlich zu fühlen, daran konnte ich mich nicht gewöhnen. Auf vorgefertigte Meinungen war ich nicht so angewiesen wie auf Konfektionskleidung, wohl deshalb, weil ich nicht nähen, aber denken konnte.

Ich bedauere keineswegs, daß meine Schuldgefühle in meinen ersten sexuellen Erfahrungen mehr mit wirklicher Liebe als mit korrekter Heterosexualität durchsetzt waren. Noch bedauere ich, daß es nichts von konventioneller Paarbildung für mich gab in dieser ersten Beziehung, die mir statt eifersüchtiger Ausschließlichkeit echte Großmut abverlangte und Verständnis für Mann und Kinder einer anderen. Diese Erfahrung ließ mich sehr früh tiefer erkennen, was Lieben heißt, ließ mich Sexualität eher als eine der Sprachen der Liebe erkennen denn als Festlegung von Identität oder Akt der Besitzergreifung. Unter diesen Umständen war Liebende sein nicht mehr Etikett als Tochter, Schwester oder Freundin sein, Verantwortlichkeiten und Glücksmöglichkeiten, die ich niemals nebensächlich behandelt habe, um einen anderen Menschen besitzen oder ihm gehören zu können. Klebriges Klammern ist Eigenart der Schnecken, die Brunnen und Aquarien sauberhalten. Vielzahl sozialer Beziehungen schafft nicht Vielzahl von Konflikten, wie uns das die moralisierenden Geschichten unserer Kultur glauben machen möchten, wenn die Beziehung von der Eigenständigkeit des einen und der Freiheit des anderen getragen wird.

Vielleicht war es mein persönliches Recht, nur auf Männer zu treffen, deren einzige Vorstellung von Freiheit die ihrer eigenen war. Der zweite Weltkrieg endete kurz bevor ich aufs College kam, und während mir die aufgeschobene Offenbarung der Heterosexualität zuteil wurde, hatten sich grüne Jungen und Veteranen den Krieg ums weibliche Eigentum erklärt. Während andere Frauen anscheinend fähig waren, sich selbst als Preise in diesem Wettkampf zu betrachten, konnte ich mich nie anders fühlen denn als Opfer. Selbst wenn ich – nach Größe und Intelligenz – als die Bestgeeignete für die Aufzucht stattlicher Söhne erwählt wurde, konnte ich mich nicht geschmeichelt fühlen. Ahnenverehrung war in meiner Familie ausgestorben; als Satz vielversprechender Gene betrachtet zu werden bedeutete daher Geringschätzung eines anderen meiner ausgeprägten Wesensmerkmale: meines Selbst. Ich gewann Übung im Formulieren abwehrender Argumente. Riesenwuchs ist eines der ersten warnenden Symptome drohenden Aussterbens einer Gattung. Eine meiner Großmütter war ein Kaliforniabaum. Wie, wenn ich ausschließlich Amazonen produzierte? Dies war eine mir nicht ganz unangenehme Aussicht, wirkte aber wie ein Schlag vor den Kopf eines jeden Mannes, der eine Dynastiegründung im Auge hatte. Wenn ich ausgleichshalber mit Entgegenkommen versuchte, und gelegentlich hoffnungsfrohe Aussichten für mein eigenes Leben anbot, hieß es: "Aber du brauchst doch nichts zu sein – nur mein." Dieses Argument rettete unzählige junge Frauen, die ich kannte, vor einem niederschmetternden Semesterzeugnis oder bedenklich anspruchsvollen Prüfungen. Einige schafften es bis zu den sprachlichen Voraussetzungen für den Ph.D., bevor sie zugaben, daß es einfacher sei, einen zu erheiraten als sich zu verdienen. Schließlich war das in den frühen fünfziger Jahren, in denen selbst unser Collegepräsident sein Buch durchzog "Die Erziehung unserer Töchter" (zu Ehefrauen und Müttern) und zunehmend Kurse einrichtete über Kinderpsychologie und Entwicklung des Kindes. Unsere Erziehung war ganz einfach Teil unserer Aussteuer.

Ich besitze die hoffnungsvolle Seele meiner Großtante Etta. Meine Mutter betrachtete sie neulich und seufzte: "Arme Etta". Sie hat niemals geheiratet, obwohl sie mehrmals verlobt war und einige bemerkenswerte Schmuckstücke, die sie überreden sollten, einsammelte, aber nie zurückgab (ich habe eins ihrer Diamant-Saphir-Armbänder). Es wurde erzählt, sie habe den Schmied auf einer der Ranchs meines Großvaters geliebt, er sei aber für die Familie nicht akzeptabel gewesen. Als ihre Eltern schließlich gestorben waren, verbrachte Etta jeden Sommer auf der Ranch in dem großen Haus auf dem

Hügel, und Charlie, der Schmied, lebte in einem kleinen Häuschen am Fuß des Hügels. Sie entwarf einen wunderschönen Garten dort, ein Morgen Land voller seltener Azaleen und Rhododendren vor einem Hintergrund von Kaliforniabäumen. Charlie leistete die schwere Arbeit. Wenn ich als Kind bei Etta war, brachte sie mir Handarbeiten und Blumenpflege bei. Charlie lehrte mich, die Ohren eines Wild-Kaninchens am Zaun des Gemüsegartens gerade noch in der Abenddämmerung zu erkennen und gut zu zielen. Und er brachte mir bei, Tauben zu schröpfen. Im Winder lebte Etta in der Stadt oder war auf Reisen. Ihre ältere Schwester Ida starb bei der Geburt ihres ersten Kindes. Ihre jüngere Schwester Carlotta heiratete zweimal. Die erste Ehe endete in einer skandalösen Scheidung, die zweite, als ihr Mann, Alkoholiker, starb. Arme Etta?

Als ich meine Mutter auf diese Tatsachen aufmerksam machte, lacht sie, überrascht und betroffen. Eine ihrer Freundinnen, Psychologin, hat ihr neulich einen neuen Begriff beigebracht: Denkabweichler. Ich bin ein Denkabweichler.

Meine Skepsis gegenüber dem Lohn der Ehe entwickelte sich eigentlich weniger aus dem Studium unglücklicher Ehen in meiner Familie oder bei den Freunden meiner Eltern, obwohl es allenthalben genügend augenscheinliche Beweise gab, auch den blindesten Optimisten zu entmutigen. Meine eigenen Eltern waren – und sind es noch – dieser Mythos, der außerhalb von Frauenmagazinen kaum zu existieren scheint: ein wirklich glückliches und zutiefst miteinander verbundenes Paar. Nicht selten hat einer von zwei Partnern Begabung und Bedürfnis zu Partnerschaft und Elternschaft – ist es die Frau, wird sie Märtyrerin oder Heilige genannt, ist es der Mann, heißt er Pantoffelheld oder Schlappschwanz. (Merkwürdig: ehrende Bezeichnungen für die Frau, herabsetzende für den Mann.) Selten fühlen sich zwei Menschen gleichermaßen zum Familienleben hingezogen und erfüllen es mit all dem Ideenreichtum, der für gewöhnlich eher in Karrieren, Religiosität oder künstlerische Betätigung investiert wird. Leute, die meine Eltern um ihre Beziehung beneiden, machen den einen oder anderen dafür "verantwortlich". "Art wäre kein so guter Ehemann, wenn Jane ihm nicht eine so gute Frau wäre." "Jane wäre keine so gute Frau, wenn Art nicht ein so bemerkenswerter Mann wäre." Beide Feststellungen sind richtig. Ich bewundere meine Eltern, wie sie miteinander leben, wie ich große Geiger im Duettspiel bewundere, aber ich habe mir niemals gewünscht, ein Leben als Ehefrau oder Geigerin tatsächlich lange und hingebungsvoll genug zu führen, um nach dieser Art Erfüllung zu streben und ich habe auch den Verdacht, ich besitze zu keinem von beiden ein angeborenes Talent.

Menschen, die in ihrem gewählten Leben wirklich glücklich sind, scheinen weniger in Versuchung, ihre eigenen Entscheidungen auch anderen aufzudrängen als diejenigen, die sich von ihrem Leben bedrückt und belastet fühlen. Meine Mutter hat mir niemals drohend angekündigt: "Warte nur, bis du einmal selbst Kinder hast, dann wirst du sehen, was es bedeutet." Sie hat sich nie über ausbleibende Enkelkinder beklagt, und ich glaube, sie würde das auch dann nicht tun, wäre sie nicht durch die Kinder meines Bruders und meiner Schwester ausreichend versorgt. Einmal ist sie gefragt worden, wann man anfangen sollte, die Kinder ihrer eigenen Wege gehen zu lassen. "Wenn sie geboren sind", antwortete sie. Obwohl sie ziemlich konventionell erscheint, empfindet meine Mutter wenig Respekt für Autoritätspositionen – einschließlich ihrer eigenen. Entweder verdienen andere ihre Achtung oder sie genießen sie nicht, und uns lehrte sie dieselbe prüfende Unabhängigkeit. Vater, mitunter beunruhigt über den hohen Preis solcher Eigenständigkeit, sagte dann auch mal auf unser: "Ich möchte lieber recht handeln als Präsident sein": "Weißt du, *manchmal* ist es aber schon besser, Präsident zu sein." Mein Vater und ich einigten uns kürzlich darauf, daß diese Frage sich ein für alle mal erledigt habe. Da ich nun einmal zu diesen seltenen Ausnahmen gehöre – den Produkten einer glücklichen Ehe – habe ich mich manchmal, halb im Scherz, darüber beklagt, daß ich niemanden habe als mich selbst, den ich für Mißerfolge und Fehlschläge in meinem Leben verantwortlich machen könnte. Etwas mehr belastete mich die Frage, warum zwei so gute und liebevolle Menschen früher oder später mit dem sozialen Paria konfrontiert werden mußten, zu dem ich mich langsam entwickelte. Ich hatte damals genug an psychologischer Literatur gelesen, um zu wissen, daß meine Mitmenschen für mich vielleicht noch Entschuldigungen finden würden, wenn ich schließlich einmal nach meinen Bedürfnissen lebte, für meine Eltern aber niemals. Die meisten meiner Probleme habe ich selbst zu lösen versucht. Diese eine hätte ich ohne ihre Hilfe niemals lösen können, und um die bat ich sie viel später, als ich das hätte tun können.

Ich war dreißig, als ich das Buch "Desert of the Heart" beendete. In den vorangegangenen fünf Jahren hatte ich mit Helen zusammengelebt, die ihren Mann, ihre Familie und ihre Heimat verlassen hatte, um mit mir in Canada zu leben; wir unterrichteten beide an der Englischen Fakultät der Universität von British Columbia. Nachdem ich bereits ein paar Kurzgeschichten geschrieben hatte, von denen einige auch veröffentlicht worden waren, nachdem ich zwei frühere Romane als höchstens für mich selbst wichtig beiseite gelegt hatte, wußte ich nun, daß ich ein Buch geschrieben hatte, das veröffentlicht werden konnte. Aber weil es eine lesbische Beziehung zum Thema hatte, konnte sowohl unsere berufliche wie private Sicherheit auf dem Spiel stehen. Und meine Familie, die Helen akzeptiert hatte als eine liebe Freundin, mit der ich lebte, würde sich nun mit Konsequenzen konfrontiert sehen, die sie entweder nicht erwartet oder bisher zu ignorieren bevorzugt hatte. Für Helen bestand kein Zweifel daran, daß das Buch veröffentlicht werden sollte. Mit Schwierigkeiten würden wir es eben aufnehmen wenn und sobald sie auftauchten. Drei Generationen von Frauen in ihrer Familie hatten eine Tradition langfristiger, liebevoller Freundschaften zwischen miteinander lebenden Frauen geschaffen, und unsere war nur eine davon. Meine Familie verfügte nicht über so ermutigende Vorbilder. In meinem Urlaub fuhr ich mit dem Manuskript meines Buches allein nach Hause zu meinen Eltern und bat sie, es zu lesen. Mit mir zurück nahm ich den Kommentar meines Vaters: "Ich glaube, du bist sehr mutig." Wir redeten damals nicht über mein Leben. Das Thema Homosexualität ist eigentlich erst seit meiner Arbeit an diesem Buch bei uns zu einem selbstverständlichen Gesprächsthema geworden.

Als mir Judith Finlayson, damals Verlegerin bei Doubleday Kanada, dieses Projekt vorschlug, war ich zunächst wenig geneigt, ein solches Buch zu schreiben. Erst kurz zuvor war es mir möglich gewesen, meine Ganztagsstelle als Dozentin aufzugeben, um mehr Zeit für meine schriftstellerische Tätigkeit zu haben. Und ein solches Buch zu schreiben war eher schriftliche Lehrtätigkeit als Schreiben, wie ich es mir wünschte. Zudem konnte es mich – anders als das Verfassen von Romanen – in die Kategorie eines Ritters für die gute Sache drängen, und als Person öffentlichen Interesses fühle ich mich nicht sehr wohl. Und schließlich mußte es auch denjenigen die letzte Ausflucht nehmen, die bisher mit meinem lesbisch-Sein nur umgehen konnten, indem sie so taten, als wüßten sie nichts davon. "Das", sagte meine Mutter, als ich ihr meine Bedenken mitteilte, "ist ihr Problem, nicht deins." "So ein Buch zu schreiben ist sicher unheimlich schwierig, nicht?" fragte mein Vater. "Liebe zu beschreiben versuchen, das ist doch so etwas wie Gefühle überhaupt zu beschreiben versuchen – kann man das nicht besser künstlerisch ausdrücken?" Und er deutete auf eine sanfte Explosion von Licht, das Gemälde von John Korner, das an der Wand hing. Ja, natürlich, aber ein solches Buch mußte geschrieben werden, um auf genau diese wichtige Frage hinzuweisen, sie zu unterstreichen, und das ist in anderen Büchern über Lesbierinnen nicht versucht worden. Bedeutet das Wort "lesbisch" tatsächlich für niemanden etwas anderes als eins der Gesichter der Liebe – und warum sollte es irgend etwas anderes bedeuten? – wäre das Schreiben eines solchen Buches nicht notwendig. Die Erkenntnis meines Vaters ist selten, ebenso selten wie das Wissen meiner Mutter, daß die Ängste der Menschen in ihre eigene Verantwortlichkeit fallen.

Für mich ergaben sich Schwierigkeiten daraus, als lesbische Schriftstellerin identifiziert zu werden, nicht in den zu erwartenden Formen wie etwa Verstoß aus der Familie, Verlust der Arbeit, Ächtung durch die Gesellschaft, ich geriet nicht einmal als Schriftstellerin durchgängig in Mißkredit. Sie wurden mir von anderen Homosexuellen bereitet, die, eingeschüchtert, ein nach außen hin möglichst unauffälliges und unangreifbares Leben führten und sich durch unsere wachsende Offenheit bedroht fühlten. Manche fühlten sich wegen ihres eigenen Mangels an Mut in Frage gestellt und nahmen übel. Andere befürchteten, jede Verbindung mit uns könnte sie mit hineinziehen. Bevor ich mein zweites Buch veröffentlichte, sagte mir jemand in einem langen Brief voraus, einmal könnte ich mit einem solchen Buch noch davonkommen, aber ein zweites Mal nicht. Wenn ich schon nicht an mich selber dächte, wie könnte ich aber Helens Karriere zerstören? Solche Reaktionen kamen häufiger von Männern als von Frauen, vielleicht deshalb, weil es für Frauen immer leichter gewesen ist, zusammenzuleben, ohne Verdacht zu erregen.

Mit Beginn der Frauenbewegung ist eine ganz andere Art von Problemen aufgetreten. Zunächst wurde die Lesbierin in der Bewegung als rufschädigende Bedrohung betrachtet, allmählich aber wurde die Unabhängigkeit von Lesbierinnen zum Symbol für eine neue politische Identität von Frauen. Und die radikale Frau, frei von Männerherrschaft, konnte und sollte sich Lesbierin nennen, ob sie nun mit einer anderen Frau eine emotionale und sexuelle Beziehung hatte oder nicht.

Meine anfängliche Scheu, mit der Frauenbewegung in Verbindung gebracht zu werden, ging darauf zurück, daß ich glaubte, sie müsse vor dem Etikett “lesbisch” bewahrt werden, das meine Teilnahme provozieren mußte. Aber was dort geschah, war für mich so wichtig, daß ich mich auf die Dauer nicht ausschließen konnte. Als das Thema dann anläßlich eines Zeitungsartikels, den einige Frauen anstößig fanden, zur Sprache kam, schlug ich vor, wir sollten mit diesem Punkt umgehen wie mit jedem anderen, nicht über “die” reden, sondern über uns selbst, immer “du” oder “ich” sagen. Die Diskussion, die dann stattfand, war, wie alle Diskussionen sind, in denen Selbsterfahrung stattfindet – komisch, schrecklich und fruchtbar. Aber später an jenem Abend kam eine Gruppe junger Frauen zu mir nach Hause; sie alle versuchten, auf die eine oder andere Weise lesbische Gefühle bei sich herauszufinden, aber keine von ihnen war auf dem Treffen imstande gewesen, etwas zu sagen. Sie hatten das Gefühl, mich verraten zu haben, oder daß ich versucht hätte, sie bloßzustellen. Beides war nicht der Fall gewesen. Eine junge Frau sagte: “Ich will nicht als Lesbierin auftreten, denn mit diesem Etikett werden sie danach alles bekleben, was ich noch sage.” Eine andere sagte: “Ich bin keine Lesbierin. Heute lebe ich mit einer Frau zusammen. Aber schon im nächsten Jahr lebe ich vielleicht mit einem Mann zusammen – warum sollte ich mich abstempeln lassen?" "Glaubst du, daß alles, was ich sage, abgestempelt und angezweifelt wird?" fragte ich. "Nein, aber du bist anders." Ja, zehn oder fünfzehn Jahre älter, und auch länger in der Öffentlichkeit bekannt. Und ich erinnerte mich an meinen Zorn damals, als ich als lesbische Schriftstellerin etikettiert wurde; denn obwohl ich keineswegs die Absicht habe, aus meinem Interesse an Beziehungen zwischen Frauen "herauszuwachsen", greife ich doch auch zahlreiche andere Bereiche zwischenmenschlicher Beziehungen auf und bringe sie zum Ausdruck. Da ich das Etikett nun aber einmal trug, ob ich es mochte oder nicht, stellte ich fest, daß es ein so schreckliches Stigma nun auch wieder nicht war, kaum schlimmer als das eines Schriftstellers weiblichen Geschlechts oder das einer kanadischen Schriftstellerin oder das einer Akademikerin.

An die Stelle der unsicheren jungen Frauen sind inzwischen militante Lesbierinnen getreten, die mich als politische Ausverkäuferin übelster Sorte betrachten, die verschanzt hinter dem Schutz ihrer Klasse und ihres Geldes lebt, Bücher schreibt, die keineswegs den Schluß nahelegen, als Lesbierin zu leben sei die beste Lebensform, immer, für jede und unter allen Umständen; und die männeridentifiziert ist, weil ich an der Universität unterrichte und "vom Mann" verlegt werde.

Ich bin vom Glück begünstigt gewesen, von Geburt an, von den Umständen her, in meiner Arbeit, im niemals wirklich verdienten Wunder einer Beziehung, die seit nun fast zwanzig Jahren besteht. Wenn ich mich manchmal versucht fühle, mein Leben zu Propagandazwecken als exemplarisch darzustellen, macht Helen kurzen Prozeß mit dieser meiner Pose und weigert sich nachdrücklich, die eine Hälfte eines idealen Paars darzustellen; denn unangemessener Vereinfachung oder öffentlicher Wirksamkeit kann sie nichts abgewinnen.

Oft in meinem Leben war ich aber auch eingeschüchtert oder wütend, denn die ehrenhaften Träger von Sitte und Gesetz bestehen noch immer auf der grotesken Darstellung der Lesbierin als krankem und depraviertem Menschen. Mein Leben war keine Katastrophe. Ich wurde nicht zum moralischen Selbstmörder. Aber wenn ich einmal, wie es jedem von uns manchmal geht, in Bewußtsein, Einsicht oder Liebe versagte, dann hätte ein Mangel an Mut, an mich selbst zu glauben, tödlich sein können. Ich habe sehr viele geliebte Freunde verloren. Um sie trauere ich in Zorn.

Weder mein Leben noch meine Arbeit können als exemplarisches Beispiel dienen. Es wäre Lüge zu behaupten, keine Lesbierin brauche an Angst, Qual oder Selbstzweifel zu leiden. Ich kann die irrationalen Quellen solchen

Schuldbewußtseins in religiösen und psychologischen Doktrinen aufzeigen. Ich kann die negative Moral darstellen, die nicht nur von außen auferlegt sondern auch von einigen der brilliant beredten Frauen selbst ausgedrückt wird, die ich diskutieren werde, von denen alle ihr Schicksal im Leben wie im Schreiben in die eigene Hand genommen haben, Schicksale, die dort nicht immer behütet und sicher aufgehoben gewesen sind. Auch meines ist das nicht, aber ich bin stolz, in solcher Gesellschaft zu sein, solch ein Risiko zu teilen und ein solches Erbe.

Mythos und Moral
Die Quellen von Gesetz und Vorurteil

Es gibt da eine Geschichte von einem jungen Mädchen, das immer eine große Scheibe vom Schinken abschnitt, bevor sie ihn kochte. Als man sie fragte, warum sie dies täte, sagte sie: "Meine Mutter hat das immer so gemacht". Als sie eine bessere Begründung dafür geben sollte, fragte sie ihre Mutter, warum sie das immer so gemacht hätte. "Meine Mutter hat das immer so gemacht." Die Großmutter, glücklicherweise noch am Leben, konnte schließlich die Erklärung liefern: "Ich hatte nie eine Pfanne, die groß genug war."

Als ich die Geschichte befragte, um herauszufinden, warum Liebe zwischen Frauen verpönt wurde, hatte ich gehofft, diese großmütterliche Stimme zu vernehmen, die mir eine ähnlich vernünftige, wenn auch altmodische Begründung dafür anbieten könnte. Doch die Stimme dieser Ahnin schweigt und obwohl begabte Frauen mit Phantasie und Erfindungsgabe danach suchten, (1) gibt es keine authentische Quelle, die erklären könnte, was wohl die praktische Notwendigkeit hervorgerufen haben mag, einen ganzen Brocken erotischer und emotionaler Nahrung abzuschneiden. Die Mythologien, die wir auf Gerüchten von prähistorischen Matriarchaten, Amazonen und Furien aufbauen, mögen sicher ermutigend und beflügelnd sein, können aber kaum als schlüssige Argumente betrachtet werden. Selbst wenn Aufzeichnungen darüber gefunden worden wären, selbst wenn die Kirche nicht zerstört hätte, was an Beweisen vorhanden war, bin ich nicht sicher, ob eine rationale Erklärung auch wirklich überzeugend sein könnte.

Moral ist, wie Sprache, eine erfundene Struktur, Ordnung zu erhalten und zu vermitteln. Und Moral wird, wie Sprache, erlernt durch Nachahmung und Erinnerung. Menschen, die keine Erfahrung mit einer anderen als ihrer eigenen Sprache haben, stellen sie nur selten in Frage oder beurteilen sie in Hinblick darauf, ob sie wohl ein angemessenes Ausdrucksmittel wäre. Auch wenn Feinheiten der Grammatik ihrem Verständnis entgehen mögen, würden sie weniger wahrscheinlich Sprachregeln eigenständig verändern, als bereit sein, eigenes Unvermögen anzunehmen. Generationen von Schulkindern wurden darauf abgerichtet, keine doppelte Verneinung zu benutzen, entsprechend dem Geschmack eines Grammatikers des 18. Jahrhunderts, der seine persönliche Meinung aufgrund seiner Position durchsetzen konnte, und denen, die zu fragen wagten WARUM, wurde eine Antwort aus dem Bereich der Mathematik gegeben: "Zwei Verneinungen ergeben eine Bejahung." Dem hunrigen Kind, das sagt: "Ich habe kein Essen nicht gekriegt", kann der Lehrer antworten: “Also hast du was zu essen bekommen“, eine harte Lektion in Kommunikation, die, wenn sie nicht gelernt wird, zum Verhungern führen könnte. Sogar denen unter uns, die die Geschichte von einigen der unsinnigeren Regeln kennen, kann es teuer zu stehen kommen, wenn wir sie nicht beachten, denn was da beurteilt wird, ist nicht unsere Intelligenz, sondern unser Konformitätsverhalten. Auch ein historisches Verständnis von Sprache wird sie kaum rasch verändern können. Und ebensowenig, fürchte ich, wird das Verständnis der historischen Entwicklung von Moral diese rasch ändern können, denn auch Moral ist eher ein Maßstab für unser Konformitätsverhalten als für unsere Integrität.

Das Flickwerk der nun folgenden Mutmaßungen und Tatsachen ist im wesentlichen eine Beschreibung von Haltungen und Praktiken, unter denen Moralisten und Gesetzgeber willkürlich ausgewählt haben, um jeweils ihre Absichten zu unterstützen. Wenn ich Liebe zwischen Männern in diese Beschreibung mit einbezogen hätte, stünde sehr viel mehr an Information zur Verfügung, aber es bedeutete Geschichtsfälschung, anzunehmen, daß Gesetze, die eindeutig für Männer gemacht wurden, auch auf Frauen angewendet worden seien. Frauen haben nicht so sehr außerhalb als vielmehr unterhalb des Gesetzes gelebt. Männer erfanden Strukturen von Gerichtsbarkeit für sich selbst, während sie sich über Frauen und Kinder Eigentumsrechte sicherten, die sich von Ort zu Ort, dem jeweiligen Besitzrecht entsprechend, stark unterschieden. Da die Disziplinierung von Frauen dem individuellen Mann überlassen blieb, dessen Eigentum sie war, gibt es keine eindeutigen Aufzeichnungen darüber, welche Vergehen mit Tod oder Scheidung geahndet wurden, obwohl anscheinend Ehebruch und Unfruchtbarkeit die wesentlichste Rolle spielten. In den Zeiten, als Frauen ausdrücklich in das Allgemeine Recht einbezogen wurden, waren die Strafandrohungen häufig weniger hoch für Frauen als für Männer, eine Unterscheidung, in der sich ebenso ritterliches Beschützertum der Männer für die Frau ausgedrückt haben kann wie eine Geringschätzung der moralischen Verantwortlichkeit der Frau oder der geringeren Wichtigkeit weiblichen Verhaltens.

Obwohl im Laufe der Jahrhunderte alle möglichen Anstrengungen unternommen wurden, die Kenntnis sexueller Praktiken im antiken Griechenland zu untergraben, gibt es doch eine Fülle von Hinweisen, daß dort Homosexualität zwischen Männern akzeptiert und oft als die reinste Form der Liebe geachtet wurde, in die keine niederen Motive von Fortpflanzung einflossen. Diese Haltung war diametral entgegengesetzt den Lehren der christlichen Kirche, die daran festhielt, daß die einzige Rechtfertigung für praktizierte Sexualität die daraus resultierende Leibesfrucht sei. Die griechischen Männer hielten es für ihre Pflicht, zu heiraten und Kinder für den Fortbestand des Staates zu zeugen, während die christliche Lehre das Zölibat als heiligste Lebensform über die Ehe stellte. Was die Griechen über lesbische Liebe dachten, ist kaum überliefert, bis auf Bruchstücke aus Sapphos Leben und Werk und was sich daraus ablesen läßt. Sie errichtete eine Schule für junge Mädchen und schrieb Gedichte, in denen sie ihre erotischen Bindungen an ihre Schülerinnen verherrlichte. Sie kam ein Jahrhundert später zu Ehren, wurde mit Sokrates verglichen in dessen Beziehungen zu seinen Schülern, "die zehnte Muse" genannt. Ihre Sexualität kann weder als sonderbar noch als anstößig betrachtet worden sein, doch ihre Neuerungen in der Erziehung von Frauen scheint außerhalb von Lesbos keine weitere Verbreitung gefunden zu haben.

Bei den Bürgern Athens waren die Frauen auf Haushalt und Kindererziehung beschränkt. Nur ausländische Frauen waren als Gefährtinnen und Kurtisanen der Männer zugelassen, und, wenn auch einigen von ihnen die Vergrößerung der Rechte von Frauen wichtig waren, galten ihre Anstrengungen doch weniger einer besseren Ausbildung für Frauen, sondern eher der breiteren Einbeziehung von Frauen in die Männergesellschaft. In Sparta, einem nach außen abgeschlossenen und militanten Gemeinwesen, wurden Frauen zur Entwicklung physischer Kraft und Fähigkeiten herangebildet, da sie starke, kriegerische Söhne hervorbringen sollten. Die Geschlechter wurden frühzeitig voneinander getrennt, und obwohl Heirat gefordert wurde, lebten Männer und Frauen oft getrennt. Die Frauen blieben zuhause, um das Land zu bestellen, während die Männer in den Krieg zogen. Wiederum gibt es viele Anhaltspunkte für das Vorkommen von Homosexualität bei Männern, für Homosexualität bei Frauen nur Vermutungen. Mit dieser Gewichtung von Heirat und Kindergebären, verbunden mit sozialer Trennung der Geschlechter und der Verherrlichung ganzer Armeen von Liebenden, war das Griechenland der Antike mit Sicherheit eine bisexuelle Kultur was Männer angeht, und, aus Sapphos Beispiel zu schließen, auch für Frauen. Sicher waren ihre Götter und Göttinnen bisexuell, auch wenn Artemis und Athene Männer gemieden haben sollen. In einer Kultur, in der das höchste menschliche Streben der Schönheit, dem Genuß und dem Wissen galt, wurden Götter und Göttinnen dieselben Präferenzen zugeschrieben. Von den Menschen unterschied sie nur ihre Unsterblichkeit und ihre Macht über die Natur. Ihre Moral erschien häufig zweifelhaft, und ihre Gefühle waren gleichermaßen durch Leid wie durch Freude bestimmt, vielleicht in größerem Stil, jedoch grundsätzlich nicht anders als bei ihren Anbetern. Sie konnten grausam oder gnädig sein, sie konnten Furcht einflößen oder albern sein, und ihr Verhalten wurde nicht anders als menschliches Verhalten verstanden, bestimmt durch Lust, Eifersucht, Zärtlichkeit.

Schmerz. Manchmal wurden sie in aufrechter Entrüstung dargestellt, auf der Suche nach Gerechtigkeit, bewegt von Mitgefühl, doch auf die Reinheit ihrer Motive war nicht mehr Verlaß als auf die bei irdischen Menschen. In bewegten Zeiten waren sie der Bestechung und Schmeichelei ebenso zugänglich wie inständig flehenden Gebeten.

Mit einer solchen Vorstellung von Göttlichkeit waren die Griechen Realisten bezüglich der Vollkommenheit der menschlichen Natur. Sexuelle Leidenschaft wurde als eine Art Krankheit betrachtet, während der sich Menschen wie Götter absonderlich verhielten und ebenso rücksichtsvoll behandelt werden mußten wie jeder andere Schwerkranke. Da einer Frau manchmal sogar ein Ehebruch verziehen werden konnte, der die Abkunft der Nachkommenschaft in Frage stellte, ist es unwahrscheinlich, daß der griechische Ehemann lesbische Leidenschaft ernster genommen haben sollte. Seine eigene Idealisierung der Knabenliebe muß ihn, selbst wenn er sie nicht unmittelbar auf die Affären zwischen Frauen übertrug, doch eher nachgiebig oder gleichgültig gestimmt haben. "Hoch steht die Ehre der Frau, über die bei Männern am wenigsten geredet wird, gleich, ob in Lob oder Tadel." (2)

Wissenschaftler wie Allen Edwardes in *The Jewel in the Lotus* haben aufgezeigt, daß in den meisten Kulturen des Mittleren Ostens Homosexualität eine Frage von Neigung und Sitte war, doch während er auf die Beschreibung der männlichen Homosexualität fünfzig Seiten verwendet, widmet er nur zwei Seiten demselben Thema in Hinsicht auf Frauen. "Sapphismus war unter bestimmten Klassen von Frauen ebenso verbreitet, wie es die Sodomie bei Männern a l l e r Klassen war." (3) Jedoch berichtet er, daß "die meisten Araber der Meinung waren, Frauen verführten Frauen häufiger als Männer es täten; so war der kluge Araber stets eifersüchtig auf die Freundinnen seiner Geliebten als auf etwaige männliche Verehrer." (4) Immerhin sagt er auch, daß "lesbische Liebe in fast allen Fällen praktiziert wurde, um heterosexuelle Bedürfnisse zu ersetzen" (5) unter den weniger beachteten Frauen der Harems. Ohne weitergehende Anhaltspunkte scheint die Behauptung, arabische Männer bevorzugten von Natur aus Männer, während arabische Frauen Frauen als Liebhaberinnen nur in Ermangelung von Männern akzeptierten, doch ausschließlich auf männlicher Arroganz zu beruhen. Doch diese Annahme mag in allen Kulturen einer der Gründe dafür gewesen sein, warum Frauen weniger oft als Männer wegen ihrer Neigung zum eigenen Geschlecht verfolgt wurden.

Lesbische und homosexuelle Praktiken sind, ebenso wie heterosexuelle Prostitution, auch mit religiösem Ritual verbunden worden. Über diesen Bereich gibt es viel Spekulation, jedoch nur sehr wenige Fakten. Der Ursprung der Elysischen Mysterien - Erntefest der Demeter, der Getreidegöttin und später des Dionysos, Gott des Weines - ist im Lauf der Zeiten verloren gegangen und die dabei üblichen Riten sind streng geheim gehalten worden. Die bärtige Venus von Cyprus wie auch andere androgyne Gottheiten wurden angebetet von Männern in Frauenkleidung und von Frauen in Männerkleidung.

Nicht nur in Amazonenlegenden, auch in Brasilien, Sansibar und bei den östlichen Eskimos hat es Frauen gegeben, die sich wie Männer kleideten und wie solche lebten. (6) Von der Sexualität, die sie praktizierten, ist wenig bekannt, in Griechenland jedoch und in den umgebenden Ländern wie auch in vielen primitiven Kulturen waren sexuelle Rollen und Muster offensichtlich weit weniger eng umrissen als in unserer Kultur.

Unglücklicherweise traten wi das Erbe griechischen Gedankengutes nicht gradlinig an, und obgleich wir griechische Philosophen als unsere intellektuellen Vorfahren betrachten, dürfen wir nicht vergessen, daß die Werke von Plato und Aristoteles erst nach zwölf Jahrhunderten des Vergessens oder Verschweigens wieder in unsere Tradition aufgenommen wurden und dann in ungenauer Übersetzung, weiter modifiziert von den Kirchenvätern, die ihre eigenen Moralvorstellungen und Absichten hineinmengten. Sapphos Gedichte wurden systematisch zerstört. Unsere moralischen Vorfahren sind nicht die Griechen, sondern die Juden.

Anders als die Griechen waren die Israeliten viel länger ein Nomadenvolk. Viele ihrer Gesetze und Bräuche spiegeln das harte und beschwerliche Leben wider, das sie führen mußten als eine kleine Gruppe von Stämmen, die umgeben war von feindlichen und stärkeren Völkern. Um ihr Leben und ihre Identität auch über Zeiträume von Unterwerfung hinweg zu bewahren, legten sie "Gesetze zur Erhaltung der geistigen, rituellen und zeremoniellen Reinheit und der Unterscheidung von anderen Völkern" (7) im Talmud fest. Es war wichtig, daß sie sich in ihrer Art, sich zu kleiden, zu essen, zu waschen von anderen Völkern unterschieden, ebenso auch im Gottesdienst. Unter diesem Aspekt betrachtet, werden einige der willkürlichen rituellen Gebote, etwa wie Tuch zu weben oder der Acker zu bestellen sei, zu wichtigen Schutzmechanismen gegen die Absichten von Eroberern, die Israeliten zu integrieren oder zu zerstreuen. Wenn Überlebensprobleme in den Vordergrund treten, werden Bräuche streng und unbarmherzig. Im Dritten Buch Moses wird jeder, der Vater oder Mutter flucht, mit dem Tod bedroht, da solche Handlung als Verrat am ganzen Stamm und seiner Tradition betrachtet wurde. Die Anbetung der Gottheit eines Eroberers war ebenso streng verboten.

Die Haltung der Juden männlicher Homosexualität gegenüber war unerbittlich. "Wenn jemand beim Knaben schläft wie beim Weibe, die haben einen Greuel getan und sollen beide des Todes sterben; ihr Blut sei auf ihnen." (8)

Sinngemäß werden solche Handlungen gleichgesetzt mit Kindesopfern, Inzest, Ehebruch und Ausschweifung. Offensichtlich war ein Volk, das ständig von Vernichtung bedroht wurde, darauf angewiesen, soviele starke und gesunde Kinder wie möglich hervorzubringen; jede Vergeudung von Fruchtbarkeit konnte das Überleben gefährden. Jeder intensive Genuß, der die Menschen von ihrer Wachsamkeit ablenken konnte, mußte verurteilt werden. Die Juden hatten nicht die Muße der Griechen, Schönheit, Vergnügen und Wissen zu pflegen. Homosexuelles Verhalten war nicht nur verschwenderisch und gefährlich, es war auch gebunden an soziale und vielleicht auch religiöse Sitten feindlicher Kulturen.

Für Frauen gibt es keine entsprechenden Verhaltensmaßregeln. War es den Ehemännern und Vätern überlassen, die Frauen nach eigenem Gutdünken zu disziplinieren? Wurde Zuneigung zwischen Frauen nicht im gleichen Licht gesehen? In einer monotheistischen Religion wird das männliche Prinzip mehr als das weibliche verehrt. Es ist die männliche Saat, die für die Fruchtbarkeit ausschlaggebend ist. Die Frau, gleich dem Acker, ist nur der Nährboden. Sie hat keinen Samen, den sie vergeuden könnte. Ihre Sünden sind die Sünden des Ackers, unfruchtbar zu sein oder Samen aufzunehmen, der nicht der Same der ihm bestimmten Frucht ist. Jüdische Frauen mußten sich nicht den geheiligten Pflichten des Gesetzes unterwerfen, noch durften sie an Kulthandlungen ihrer Religion teilnehmen. (9) Im späteren rabbinischen Gesetz wurden männliche Homosexuelle noch zu Tode gesteinigt, während Lesbierinnen lediglich von der Heirat mit einem Priester ausgeschlossen wurden, (10) wobei das Gesetz die traditionelle Haltung der Juden gegenüber Frauen widerspiegelt: daß sie für minderwertig und unwichtig gehalten wurden.

Die Zerstörung von Sodom und Gomorra, jahrhundertelang angeführt als Hauptbeispiel für den Zorn Gottes über die Sünde der Homosexualität, betrifft wiederum Männer mehr als Frauen, doch das Verständnis dieser Geschichte kann dazu beitragen, die später im Mittelalter bestehende Haltung zu beleuchten, die eine Bestrafung von Frauen wie Männern gleichermaßen vorsah. Die Geschichte war ursprünglich eine Warnung vor allen Sünden der Ausschweifung und des Götzendienstes, ebenso eine moralische Erklärung für das Elend der Städte, die gerade durch Erdbeben und Feuersbrunst zerstört worden waren. Der Jüdische Gott, anders als die Gottheiten der Griechen, war ebenso moralisch untadelig wie allmächtig; deshalb konnten die Naturgewalten auch nicht den Launen oder dem Groll des Unsterblichen zugeschrieben werden, sondern stellten ausschließlich die Strafe Gottes über die Menschen für ihre Todsünden dar. Die Juden trafen in den Städten Menschen an, die zu gut aßen, sich in zu viele Vergnügen stürzten und andere als ihren eigenen

Gott anbeteten. Ihres Gottes Absicht mußte es daher sein, solche Städte zu zerstören, doch Abraham, da er wußte, daß sein Neffe Lot, ein Fremder ohne Bürgerrechte und ein aufrechter Jude, in Sodom lebte, überredete Gott, er möge noch zehn ebenso gerechte Männer in der Stadt suchen und, wenn er sie fände, seinen Plan ändern. Daher sandte Gott zwei Engel zu Lot, um genügend Rechtschaffene im Volk zu suchen, damit die Stadt gerettet würde. Doch alle Männer von Sodom versammelten sich vor Lots Haus und verlangten, daß ihnen die Engel übergeben würden, "daß wir sie erkennen". (11) Lot weigerte sich und bot stattdessen seine Töchter an. Die Männer wurden zornig und versuchten, das Haus einzunehmen, wurden aber von den Engeln geblendet. Lot floh mit seiner Familie, und Gott zerstörte die Stadt. Nirgendwo im Alten Testament wurde die Geschichte ausdrücklich als Bestrafung der Homosexualität interpretiert. Vielmehr wurde Sodom ein Symbol für generellen Verfall. "Siehe, das war deiner Schwester Sodom Missetat: Hoffart und alles vollauf und guter Friede, den sie und ihre Töchter hatten; aber dem Armen und Dürftigen halfen sie nicht, sondern waren stolz und taten Greuel vor mir." (12)

Erst im 2.Jahrhundert v.Chr. begannen die Juden in nicht biblischen Schriften festzustellen, daß "Greuel" in der Tat homosexuelle Handlungen waren, daß die Männer von Sodom die Engel nicht einfach ausgehändigt haben wollten, um sie in Augenschein zu nehmen und sie zu befragen, sondern um sie sexuell zu mißbrauchen. Zu dieser Zeit herrschten die Griechen über Palästina, und die Juden kämpften wieder einmal darum, ihre eigene Kultur zu bewahren und sich von hellenischen Sitten reinzuhalten. Im ersten Jahrhundert v.Chr. haben die Schriftgelehrten Philo und Josephus die Bedrohung und den Einfluß der Griechen aufgezeigt. Josephus schrieb: "Nun, da die Sodomiten die jungen Männer (Engel) sahen, die ein wunderschönes Äußeres hatten und dies in außerordentlichem Maße, ... entschlossen sie sich, sich dieser schönen Jungen gewaltsam zu erfreuen." (13) Nicht rabbinische Literatur ist für die Festschreibung und Aufrechterhaltung dieser Interpretation von Gottes Zorn verantwortlich. Vielmehr übernahmen die Christen sie und hielten ein Programm zur Verfolgung von Homosexuellen aufrecht, das Steinigung, Begraben bei lebendigem Leibe und Verbrennung von Männern wie von Frauen über die folgenden 16 Jahrhunderte vorsah.

Der einzige Bezug auf lesbisches Verhalten in der Bibel überhaupt ist der Ausspruch des Paulus: "Darum hat sie auch Gott dahin gegeben in schändliche Lüste. Denn ihre Weiber haben verwandelt den natürlichen Gebrauch in den unnatürlichen. Desselben gleichen auch die Männer haben verlassen den natürlichen Gebrauch des Weibes, und sind aneinander erhitzt in ihren Lüsten, und haben Mann mit Mann Schande getrieben, und den Lohn ihres Irrtums an ihnen selbst empfangen." (14) Selbst hier noch könnte man zweifeln, ob Paulus wirklich lesbische Liebe meint oder "unnatürliche" Praktiken zwischen Frauen und Männern. Paulus natürlich hätte es am liebsten gesehen, wenn die Menschen sich praktizierter Sexualität überhaupt enthalten hätten, denn selbst in ihrem Reproduktionsaspekt unterstrich sie die Werte dieser Welt, jene von den Juden so geschätzte Unsterblichkeit durch Kinder, statt eines individuellen Heils in der jenseitigen Welt. Ebenso fürchtete er offenbar die religiöse Bedeutung von geheiligter Prostitution jeder Art, die leidenschaftliche Verehrung von Geschöpfen anderen Geschöpfen gegenüber anstelle des christlichen Gottes. Wenn er behauptete, "da ist weder Mann noch Weib, denn ihr seid alle eins in Jesus Christus" (15), meinte er damit weder, daß alle Menschen einen pansexuellen Zustand erreichen sollten, noch, daß Männer und Frauen gleich seien (Frauen sollten in der Kirche schweigen). Er stellte sich vielmehr vor, die Menschheit von dem Joch der Sexualität überhaupt zu befreien.

Mißachtung, wenn nicht Haß gegen Körperlichkeit ist eher eine christliche als eine jüdische Errungenschaft. Jesus, der Lehrer, war für diese Haltung nicht verantwortlich, denn er verfuhr mit Prostituierten weit nachsichtiger als mit frommen Heuchlern, und, obwohl er unter seinen 12 Jüngern keine Frau zählte, ging er mit ihnen doch ohne Vorurteile um. Möglicherweise war er verheiratet; die Vorschrift zu heiraten, war bei den Juden sehr streng. Seine Liebe zu Johannes mag eine erotische Verbindung beinhaltet haben, zumal er gegen viele der religiös-rituellen Vorschriften des jüdischen Gesetzes protestierte und zu einer Zeit lebte, da der griechische Einfluß sich stark geltend machte. Die frühesten Christen waren nicht lustfeindlich. Sie wurden verfolgt, weil man sie für schwer lasterhafte Menschen hielt, die sich in der Öffentlichkeit küßten, sich - Männer und Frauen aus allen Klassen gemeinsam - versammelten, spät nachts, zu sogenannten Liebesfesten, bei denen ihre "Brüderschaft" sich nicht nur darin ausdrückte, daß sie das Mahl miteinander teilten, sondern auch in sexuellen Exzessen aller Art. Ob diese Überlieferungen nun wahr sind oder nicht, die Christen selbst begannen, solchen Anschuldigungen mit strikterer Darstellung ihres eigenen Verhaltens zu begegnen. Jesus' Doktrin der Liebe wurde zur Doktrin der Keuschheit. Man bestand auf Marias Jungfräulichkeit, und Jesus wurde als Unverheirateter dargestellt mit masochistischer Betonung seines blutenden Körpers am Kreuz.

Heilige Eremiten fasteten nicht vierzig Tage sondern ein Leben lang in Sack und Asche. Die Geißelung wurde angewendet, um das Fleisch zu demütigen, bis sie eindeutig zum Ersatz für sexuelle Befriedigung wurde. Menschen drängten sich zum Märtyrertum und begingen Selbstmord in Nachfolge ihres Erlösers, wie sie meinten, um schneller von dieser Welt zur Herrlichkeit des ewigen Lebens erlöst zu werden. Von der Kirche wurden Schritte unternommen, um solche Exzesse des Eiferertums unter Kontrolle zu bringen. Strenge Gesetze gegen Selbstmord wurden erlassen, und zumindest einer der Gründe, die zur Bildung von Klöstern führten, war, die Praktiken derer, die das heilige Zölibat wählten, zu vereinheitlichen und darauf einzuwirken. Durchschnittsmenschen ohne religiöse Berufung konnten heiraten und Kinder haben und dadurch der Verdammung entrinnen. Doch selbst bei Verheirateten galten zu viele Kinder als Zeichen sündiger Triebhaftigkeit.

Der Sündenfall, lange Zeit als Adam und Evas Ungehorsam angesehen, wurde nun allgemein interpretiert als sexuelle Versuchung Adams durch Eva, und die Frau, die bei Griechen und Juden schon wahrhaft keine begehrenswerte Stellung hatte, wurde noch tiefer herabgewürdigt. “Du bist des Teufes Wegbereiter; du bist der Schlüssel zum verbotenen Baum; du bist die erste, die sich dem Göttlichen Gesetze widersetzte; du bist die, die den verleitete, den die Macht des Teufels nicht überwinden konnte. So zerstörtest du leichtfertig Gottes Ebenbild, den Mann. Um deiner Strafe, des Todes, willen, mußte selbst der Sohn Gottes sterben.“ (16)

Da sie Sexualität negativ besetzten, gingen die frühen Kirchenväter mit ihren Instruktionen nicht nur bei Männern, sondern auch bei Frauen sehr genau vor. Johannes Chrysostomos hielt lesbische Liebe für noch schändlicher als Homosexualität bei Männern, weil Frauen mehr Schamgefühl als Männer besitzen müßten, vermutlich, weil die Sexualität der Frau für den Sündenfall verantwortlich wäre. Lesbische Verbindungen müßten den Antagonismus der Geschlechter noch mehr fördern, so daß Frauen nicht länger von ihren sexuellen Bedürfnissen dazu angehalten würden, friedlich mit Männern zusammenzuleben. (17) Augustinus verfaßte ein Schreiben an Nonnen, deren Äbtissin seine Schwester war, um sie betreffs ihres speziellen Verhaltens zu unterweisen. “Die Liebe, die ihr füreinander tragt, soll keine fleischliche sondern geistige Liebe sein; denn solche Dinge, wie sie unanständige Weiber sogar mit anderen Weibern treiben in schamlosen Späßen und Spielen, sollten nicht einmal von verheirateten Frauen und von jungen Mädchen getrieben werden, um wieviel weniger von Witwen oder reinen Jungfrauen, die durch ihren heiligen Eid zu Bräuten Christi auserwählt sind.“ (18) Diese Passage gibt einen Hinweis darauf, daß erotische Spiele zwischen Frauen, die vorher nicht ernst genommen wurden, jetzt in die Kategorie der Sünde versetzt werden mußten, nicht nur für Nonnen, sondern auch weltliche Frauen.

Als die Kirche an Macht gewann und sich über das ganze Römische

Reich ausbreitete, machten verschiedene Beichtbücher (Handbücher für Beichtväter als Anleitung für die Zumessung der Buße) die Haltung der Kirche zu praktiziertem Lesbianismus deutlich. Die Strafe für weltliche Frauen fiel weniger streng aus, für gewöhnlich drei Jahre Buße; für Nonnen waren es sieben. Kontrolle über die Vorgänge in Nonnenklöstern wurde durch solche Gesetze ermöglicht, wie sie durch das Konzil in Paris 1212 erlassen wurden, die den Nonnen verboten, zusammen zu schlafen, und die besagten, daß die ganze Nacht lang das Licht zu brennen hatte, Ordensregeln, die in Männerklöstern schon lange beobachtet wurden. Thomas von Aquin war der einzige große Scholastiker, der in seiner SUMMA THEOLOGICA Homosexualität detailiert diskutierte. Er begründete, sie sei deshalb schlimmer als heterosexuelle Lust, weil sie nicht nur gegen die gute Sitte verstieße, sondern auch gegen das Naturgesetz. (19) Seine Lehre ist immer noch ein Hauptwerk der heutigen Kirche.

Die Härte der Strafe, die im Jahre 1260 durch die Gesetzesschule von Orleans festgesetzt wurde, ist ebenso verwirrend wie zynisch. Für die erste lesbische Sünde sollte eine Frau verstümmelt werden, beim zweiten Mal ebenso, und beim dritten Mal wurde sie verbrannt und alle ihre Habe dem König übereignet. (20) Keine dieser Exekutionen wurde von der Kirche ausgeführt. Die Sünderin wurde von kirchlichen Instanzen verhört und dann weltlichen Richtern zur Bestrafung übergeben. Daher führen Geistliche Klage, daß die Kirche für die Brutalität des weltlichen Gesetzes verantwortlich gemacht werde. Der feine Unterschied bestand darin, daß die Kirche den Gesetzgeber in allen moralischen Gesetzen unterwies, und wenn im Laufe der Jahrhunderte weltliche Herrscher, Männer, Frauen kastrierten und verbrannten, um ihre Städte vor Erdbeben und Feuersbrunst zu bewahren, dann handelten sie so als gute Christen.

Von Anbeginn an wurde das Christentum von Irrlehren heimgesucht. Die bedeutendste, weil hartnäckigste und weitest verbreitete, leitete sich her aus den Lehren des Zarathustra, der das Gute und das Böse als zwei gleichwertige, sich bekämpfende Kräfte darstellte. So ist zum Beispiel der Teufel kein Produkt des Judentums, sondern wurde vielmehr erst sehr spät aus Persien in das Alte Testament eingeführt. Die Ketzer glaubten, die Welt sei nicht von Gott, sondern vom Teufel erschaffen worden; deshalb seien auch alle Dinge dieser Welt von Übel. Ihre Ablehnung des Körpers war noch umfassender als selbst die des zölibatären Christen. Da das Gebären von Kindern das weltliche Böse nur noch zu vermehren vermochte, standen sie der Ehe ablehnend gegenüber und glaubten nicht, daß Christus einen Leib besessen habe, da das bedeutet hätte, daß das Gute im Bösen Fleisch geworden wäre. Da nur der Geist, nicht aber der Leib erlöst werden konnte, waren sie weniger geneigt, zu fasten und sich zu geißeln, und sexuellen Praktiken, die nicht der Fortpflanzung dienten, standen sie toleranter gegenüber.

Die große Tradition höfischer Liebe ist mit diesen Ketzerlehren in Zusammenhang gebracht worden. Die Troubadoure sangen von schönen Frauen, um ihnen in Keuschheit zu dienen und sie zu lobpreisen, "zum Vorteil einer Öffentlichkeit, deren Mehrheit der Ketzerei nicht abgeneigt war." (21) Ihre Lieder ähnelten denen arabischer Dichter, "die meist homosexuell waren, so wie auch ein Teil der Troubadoure." (22). Die Frau als Inspiration, als Muse, war sicher isoliert, eher denn als Gebärerin von Kindern, das Fleisch fand Befriedigung, wo keine Gefahr drohte, das körperliche Böse zu vermehren. In dieser Isolation mag eine ganze Anzahl der Damen lesbisch gewesen sein, wenn die Aufzeichnungen der Großen Inquisition der Kirche der Wahrheit entsprechen.

Weil lesbische Praxis mit Ketzerei in Zusammenhang gebracht wurde, wurden Geständnisse durch vielerlei Mittel zu erzwingen versucht. Eine Probe, die man Gottesurteil nannte, wurde zum Beispiel von der Kirche im zwölften Jahrhundert benutzt, um die Schuld eines Ketzers festzustellen. Dem Beschuldigten wurde eine rotglühende Eisenstange in die Hand gedrückt in der Annahme, daß Lügner und Meineidige sich daran verbrennen müßten. (23) Es ist schwer, dem mittelalterlichen Denken in dieser und anderen Unschuldsproben Aufrichtigkeit zuzubilligen, da es offensichtlich sein mußte, daß niemand unverletzt davonkommen konnte, und doch gab es unter den Ketzern manche, die eine Körperbeherrschung erlernt hatten, wie sie in Ägypten praktiziert wurde und durch die sie Schmerzen zurückdrängen oder sogar ausschalten konnten, und das zeitgenössische Verständnis von Ursache und Wirkung war natürlich viel mehr naiv und intuitiv als wissenschaftlich.

Nach einem massiven Kampf gegen die Ketzerei wurde die Kirche mit einer weiteren ernsten Bedrohung ihrer Macht in Form des Hexenkultes konfrontiert. Einige Gelehrte haben behauptet, daß der Hexenkult eine gradlinige Tradition aus der Zeit des klassischen Altertums habe. "Die Hexe der Klassik verkörperte verschiedene paläolithische Fruchtbarkeits- und Totemkulte, verbunden mit den aus Ägypten und dem Osten entlehnten magischen Traditionen. Ebenso verhielt es sich mit der mittelalterlichen Hexe, wenn auch zu diesem Zeitpunkt die Kultströmung durch andere Einflüsse getrübt worden war." (24) Nach ihrer Ansicht stellten die großen Irrlehren eine extreme Ablehnung des Körpers dar, während die Hexen die Fruchtbarkeit und die Verwandtschaft des menschlichen Geschöpfes zur Natur feierten. Ihre "Verbindung mit dem Teufel" war in Wirklichkeit ihr Bündnis mit der Gottheit der Fruchtbarkeit, die in Tierfellen dargestellt wurde. Daß Hexensabbate von zwölf Hexen mit einem Ziegenbock gefeiert worden sein sollen, deutet darauf hin, daß bei rituellen Feiern wahrscheinlich auch künstliche Phalli benutzt wurden zur rituellen Darstellung des sexuellen Aktes. Solche sogenannten "lesbischen" Praktiken bei der Zelebrierung der Fruchtbarkeit sind nur für jene ein absurder Widerspruch, die die Pansexualität, Kulte jeder Art, nicht begreifen als Stimulierung und Verherrlichung aller erotischen Energie.

Skeptische Gelehrte wie Keith Thomas in seinem Werk *Religion and the Decline of Magic* finden keinen Beweis für eine tatsächliche Existenz von Hexenzusammenkünften, schwarzen Messen, und schreiben die gesamte Vorstellung von "Teufelpakten" eher der Erfindung der Kirche selbst zu als realen Überresten alter heidnischer Kulthandlungen, wobei die Inquisition durch Folterung Geständnisse, die sie selbst erdacht hatten, von unwissenden, armen Frauen erzwangen, die in nichts anderes verstrickt waren als in das Praktizieren der Kräuterheilkunde und ritueller Verwünschungen, die früher ganz genauso von der Kirche ausgeführt wurden. Die wenigen, die freimütig ihren Pakt mit dem Teufel eingestanden, waren durch die Predigten von Feuer und Verdammnis der Geistlichen gelehrt worden, an eine solche Möglichkeit zu glauben.

Ob die Kirche nun Hexenkulte erfand oder alte Fruchtbarkeitsriten in Kulte des Bösen Geistes ummünzte, jedenfalls führten Kirchenführer Hexenjagden bis in die Neuzeit durch. Sie vermeinten nicht so sehr, Homosexuelle und Lesbierinnen zu verfolgen, als die Träger des Bösen zu verbrennen, die ihre magische Kraft vom Teufel abgeleitet hätten.

In der Zwischenzeit wurden die kirchlichen Institutionen selbst zu Brutstätten einer exklusiveren Form der Homosexualität, als sie in Griechenland oder der arabischen Welt jemals vorgekommen war. Diderots *Memoiren einer Nonne* wurde, obwohl ursprünglich nicht in der ernsthaften Absicht geschrieben, eine literarische Anklage gegen lesbische Beziehungen in Nonnenklöstern; einiges davon beruht auf Fakten, die trotz der Verschleierungsversuche der Kirche über inoffizielle Publikationen durchsickerten. Es ist nicht verwunderlich, daß Nonnen oft die Zölibatsregeln vernachlässigten in einer Zeit, da junge Frauen den Klöstern für eine geringere Mitgift als den Ehemännern angeboten werden konnten, in der oft die einzige Zuflucht für eine mittellose Frau war, sich der Kirche zu verschreiben. Für Männer war es besser zu heiraten, als verbrannt zu werden, für Frauen war es die bessere Lösung, den Schleier zu nehmen, als zu verhungern.

Jede Beschreibung der geschichtlich überlieferten Verfolgung einer bestimmten Menschengruppe kann verzerrt erscheinen, wenn sie nicht in einen breiteren Zusammenhang gestellt wird. An unseren eigenen Maßstäben gemessen lebte damals niemand ein bequemes oder vernünftiges Leben, und doch, zu gleicher Zeit, als die Kirche damit beschäftigt war, Ketzer zu verbrennen, ernährte sie die Armen, lehrte sie die Kraft der Vergebung und die Vergebung im Glauben und versuchte in vielen Bereichen, Unwissenheit und Gewalt zu bekämpfen.

Der beste Maßstab dafür, was die Kirche aus ihrer Geschichte gelernt hat, ist der, den die Christen heutzutage anlegen. Für die große Mehrheit, sowohl bei der Geistlichkeit als auch bei den Gläubigen, sind Lesbierinnen immer noch Sünderinnen der schlimmsten Sorte, die sich gegen die Natur versündigen. Auch wenn die Kirchen keine Hexenjagden mehr veranstalten, beeinflussen ihre Morallehren immer noch weitgehend die Gesetze. Liberale Staatsmänner in England und Nord-Amerika haben sich in anerkennenswerter Weise für eine Gesetzesreform eingesetzt, aber nicht deshalb, weil sie Thomas von Aquins Bewertung von Homosexualität abgelehnt hätten, sondern, weil sie an der Trennung von Kirche und Staat festhielten. Über Homosexualität zu richten sollte nicht Sache von Gerichtshöfen sein, sondern Sache Gottes, der allein die Möglichkeit hat, zu vergeben und zu erlösen. Da es in England nie ein Gesetz gegen lesbische Praktiken gab, haben die Bemühungen in diesem Land nur die Männer von bestimmten Formen ständiger Verfolgung befreit. In Kanada betraf die Gesetzesreform theoretisch sowohl Männer als auch Frauen, üblicherweise wurde das Gesetz aber nur bei Männern angewandt. In den Vereinigten Staaten variieren diese Gesetze von Staat zu Staat und werden in den meisten Teilen des Landes nur zaghaft angefochten. Da Politiker bei einem unpopulären Thema, das ihnen auch noch Stimmen kosten könnte, sehr zögernd vorgehen, haben nur Bemühungen respektabler Bürger die Chance, Änderungen voranzutreiben. Wenn die Kirchen in den Vereinigten Staaten dem Beispiel von England und Kanada nicht folgen und Reformen anstoßen, werden weiterhin Männer und Frauen durch ein weltliches Gesetz ins Gefängnis kommen, das unter dem unmittelbaren Einfluß der christlichen Lehre entstanden ist.

Während einige Christen schon bereit sind, die Verantwortung für eine "humane" Gesetzesreform zu akzeptieren aufgrund psychiatrischer Argumente wie auch aus christlicher Nächstenliebe heraus, sind doch nur wenige bereit, Lesbierinnen in ihre Kirchengemeinde aufzunehmen, es sei denn, sie bereuten die Sünde ihrer Sexualität und nähmen ein heterosexuelles Leben in Ehen oder ein enthaltsames Junggesellenleben auf. Da keine Frau zu einer heterosexuellen Beziehung aus physischen Gründen unfähig ist und da allgemein die Einstellung besteht, eine Lesbierin fühle sich nur zu Frauen hingezogen, wenn sie keinen Mann für sich habe gewinnen können, herrscht wenig Verständnis für die Frau, die auf ihrer "Perversion" beharrt. Novizen in religiösen Orden, in denen die Neigung zu Lesbianismus unter "spezielle Freundschaften" mit anderen Mitgliedern der Gemeinde vermerkt ist, wird oftmals das Abschlußgelübde verweigert. Psychologen legen bei der Beratung von Oberinnen nahe, daß eine jede mit solchem Hang, so latent er auch sein mag, am besten in ein weltliches Leben passe, wo sie einen Mann treffen könne, der sie heilt. Es wird vorausgesetzt, daß eine Lesbierin im Gegensatz zu einer heterosexuellen Frau nicht fähig sei, das Zölibat zu praktizieren. Sicherlich wäre es für eine Lesbierin in einem Nonnenkloster tatsächlich schwieriger, wurde doch die Trennung von Männern und Frauen in den religiösen Orden in erster Linie als Hilfe gegen sexuelle Versuchung begriffen und angeboten. Die sorgfältig ausgearbeiteten Vorschriften, die bis vor kurzem das tägliche Leben der Nonnen regelten, machen deutlich, wie groß die lesbische Versuchung in einer isolierten Gemeinschaft von Frauen mit unterschiedlichen Neigungen ist, so stark ist das menschliche Bedürfnis, erotische Energie auszuleben.

Innerhalb christlicher Gemeinden sind nur wenige von diesen althergebrachten Ansichten abgekommen. D.S.Baileys wissenschaftlich gut fundiertes Buch *Homosexuality and the Western Christian Tradition*, geschrieben 1955, ist eine wertvolle Hilfe, die historische Entwicklung der Einstellung Homosexualität gegenüber zu begreifen. Jedoch befaßt er sich mehr damit, historische Mißverständnisse zu klären und für eine Gesetzesreform einzutreten, als sich Gedanken um die Integration der Homosexuellen in die Kirchengemeinschaft zu machen. Außerdem konzentriert er sein Augenmerk auf Männer. Wo er Frauen mit berücksichtigt, ist er vor allem von deren ungleicher Behandlung durch das Gesetz in England irritiert. Während er vorschlägt, das Gesetz gegen Männer zu liberalisieren und einvernehmliche homosexuelle Handlungen zwischen Erwachsenen aus der Strafandrohung herauszunehmen, plädiert er für Gesetze, in denen die Verführung Minderjähriger durch Lesbierinnen , exhibitionistische Handlungen in der Öffentlichkeit und störende Einmischung in Ehen erfaßt werden sollen. H.Kimball Jones in seinem Buch *Toward a Christian Understanding of the Homosexual*, geschrieben 1966, fordert, die Kirche solle eine viel aktivere Rolle einnehmen als bisher und sich dafür einsetzen, daß Diskriminierung und Verfolgung von Homosexuellen ein Ende nehmen. Er beruft sich auf den Theologen Helmut Thielicke, der Homosexualität als pathologische Störung ansieht, aber "die Neigung selbst, das homosexuelle Potential als solches, dürfte auf keinen Fall schärfer verurteilt werden als die Daseinsform, die wir alle teilen als Menschen in der gestörten Welt, wie sie seit dem Sündenfall besteht ..." (25) Aber während Thielicke in der Sublimation sexueller Wünsche die einzig richtige Lösung sieht, (26) will Jones die Homosexuellen genau wie alle anderen Sünder behandelt sehen, das heißt, wie andere Menschen, was von ihm oder ihr nur fordert, so gut wie möglich im Sinne christlicher Ideale zu leben, denen niemand vollkommen genügt. Wenn eine Beziehung mit einem Menschen gleichen Geschlechts das Beste ist, wozu jemand imstande ist, dann sollte die Kirche ihm helfen, unter diesen Bedingungen verantwortungsbewußt zu leben, aber Jones tritt nicht für die homosexuelle Ehe ein. Er will, daß die Kirche die Homosexuellen akzeptiert wie sie z.B. kinderlose Ehen abzeptiert, aber nicht, daß sie ihnen vergibt. Diese Parallele in seiner Argumentation ist mißlich, denn sie enthüllt mangelnde Logik; wenn die Kirche kinderlose Ehen als E h e n akzeptiert, wird ihre Weigerung, Homosexuelle kirchlich zu trauen, zu einer speziellen Diskriminierung. Jones scheint fast zu vertreten, es sei für Homosexuelle moralischer, in "Sünde zu leben", als sich in einer Ehe zu binden. Jones' Aussagen sind viel zu großzügig in ihrer Bagatellisierung der "Sünde" Homosexualität, um bei dem Großteil der Gemeindekirchenräte Gehör zu finden, und doch findet er zu keiner Position, in der er von den Homosexuellen akzeptiert werden könnte, die sich eine Mitgliedschaft in einer christlichen Gemeinde wünschen, insbesondere von denjenigen, die in ernsthaften, stabilen Beziehungen leben und dazu stehen.

Der Reverend Robert L.Treese ging in seiner Schrift mit dem Titel *Homosexuality: A Contemporary View of the Biblical Perspective* das generelle Problem menschlicher Sexualität mit größerer Unvoreingenommenheit und mit mehr Mut an als die meisten Mitglieder christlicher Kirchen. "Im Bereich der menschlichen Sexualität, fühle ich mich als Mitglied der anglikanischen Kirche gezwungen zu gestehen, geht ein großer Teil der Verantwortung für die Aufrechterhaltung, wenn nicht gar für die Entstehung von Angst und Schuldgefühlen im Zusammenhang mit Sexualität, wie sie in unserer Kultur verbreitet sind, zu unseren Lasten. Die Verkürzung, sexuelle Beziehungen in keinem anderen Licht als dem funktionaler Reproduktion zu sehen, hat dazu geführt, Sexualität auf das nur Physische zu begrenzen, ohne daß auch nur im geringsten die Tiefe von bedeutsamem zwischenmenschlichem Vertrauen, Einfühlungsvermögen und Liebe wahrgenommen wird, die beim Geschlechtsverkehr im positivsten Falle Ausdruck finden. Natürlich hat unsere Generation diese althergebrachten Ansichten innerhalb der Kirche modifiziert, aber der Mantel von Jahrhunderten sündenbesetzter Tabus und menschenfeindlicher Zerrbilder der menschlichen Natur liegt noch immer über unserer Kultur und prägt deren Sitten. Die heutige Reduzierung der Sexualität auf einen Erfahrungszustand ohne jede innere Beziehung und Verantwortung, eine biologische Funktion, der nur Befriedigung zu verschaffen sei, auf ein Werbemittel für Absatzpolitik, diese Reduzierung erscheint mir nur als das zu erwartende Resultat, das Ausagieren einer Geringschätzung von Sexualität, die wir gefördert haben." (27) Nach einem kurzen Rückblick auf die christliche Tradition und eine Diskussion verschiedener psychologischer Theorien macht Treese nicht Halt davor, die volle Akzeptierung von Homosexuellen in der christlichen Gemeinschaft zu befürworten.

Mit seiner Meinung steht er nicht ganz allein. Der Reverend Robert W. Wood in *Christ and the Homosexual* tritt ebenfalls für Kirchenmitgliedschaft und Ehen für Homosexuelle ein, aber es ist ein schlecht geschriebenes, bescheidenes und eifriges Buch voll von Wiederholungen, kaum geeignet, den Respekt ernsthafter Leser zu gewinnen.

Hier und da haben andere Christen angefangen, in Gesprächen oder Predigten, in unveröffentlichten Aufsätzen, die Haltung der Kirche zu Homosexuellen in Frage zu stellen. Bruce Jones, Dozent für religiöse Studien, legt sich diese Frage auf folgende Weise vor: "Die umfassende Erfahrung der kirchlichen Gemeinde sagt mir, daß Menschen erst richtig menschlich in einer Beziehung werden, in der Beziehung zu Gott und der zueinander. Können wir nicht die gesamte Sexualität von dieser Perspektive her betrachten? Sexualität ist ein Geschenk Gottes; es ist einer der Wege für uns vergängliche Menschen, Liebe zueinander auszudrücken. Mein christlicher Nachbar könnte eine von mir unterschiedliche sexuelle Orientierung haben. Habe ich wegen dieses Unterschieds das Recht, ihm oder ihr irgendeinen Aspekt einer erfüllten Liebesbeziehung mit einem anderen Menschen streitig zu machen?" (28) Eine inoffizielle Broschüre der Quäker, *Toward a Quaker View of Sex*, erklärt: "Es ist der Charakter und die Qualität von Beziehungen, auf die es ankommt: man sollte sie nicht von der äußeren Erscheinung her beurteilen, sondern von ihrem inneren Wert. Homosexuelle Zuneigung kann genauso selbstlos sein wie heterosexuelle Zuneigung, und deshalb können wir nicht erkennen, warum sie moralisch schlechter sein sollte." (29)

Die offizielle Haltung der meisten Kirchen blieb unverändert. Die presbyterianische Kirche ist ein gutes Beispiel dafür. Der 1970 erschienene Bericht der kirchlichen Projektgruppe über humane Sexualität zirkulierte bei seinen Geistlichen, empfahl nichts weiter, als die Unterstützung der Grundgesetzreform für homosexuelle Erwachsene, die im gegenseitigen Einverständnis handeln, und zwar deshalb, weil das geltende Gesetz die Homosexuellen so einschüchtere, daß sie nicht wagten, eine Heilbehandlung aufzunehmen, die sie so dringend benötigten. Selbst dieser konservative Vorschlag wurde auf dem jährlichen Treffen der Generalversammlung nur entgegengenommen, nicht gebilligt; erneut bestätigt wurde die "Befolgung der moralischen Gesetze Gottes wie offenbart im Alten und Neuen Testament, daß Ehebruch, Prostitution, außerehelicher Geschlechtsverkehr und/oder die Praktiken der Homosexualität Sünde sind." (30) Die United Presbyterian Church hat drei Millionen Mitglieder.

Einige Lesbierinnen versuchen immer noch, innerhalb der Kirche zu leben; entweder verheimlichen sie ihre Sexualität oder sie treten für Reformen ein. Zahlreicher aber sind die, die die Kirche verwerfen oder verurteilen. Phyllis Lyon und Del Martin schildern in *Lesbian/Woman* einige Fallgeschichten von lesbischen Frauen, die als Mitglieder verschiedener Kirchengemeinden unter psychischer Brutalität gelitten haben; sie folgern: "Nach unserer Einschätzung ist die Kirche ein monolithisches Monstrum, das von der Angst der Menschen vor dem Tod zehrt. Statt das Bewußtsein seiner Mitglieder zu vertiefen, zwingt es die Leute in rigide Gesetze, die nur das Bewußtsein unterdrücken. Statt lebensbejahend ist die Kirche lebensverneinend." (31) Sally Gearhart sagt in Artikel "The Lesbian and God-the-Father or All the Church Needs Is a Good Lay-on Its Side":

> Ich sehe dem Tod der Kirche voll Erwartung entgegen. Je eher sie stirbt, desto eher können wir beginnen, das Evangelium zu leben. Ein solches Leben ist in der Kirche, wie sie gegenwärtig existiert, nicht möglich, und ich nehme an, daß die meisten von uns das schon lange wissen ... Was die Kirche so vernichtend und unmenschlich macht, ist nicht der Unterbau von Liebe, sondern der Überbau von (patriarchaler) theologischer Phrasendrescherei, die sich auf dem Unterbau emporgerankt hat. Der Überbau erschauert und erzittert, wann immer die Heiligkeit der Kernfamilie oder die traditionelle Auffassung von Sexualität in Frage gestellt wird - und ja, er sollte erzittern, denn diese beiden Begriffe sind Steine und Mörtel, die die Kirche zusammenhalten.
>
> Die Struktur der Kirche (Gott über Mensch, Mann über Frau, Vater über Familie, Geistliche über Laien, Macht über Machtlosigkeit) ist vertikal, hierarchisch. Sie ist abhängig davon, wer Macht über wen hat; der Grundgedanke ist, daß Gott an der Spitze steht und Macht über alle hat, und ich als Frau stehe natürlich am untersten Ende der Reihe; meine Passivität und die von Kindern ist unantastbar.
>
> Es wird nicht genügen, diese Monster/Kirche zu "erneuern". Wenn das Evangelium zum Leben kommt, werden die vertikalen Strukturen zur Seite gelegt werden müssen - horizontal -, und das, meine ich, bedeutet den Tod der Kirche. (32)

Revolutionen innerhalb der Kirche haben zwar bemalte Fensterscheiben zerstört, nicht aber die Mythen, die auf ihnen dargestellt waren, und die Moralgesetze wachsen nach wie üppiges Unkraut in den Kratern von Kirchenruinen. Wenn radikale Handlungen erfolglos waren, fundamentale Änderungen der Geisteshaltung zu bewirken, dann werden Reformen auch keine Abhilfe schaffen. Jene Kirchenmänner, die so hoffnungsfroh auf die Wissenschaft blicken, die ihnen ein allmählich neues Begreifen der Natur von Sexualität verschaffen soll, sehen daran vorbei, wie viele psychiatrische Prämissen auf den gleichen alten Vorurteilen beruhen, die die Kirche so lähmen. Die das erkannt haben, wissen genau, wie sie die Wissenschaft einsetzen können, um Traditionen zu untermauern. Pater Gerald Kelly hält für alle, die Angst vor Veränderungen haben, selbstzufriedene Beruhigung bereit: "Es wird sich zeigen, daß gute Moral auch gute Medizin ist." (33) Anders gesagt - von Pater John Ford: "In der Tat ist es bemerkenswert, wie die modernen Ideale geistiger Gesundheit den alten Vorstellungen von Heiligkeit entsprechen." (34) Er könnte z.B. Freuds Darstellung der Frau als sexuell unzureichend ausgestattetes Wesen in Beziehung gesetzt haben zu Augustins Konzept von der Frau als "unnatürlichem Mann" oder an Thomas von Aquins Version: "Die einzelne Frau ist unvollständig und unnatürlich, weil die aktive Stärke und der männliche Samen die Erzeugung eines vollkommenen Abbildes des männlichen Geschlechtes bewirkt, während die Erzeugung der Frauen von einem Mangel an aktiver Stärke herrührt." (35) Den meisten Psychiatern, Psychologen und Therapeuten fiele es wahrlich nicht schwer, die Anweisungen der Catholic Hospital Association zu befolgen. "Der Psychiater und Psychotherapeut ... muß die Vorsichtsmaßregeln beachten, die eine gesunde Moral diktiert, als da sind: meide den Irrtum des Pansexualismus, niemals auch nur berate im Fall fleischlicher Sünden; respektiere die Geheimnisse, die der Patient nicht enthüllen darf; vermeide ein unverhältnismäßig hohes Risiko moralischer Gefahr." (36)

Inwieweit die Psychiatrie in ihrer Haltung zu Lesbierinnen schlicht die moralische in die medizinische Sprache übersetzt, ist Gegenstand des nächsten Kapitels, das, wie ich fürchte, auch keine vernünftigere Begründung geben kann für das Tabu gegen Liebesbeziehungen zwischen Frauen. Ob ich zu einem Priester oder einem Psychiater sage: "Das ergibt für mich nicht keinen Sinn", die Antwort lautete im Mysterium der moralischen Grammatik: "Dann ergibt es einen Sinn."

Von Sünde zu Krankheit

Die Männer, die als erste begannen, die Sexualität zu untersuchen, waren, bis auf wenige Ausnahmen, Ärzte. Vielleicht, weil ihre Untersuchungen sie zur Zielscheibe moralischer Einwände machten, traten sie nicht als unvoreingenommene Wissenschaftler weitab jeglicher moralischer Belange auf, sondern stellten stattdessen die tiefe Moral ihrer Arbeit heraus, die denjenigen Menschen humanes Verständnis und humane Behandlung sichern sollte, die vorher eher als sündig denn als krank eingeordnet wurden, Menschen also, die eher bestraft als behandelt worden waren. Sie konnten nicht voraussehen, daß es der gesellschaftlichen Anerkennung Homosexueller schließlich keineswegs dienen sollte, daß an die Stelle von Verachtung Mitleid trat, sondern daß vielmehr die wissenschaftliche Forschung auf Generationen hinaus in die Sackgasse geführt wurde. Wenn man versucht, etwas zu heilen, was im Grunde keine Krankheit ist, ist das so, als jäte man ein Feld, ohne zu wissen, was darauf eigentlich gepflanzt wurde. Die vorübergehende Zuversicht, die sie einem verdammten Volk gegeben haben mögen, war bestenfalls, wie Thomas Szasz ausführt, "ein gesellschaftlich notweniger Behelf, der jedoch nicht durch wissenschaftliche Beobachtung oder logische Argumente untermauert werden kann." (1) So unwissenschaftlich und mangelhaft die von ihnen getragene logische Argumentation auch war, müssen ihre Beiträge doch begriffen werden, da weite Bereiche der heutigen Psychologie immer noch vom Konzept Krankheit bestimmt werden. Hirschfeld, Westphal, Krafft-Ebing, Moll, Ulrichs, Freud und Havelock Ellis, sämtlich Forscher zur Zeit der Jahrhundertwende, waren überzeugt davon, daß Homosexualität zumindest teilweise eine biologische Basis habe. Unter ihnen war es nur Ulrichs, der daraus den logischen Schluß zog, daß Homosexualität aus diesem Grund eher etwas Natürliches als etwas Pathologisches sei, eine Sicht der Dinge, der weniger die von ihm angebotene Beweisführung zugrunde lag, als zweifellos weitaus mehr ein Eintreten für die ureigenste Sache, da er selbst homosexuell war.

Krafft-Ebing, mehr Mediziner als Psychologe, teilte mit *Moll* die Ansicht, "...daß ein wirklicher, d.h. mit *angeborener* Perversion des Sexuallebens behafteter Urning durch Erziehung von seiner krankhaften Geschlechtsrichtung befreit und zu normaler Geschlechtsempfindung gebracht werden könne, *muß ich auf Grund meiner Erfahrungen verneinen.*“ (2) Doch war diese “angeborene Perversion“ in Wirklichkeit ein “funktionelles Degenerationszeichen“. (3) “Fast in allen Fällen, die einer Erhebung der körperlich geistigen Zustände der Aszendenz und Blutsverwandtschaft zugänglich waren, fanden sich Neurosen, Psychosen, Degenerationszeichen u.s.w. in den betreffenden Familien vor.” (4) “Das Geschlechtsleben derartig organisierter Individuen“ ... bietet nicht selten “noch anderweitige perverse Erscheinungen ausser der an und für sich durch die eigenartige Geschlechtsempfindung bedingten abnormen Geschlechtsbefriedigung.“ (5) Krafft-Ebings Fallgeschichten hören sich an wie Auszüge aus einem grotesken Roman: die Vorfahren und Angehörigen der Patienten leiden an Alkoholismus, geistiger Umnachtung, Schwachsinn, Linkshändertum, Anfällen, Selbstmordneigung – Leiden, die oft auch bei dem Patienten selbst auftreten. Krafft-Ebing fand nur wenige Hinweise für Homosexualität bei Frauen und vermutete als Gründe hierfür, daß solche Frauen sich nicht in Behandlung begäben, daß sie keinen gesetzlichen Repressionen unterlagen und daß sie keinesfalls so sensibel und so aggressiv wie Männer seien. Er äußerte jedoch den Verdacht, Frigidität bei Frauen könne ihre Ursache häufig in unterdrückter Homosexualität haben. Nach seiner Auffassung waren einige Formen von Homosexualität eine erworbene sexuelle Ausrichtung, deren Entstehen bei Frauen verursacht sei durch die Trennung der Geschlechter, extreme Sinnlichkeit, Selbstbefriedigung, Angst vor Krankheiten, Furcht vor Schwangerschaft oder Abscheu vor Männern. Für diese Patientinnen zeigte er nicht die Sympathie, die er für “geborene“ Homosexuelle hatte, da hier offenbar freie Wahl im moralischen Sinn eine Rolle spielte, also eine Sünde begangen wurde. Für Lesbierinnen aus Konditionierung waren demnach Umerziehungsmaßnahmen das Mittel der Wahl. Für diejenigen, die unter erblicher Belastung standen, war sexuelle Abstinenz noch die beste der im Bereich der Hoffnung liegenden Möglichkeiten, die allerdings nur von außergewöhnlich disziplinierten und moralisch hochstehenden Menschen zu erwarten war. Außer seinen Untersuchungen über die Familiengeschichte von Homosexuellen, mit denen er seine These von Angeborenheit von Homosexualität zu untermauern hoffte, vertrat er die Auffassung, daß auch die Techniken, die im sexuellen Ausdruck verwandt würden, in dieser Hinsicht aussagefähig wären. Tribadie würde, wahrscheinlich weil sie den heterosexuellen Verkehr zu imitieren scheint, nur von geborenen Homosexuellen angewendet. Frauen, die kurze Haare trugen, sich wie Männer kleideten, Sport trieben, rauchten oder tranken, waren ebenfalls verdächtig.

Der liberalere Westphal veröffentlichte 1870 die Geschichte einer weiblichen Homosexuellen, um darzustellen, daß Homosexualität zwar angeboren, jedoch weder ein Laster noch eine Geisteskrankheit sei. Hirschfeld, der behauptete, zehntausend Homosexuelle zu kennen, lehnte es sogar ab, die Degenerationstheorie zu akzeptieren und vertrat stattdessen, Homosexualität sei schlicht und einfach eine biologische Variante. Sein Bild von der Lesbierin ist wesentlich schmeichelhafter als das von Krafft-Ebing entworfene. “Die homosexuelle Frau ist viel lebendiger, unternehmungslustiger, erfüllter von praktischer Energie, aggressiver, heldenhafter, abenteuerlustiger sowohl als heterosexuelle Frauen als auch homosexuelle Männer.“ (6) Als zweite nach keinem Geringeren als dem Mann selbst! Dies war eine Charakterisierung, die andere Psychologen nicht sehr häufig gewillt waren anzuerkennen. Ebenso beschrieb Hirschfeld auch eine weitgehend feminine Gruppe homosexueller Frauen, deren Existenz seine Kollegen bestritten, da ihre Annahme, Homosexualität sei biologisch begründet, auf dem Nachweis von Homosexualität durch sekundäre Geschlechtsmerkmale beruhte, wie männlichem Haarwuchs an Brustwarzen, Nabel und im Gesicht, langen Gliedmaßen, tiefer Stimme und typischer Muskelentwicklung.

Havelock Ellis, der oft, von nicht mehr als 10 Patienten ausgehend, verallgemeinernde Schlüsse zog, setzte sich von all seinen Zeitgenossen am nachhaltigsten für die Hypothese biologischer Vorprägung ein, die gesetzliche und soziale Reform möglich machen konnte. Seine moralische Verpflichtung war eindeutig, in Methodik wie Ergebnissen. Er stellte schlichte Behauptungen auf wie: “Immer noch ist die sexuelle Veranlagung eines Menschen allesbeherrschend, tiefverwurzelt, anhaltend, weitestgehend angeboren.“ (7) Homosexualität ist “eine hochabnorme Verirrung, und dennoch scheint sie größere Befriedigung zu verschaffen, als irgendeine andere Abartigkeit fähig wäre zu liefern.“ (8) “Homosexuelle können gesund sein und normal in allen Bereichen, die außerhalb ihrer speziellen Abartigkeit liegen.“ (9) “Sie ist, selbst wenn sie im Extrem auftritt, nur in derselben Weise pathologisch wie Farbenblindheit, Albinismus oder ein Situs Inversus.“ (10) “Sexuelle Abartigkeit hat große Bedeutung, teils deshalb, weil sie häufig bei Individuen vorkommt, die an Intelligenz und Charakter den Durchschnitt überragen, selbst wenn wir einmal absehen von so vielen bedeutenden Monarchen, Staatsmännern, Dichtern, Bildhauern, Malern, Komponisten, Gelehrten u.s.w. in Vergangenheit und Gegenwart.“ (11) Behandlungsversuchen jeder Art stand er mit tiefstem Mißtrauen gegenüber. Hypnose “kann nicht einmal ohne Schwierigkeiten angewendet werden, da die Probanden der Suggestion widerstehen, genauso wie ein normaler Mensch unter Hypnose der Suggestion widersteht, einen Mord begehen zu sollen.“ (12) Auch als Behandlungserfolge aufgezeigt wurden, mochte Ellis sie nicht positiv bewerten. "Diese künstliche Triebverlagerung oder Auflockerung des sexuellen Impulses dient weder charakterlicher Stabilität noch irgendeiner höheren Moral. Noch kann der Erfolg, einen homosexuellen Menschen fortpflanzungsfähig gemacht zu haben, an und für sich schon Anlaß zu Gratulationen sein." (13) Denn Behandlung bedeutete oft, daß die Patienten angehalten wurden zu trinken, um ihren Widerwillen zu überwinden und Bordelle aufzusuchen, wo die Gefahr von Geschlechtskrankheiten lauerte. Ellis wollte das, was er als naturgegeben betrachtete, berücksichtigt wissen. "Sexuelle Abartigkeiten in exzentrischen und neurotischen Familien scheint nur die barmherzige Methode der Natur zu sein, Belange zu entflechten, die, von ihrem Gesichtspunkt aus, aufgehört haben nützlich zu sein." (14) Menschen mit lauterem Charakter sollten weder heiraten noch sich in homosexuelle Beziehungen einlassen, sondern ihre Sexualität in Kunst, Religion oder anderen großen Aufgaben sublimieren; dennoch war Ellis gegenüber dem Homosexuellen tolerant, der sich sexuell ausdrücken mußte. Er stimmt mit Wolbarst überein, daß "wir uns möglicherweise auf dem richtigen Weg befinden, wenn wir der Theorie folgen, daß jegliche sexuelle Abartigkeit, die jemals Befriedigung gebracht hat ohne ein bestimmtes Individuum zu verletzen, für diesen Menschen als normal betrachtet werden muß." (15) Er setzte sich entschieden für eine Gesetzesreform ein. "Aber es kann kaum ein Zweifel bestehen, daß wir Schritt für Schritt falsche Vorstellungen und engherzige Bemühungen um gesetzliche und soziale Verbote abbauen werden, die in unserer jüngsten Vergangenheit so viel Leid und Verwirrung gestiftet haben. Ein solches Vorgehen wird unsere geistige Atmosphäre reinigen und unser moralisches Gewissen stärken, indem wir sie von Vorschriften befreien, die nur eine Quelle von Schwäche war." (16)

Freud widersprach weniger den Theorien seiner Kollegen, er ignorierte sie einfach. "Die Anerkennung des organischen Faktors der Homosexualität überhebt uns nicht der Verpflichtung, die psychischen Vorgänge bei ihrer Entstehung zu studieren." (17) Er gab, offenbar unbefangen, zu: "Aber das Wesen dessen, was man im konventionellen oder im biologischen Sinne "männlich" und "weiblich" nennt, kann die Psychoanalyse nicht aufklären, sie übernimmt die beiden Begriffe und legt sie ihren Arbeiten zugrunde." (18) "Die Psychoanalyse ist nicht dazu berufen, das Problem der Homosexualität zu lösen " (19), sondern sie begnügt sich damit, deren psychische Ursachen in Mutterfixierung, Ablehnung des Vaters, Penisneid und Feminismus anzubieten. ". . .und im allgemeinen ist das Unternehmen, einen vollentwickelten Homosexuellen in einen Heterosexuellen zu verwandeln, nicht viel aussichtsreicher als das Umgekehrte. . ." (20). Er achtete die "edle Resignation" eines Medizinerkollegen, der eine lesbische Verwandte hatte, als er sagte: "Es ist eben ein Malheur wie ein anderes!" (21) So weit entfernt war er von jedem Ehrgeiz, Homosexuelle heilen zu wollen, daß er mit Genugtuung eine ausreichende Menge an Hinweisen für latente oder unbewußte Homosexualität bei heterosexuellen Patienten sammelte – meist aus dem Traummaterial –, um verkünden zu können, daß ". . . alle Normalen neben ihrer manifesten Heterosexualität ein sehr erhebliches Ausmaß von latenter oder unbewußter Homosexualität erkennen lassen." (22) Die einzige biologische Theorie, die er zurückwies, war die Degenerationstheorie, da Homosexualität ebenso bei höchst leistungsfähigen Menschen ohne irgendeine andere "Abartigkeit" vorkomme wie bei primitiven Stämmen, die noch nicht genug entwickelt seien, um Degeneration hierfür verantwortlich zu machen. Immerhin nahm er jedoch an, homosexuelle Frauen wiesen weitaus häufiger zusätzlich abartige Charakterzüge auf, aber ". . . das (Liebesleben) des Weibes" ist "durch die konventionelle Verschwiegenheit und Unaufrichtigkeit der Frauen in ein noch undurchdringlicheres Dunkel gehüllt. . ." (23)

Freud aufzuwärmen bedeutet inzwischen häufig genug, mit allgemein verbreiteten Vulgärtheorien das Interesse an jedem beliebigen Thema zum Erlöschen zu bringen; aber wenn seine Theorien nicht kritisch überdacht und relativiert werden, dürfte seinen heutigen einflußreichen Nachfolgern eher bizarre Originalität als blinder Glaube zugeschrieben werden. Freuds Entdeckung des Unbewußten, seine später entwickelte Traumdeutung, seine Theorien vom Es, Ich und Über-Ich, von der polymorph perversen Sexualität des Kindes und von der Frau, die "ein feindliches Verhältnis zur Kultur" habe (24), der genitalen Sexualität des (meist männlichen) Erwachsenen und einige weitere seiner Erkenntnisse haben, insbesondere in Nordamerika, die Voraussetzungen geschaffen für eine Religion, die dem Christentum parallel läuft, ohne es verdrängen zu müssen, mit brauchbaren Mythen und der aufblühenden Institution der Psychoanalyse. Diese Entwicklung kann Freud nicht zur Last gelegt werden, da er eine so weitgehende oberflächliche Popularisierung seiner Erkenntnisse unmöglich hätte vorhersehen können.

Da Freud das enggefaßte herkömmliche Konzept von "maskulin" und "feminin" nicht in Frage stellte, sondern es als Grundlage seiner Arbeit übernahm, mußte er sich den Menschen als bisexuelles Wesen vorstellen, das männliche oder weibliche Identität nur durch einen Kampf erreicht, im Verlauf dessen es die homosexuelle Komponente seiner Natur unterdrückt oder sublimiert. So ist sein Beharren darauf, die Klitoris sei eigentlich ein männliches, nur zu klein geratenes Organ, auf das eine Frau verzichten muß, um mit dem vaginalen Orgasmus Erwachsenenstatus zu erreichen, bezeichnend für das Dilemma, in dem er sich befand. Es wäre genauso lächerlich oder genauso logisch zu behaupten, der Penis sei eine groteske Wucherung der Klitoris und ein im Grunde weibliches Organ. So wie die Frau auf ihre männliche Klitoris verzichten muß, hat sie auch ihr männliches Denken aufzugeben, welches "unmittelbares Begreifen und scharfsichtige Objektivität, die nicht von Leidenschaften beherrscht wird", beinhaltet, mit Ausnahme der Wahrnehmung des Liebesobjekts, in der das männliche Denken beherrscht wird von "Demut und großartiger Sexualüberschätzung" der Frau gegenüber. (25)

Da Freuds These von der Identität der erwachsenen Frau beinhaltete, daß ein wesentlicher Teil des sexuellen Lustgewinns und der intellektuellen Entwicklung geopfert werden müßte, ist es nicht verwunderlich, daß er überall um sich herum latenten und offenen Lesbianismus entdeckte und daraus schloß: "Wo die Inversion nicht als Verbrechen betrachtet wird, da kann man die Erfahrung machen, daß sie den sexuellen Neigungen nicht weniger Individuen voll entspricht." (26) Seine Analyse der Dora (27), einer 18-jährigen Patientin, ist ein gutes Beispiel dafür, welch eigenwillige und subjektive Methoden der Analyse er benutzte. Freud selbst gab zu, daß Dora von ihrem Vater als eine Art Trostpreis für den Ehemann seiner Geliebten mißbraucht worden war, trotzdem konnte Freud nicht glauben, daß Dora sich wirklich durch die sexuellen Annäherungsversuche dieses Mannes angewidert gefühlt habe, da doch jedes normale junge Mädchen durch solch eine Erfahrung sexuell angeregt werden müßte. Sie war vaterfixiert und stieß daher, als eine Art Bestrafung des Vaters für seine Untreue ihr gegenüber, Männer im allgemeinen zurück. Oder sie identifizierte sich mit dem Vater und hatte tatsächlich eine lesbische Tendenz zur Geliebten ihres Vaters. Als Dora die Therapie abbrach, schloß er daraus, sie habe den Haß auf den Vater auf ihn übertragen und stoße ihn nun in derselben Weise zurück. Daß Dora den jungen Mann heiratete, der ihr die ganze Zeit den Hof gemacht hatte, verunsicherte Freud keineswegs in seiner Diagnose eines latenten Lesbianismus. Dora als Figur in einem Roman wäre kaum glaubwürdig, wenn ihr Handeln von den Motiven bestimmt dargestellt wäre, die Freud ihr hartnäckig zuschrieb angesichts des ungeheuerlichen Dramas, wie sie von ihrem Vater mißbraucht wird, vom Ehemann der Geliebten ihres Vaters und von Freud selbst, immer entsprechend den Bedürfnissen eines jeden von ihnen. Freud war oft erfinderisch und phantasievoll, manchmal vielleicht sogar treffend in seiner Traumdeutung. Um sich selbst glaubhaft zu machen, daß er die Symbolsprache von Träumen im Lauf seines Lebens erlernen und lehren könne, mußte er als gegeben annehmen, daß die unendliche Vielfalt von Bildern in Wirklichkeit nur einfache Botschaften zu transportieren hatten, grundsätzlich sexuelle Botschaften, die mit seiner Sexualtheorie übereinstimmten. Trotz seines unbestritten kämpferischen und schöpferischen Geistes erscheint es kaum sinnvoller, die Vielfalt menschlichen Verhaltens in das System seiner Vorstellungskraft zu zwängen, als beispielsweise in die Charaktere von Dostojewski; genau dies aber ist in der Praxis der Psychoanalyse geschehen.

Es ist deprimierend, aber verständlich genug, daß manche Männer sich von Theorien angezogen fühlen, die ihre physische und geistige Überlegenheit in solchem Maße betonen; schwerer zu begreifen ist Helene Deutsch mit ihrem Angriff, den sie in Freudianischer Terminologie auf ihr eigenes Geschlecht startet, wenn sie als die drei wesentlichen Grundzüge des weiblichen Charakters herausstellt: Narzißmus, Passivität und Masochismus. Ein beträchtliches Maß an Selbsthaß muß ihren Angriffen auf die intellektuelle Frau zugrundegelegen haben. "Alle Beobachtungen weisen auf die Tatsache hin, daß die intellektuelle Frau vermännlicht ist; bei ihr ist warmes, intuitives Erfassen kaltem, unproduktivem Denken gewichen." (28) "Für gewöhnlich tritt sie mit dem Mann nicht in Konkurrenz, da sie intelligent genug ist, die Grenzen ihrer Begabung zu erkennen." (29) Helene Deutsch sieht den Prototyp der intellektuellen Frau in dem Bild von der "sadistischen Hexe, die auf einem Besenstiel reitet." (30) Zwar gibt sie zu, daß einige solcher Frauen Erfolg gehabt und sogar die Welt bereichert haben, aber "ich zitiere ihre Namen nicht aus Achtung vor ihren Leistungen." (31) Eine merkwürdige Art von Höflichkeit. Obwohl sie zugibt, daß Penisneid nicht primär und als Theorie zu einfach ist, stimmt sie mit Freud überein, wenn sie als eine Ursache der weiblichen Homosexualität anführt: "Emotional verarmtes Leben, resultierend aus überschießendem Intellekt." (32) Vermutlich spielen bei extrem maskulinen Frauen biologische Zusammenhänge eine Rolle; Deutsch jedoch, ebenso wie Freud, interessiert sich mehr für die psychologischen Quellen wie Enttäuschung über den Vater, Angst und Identifizierung mit dem Vater, heterosexuelle Enttäuschung oder Angst, Sehnsucht nach der Mutter, Minderwertigkeitsgefühl in der Frauenrolle; solche Konstellationen führen dazu, daß eine Frau Maskulinität betonter ausprägt. Im Gespräch mit Patientinnen kann sie menschlich sein, akzeptiert bei einer mutterfixierten Patientin den Wandel von selbstmordgefährdender Verzweiflung zu offen gelebtem Lesbianismus als eine gute, jedoch nicht die beste Lösung; denn mütterliche Liebe müsse begleitet sein von "einem Übermaß an infantilen regressiven Tendenzen oder Haßkomponenten" (33), damit eine pathologische Deformierung in Homosexualität stattfinden könne. In ihren Erkenntnissen über Lesbierinnen und "andere gestörte Frauen", bezieht sie sich nicht nur auf ihre klinische Erfahrung und die Auswertung anderer Fallgeschichten, sondern "sehr häufig sind instruktive Daten für dieses Buch in der schöngeistigen Literatur gefunden worden, die zwar weniger objektiv als klinische Beobachtung ist, jedoch umso wahrer, da tiefer inspiriert. Schließlich ist das letzte Ziel aller Forschung nicht Objektivität, sondern Wahrheit." (34) Vielleicht kann sich Helene Deutsch hier von diesen kalten, rationalen, namenlos gebliebenen Frauen distanzieren.

Thomas Szasz, ein Mann und deshalb vielleicht für rationale Vorgehensweise entschuldbar, da er die richtigen Genitalien hat für eine solche Fähigkeit, beschreibt diese Methode und zeigt einige ihrer Schwächen auf. Wenn Beobachtungen und Messungen gemacht werden, können zutreffende Schlüsse daraus nur gezogen werden, wenn das Experiment nicht mit Vorurteilen belastet gewesen ist. Fast alle psychiatrischen Konzepte basieren auf der "intuitiven, inspirierten Wahrheit" (35), was heißt, auf dem Glauben an die unüberprüften Vorurteile unserer Kultur. "Wir können aber nicht an dem moralisch bewertenden und gesellschaftlich manipulativen Charakter unserer traditionellen psychiatrischen und psychoanalytischen Sprache festhalten und daraus Nutzen ziehen, ohne dafür zu bezahlen." (36) Dieser Preis, spekuliert Szasz, könnte die Selbstzerstörung des Berufsstandes sein.

Doch ein erst kürzlich (1972) erschienenes Buch, geschrieben von einer Frau, Charlotte Wolff (die von sich selbst sagt, sie sei von der Psychoanalyse beeinflußt, jedoch nicht praktisch-analytisch tätig), taucht noch tiefer in den Dunstkreis freudianischer Mythen. Die *Psychologie der Lesbischen Liebe* ist als die erste wirklich von Sympathie und Fairness getragene Abhandlung über Lesbierinnen gepriesen worden, die von einem Psychiater geschrieben wurde, der sich auch die Mühe machte, 108 homosexuelle Frauen zu interviewen und zu testen und eine Kontrollgruppe aufzustellen. Wie Helene Deutsch lehnt auch Charlotte Wolff die Theorie über den Penisneid ab, läßt ihn nur symbolisch als den Neid auf die größere Freiheit gelten, die der Mann genießt; dennoch bildet die Grundlage ihrer Theorie über die Homosexualität der Frau die Klitoris als männliches Organ. Jeder Mensch sei natürlich bisexuell, aber die Frauen seien es sogar anatomisch, da sie "zweigeschlechtlich" seien, mit einer Klitoris und einer Vagina (wenn auch ohne die Möglichkeiten der Fortpflanzung durch Selbstbegattung, wie das bei manchen Wurmarten vorkommt); darum sei die lesbische Sexualität etwas für Frauen ganz Natürliches, wenn auch tragisch wegen der "Unmöglichkeit völliger sexueller Erfüllung und im besonderen wegen der Kinderlosigkeit." (37) Dafür stellten Emotionalität und Romantik den Kern lesbischer Beziehung dar, während die körperliche Liebe nur Beiwerk sei, wie sie von den interviewten Frauen erfahren habe. Resignation und Trauer seien ebenfalls innerste Wesensmerkmale, wenn ihr auch davon nichts mitgeteilt wurde, denn "selbst diejenigen, die sie ableugneten, unterstrichen schlicht, daß es sich doch so verhielt." (38) Diese Beweisführung ist reiner Freud. Wie er ist sie biologischen Forschungen gegenüber offen und zeigt sich besonders interessiert an Professor Doerners Vermutung, daß "eine Störung in der Entwicklung der Sexualdrüsen im fötalen Leben zu einer dauerhaften Veränderung unseres erotisierenden Zentrums führt, das im Hypothalamus, einem Teil des Mittelhirns, liegt und das hauptverantwortlich ist für die emotionalen Reaktionen des Menschen. Diese Störung verursacht männliche Reaktionen bei der Frau..." (39) Die Beweisführung hierfür ist nicht überzeugend. Da Charlotte Wolff feststellt, daß Homosexualität in den Familien der Lesbierinnen häufiger zu finden ist als in den Familien der Kontrollgruppe, erwägt sie die Möglichkeit genetischer Faktoren. Sie scheint nicht mit einzubeziehen, daß Lesbierinnen Homosexualität in ihrer Familie vielleicht scharfsichtiger erfassen als die Kontrollgruppe, obwohl sie weiß, daß es den meisten der von ihr befragten Lesbierinnen gelungen ist, ihre Sexualität vor den anderen Familienmitgliedern geheimzuhalten. Jedenfalls ist Charlotte Wolffs Domäne die Psychologie, nicht die Vererbungslehre. Um Maskulinität bei Frauen zu erklären, überträgt sie ihre Aufmerksamkeit nicht nur vom Penismangel auf das Vorhandensein einer Klitoris, sondern sie überträgt auch die Verantwortung für die Konditionierung zur Lesbierin vom Vater auf die Mutter. Mädchen leiden darunter, bei ihren Müttern zur zweiten Wahl zu gehören, da Mütter einen Sohn und/oder Ehemann vorziehen, weil die Kultur das Männliche höher bewertet als das Weibliche. Töchter reagieren darauf entweder durch Vermännlichung oder, indem sie übermäßig weiblich werden, um Liebe und Schutz zu erhalten. "Emotionaler Inzest mit der Mutter ist in der Tat der Urgrund von Lesbianismus überhaupt." (40) Ein negativer Vater kann homosexuelle Tendenzen zu einer ausschließlichen Wahl hin verstärken, er ist aber nie die Ursache.

Charlotte Wolff hebt einige positive Wesenszüge bei Lesbierinnen hervor. Sie besitzen "eine labile Geschlechtsidentität, die als Zeichen für Unreife oder verzögerte Entwicklung gedeutet werden könnte," aber in Wirklichkeit "ist das Bewahren der Fähigkeit, vom weiblichen zum männlichen Fühlen und Verhalten zu wechseln und umgedreht, einer der Trümpfe weiblicher Homosexualität." (41) "Für mich besteht kein Zweifel daran, daß Lesbianismus die Frau vermännlicht und sie auf jeden sexuellen Reiz ansprechen läßt, und daß sie häufiger als die "normale" Frau ein adäquater und lebendiger Partner im Bett ist. Ihre Männlichkeit und Aggressivität befähigen sie zu auch heterosexuellem Verkehr, ohne sich erniedrigt zu fühlen.“ (42) Ihr Bild lesbischen Liebeslebens ist das eines ständigen Wechsels sexueller Rollen, und da sie zwischen vaginalem und klitoralem Orgasmus (den sie männlich nennt) unterscheidet, muß sie annehmen, daß Partnerinnen, abhängig von den jeweils gewählten Rollen, im Wechsel vaginalen und klitoralen Orgasmus erfahren. Deshalb glaubt sie auch, Lesbierinnen seien weniger häufig frigide. Doch dann folgt eine verwirrende Einschränkung. “So glücklich körperliche Beziehungen zwischen homosexuellen Frauen auch sein mögen, der letzte Schritt bleibt ihnen verwehrt, sie müssen sich mit einem grundsätzlichen Mangel abfinden.“ (45) Die einzige Erklärung für diese ihre Vorstellung könnte in ihrer Beschreibung der Masturbation liegen. “Ein verkrampftes Gefühl von Unbehagen und Unlust folgt auf die Masturbation, selbst bei denen, die deshalb keine Schuldgefühle empfinden.“ (44) Hier enden die zweifelhaften Qualitäten des Lesbischseins. Simone de Beauvoir ist, Charlotte Wolff zufolge, im Recht, wenn sie sagt: “Und wenn mit Natur argumentiert werden soll, kann man getrost sagen, daß alle Frauen von Natur aus homosexuell sind,“ (45) aber sie ist im Irrtum, wenn sie behauptet, daß Lesbianismus eine freie Wahl sei. Warum? Weil “ihr Leben kein frei gewähltes ist, sondern ein Schicksal jenseits jeder Wahl.“ (46) Wenn das nicht so wäre, wer nähme wohl freiwillig die Nachteile in Kauf? Extremer gesellschaftlicher Druck ruft Fehlverhaltensweisen hervor, “Unzuverlässigkeit in persönlichen Beziehungen und emotionale Labilität“. (47) “Paranoide Tendenzen treten im Lesbianismus endemisch auf“ (48) aufgrund des gesellschaftlichen Drucks. Obwohl viele der interviewten Lesbierinnen abstritten, daß sie unter der gesellschaftlichen Unterdrückung oder Verfolgung zu leiden hätten, “sind Lesbierinnen Außenseiter in jeder heterosexuellen Gruppierung, ob sie es wahrhaben wollen oder nicht.“ (49) Auch wenn ein Großteil der sozialen Unzulänglichkeit der Lesbierin mit der Einstellung zusammenhängt, die ihr gesellschaftlich entgegengebracht wird, wird sie doch auch durch ihre Unfähigkeit behindert, das Problem ihrer Mutterfixierung zu lösen und ein starkes Ich zu entwickeln, ein Mangel, den sie Freud zufolge mit ihren heterosexuellen Schwestern teilt. Die Lesbierinnen, die Charlotte Wolff untersuchte, erschienen im Gegensatz zu den Frauen der Kontrollgruppe aggressiver, heftiger, besitzergreifender, gehemmter, spannungsgeladener, schüchterner, suggestibler, unangepasster und stärker unter seelischer Belastung stehend. In Kommentaren zu den Interviews für ihr Buch hebt Charlotte Wolff “Fräulein Smith“ als die Glücklichste von allen an der Untersuchung beteiligten Frauen hervor, eine beinahe Heilige, die ihre Freundschaft zu einer

Frau völlig romantisierte, ohne sie jemals sexuell ausgedrückt zu haben und nun, da ihre Freundin tot ist, ihr Andenken in Treue bewahrt und ihr Leben der Fürsorge für ihre Mutter widmet. Charlotte Wolffs einziger Vorbehalt gegenüber Fräulein Smith besteht darin, daß sie zu langweilig sei, um eine richtige Freundin zu sein. Doch auch Freuds Bewunderung für Leonardo da Vincis sublimierte Homosexualität flößte ihm immerhin Respekt vor dessen Lebenswerk ein.

Während sehr viele Freud in die Bereiche des Unbewußten gefolgt sind, um menschliche Bedürfnisse und Verhaltensweisen zu ergründen, haben andere die der Forschung zugängliche Welt unseres Tiererbes und fremde Kulturen untersucht in der Hoffnung, wissenschaftliche Begründungen für die Definitionen des "Natürlichen" und "Unnatürlichen" finden zu können. In den Arbeiten solcher Forscher finden sich üblicherweise Aussagen wie "diese Arbeit ist nicht von moralischen Kategorien beeinflußt". (50) Clellan Ford und Frank Beach, ein Anthropologe und ein Psychologe, kommen zu dem Schluß, daß "wir auf der Grundlage zoologischer Erkenntnisse feststellen können, daß homosexuelle Tendenzen beim Menschen eine eindeutig biologische Basis haben. Darüberhinaus und weit wichtiger ist die geringe Zahl von Anhaltspunkten dafür, daß diese Tendenzen auf einige abnorme Individuen beschränkt sein sollten. Im Gegenteil scheinen sie bei der großen Mehrheit beider Geschlechter zu bestehen." (51) Homosexualität ist "das Produkt des fundamentalen Säugetiererbes allgemeiner sexueller Ansprechbarkeit, modifiziert unter dem Einfluß von Erfahrung." (52) Weil das Gehirn entwickelter ist, spielt hormonelle Steuerung eine weniger entscheidende Rolle, und Lernen wird zum Schlüssel der Verhaltensmuster menschlicher Wesen. In ihrer ablehnenden Haltung gegenüber Homosexualität unterscheidet sich unsere Gesellschaft von der Mehrzahl aller anderen menschlichen Gesellschaften, von denen vierundsechzig Prozent Homosexualität in irgendeiner Form als normal ansehen. Desmond Morris, ein Zoologe, sagt, Homosexuelle, "vorausgesetzt, daß sie gut angepaßt sind und, abgesehen vom Reproduktionsbereich, vollwertige Mitglieder der Gesellschaft ... müssen nunmehr als wertvolle Gegengewichte zur Bevölkerungsexplosion angesehen werden." (53)

Diese Meinung wird offenbar von Kinsey-Forschern geteilt. "Die einem Tier physiologisch innewohnende Fähigkeit, auf jeden ausreichend starken Reiz zu antworten, erscheint somit als Grundlage dafür, daß manche Individuen auf Reize antworten, die von ihrem eigenen Geschlecht ausgehen – und dies scheint auch darauf hinzuweisen, daß jedes Individuum so antworten könnte, wenn sich die Gelegenheit dazu bietet und keine entgegengesetzte Konditionierung solche Antworten verhindert." (54)

Durch Befragen einer Anzahl von Frauen konnten sie einige von Freuds Theorien über die Entwicklung der Sexualität überprüfen, aufgrund derer er Homosexuelle als Menschen beschrieb, die auf einer bestimmten Entwicklungsstufe stehengeblieben seien, die jeder Mensch normalerweise durchläuft. Die Entwicklungsstadien von Narzißmus über Homosexualität zur Heterosexualität wurde durch die Beobachtung präpubertärer Mädchen nicht bestätigt, deren Interesse Mädchen wie Jungen in gleicher Weise galt. Freuds Theorie von der sexuellen Latenz bei Frauen in der fortgeschrittenen Präpubertät kann von den Testergebnissen her nicht anders eingeordnet werden denn als soziale Konditionierung. In der Tat werden alle Perversionstheorien von den Kinsey-Forschern als "mystisch" oder "philosophisch" und nicht auf wissenschaftlichen Beobachtungen und Kenntnissen basierend zurückgewiesen. (55) Im folgenden werden ihre Thesen über die Faktoren, die zur weiblichen Homosexualität führen, kurz aufgeführt:

1. Die fundamentale physiologische Fähigkeit jedes Primaten, auf jeden ausreichend starken Reiz zu reagieren.

2. Der Zufall, der ein Individuum zu seiner/ihrer ersten sexuellen Erfahrung mit einer Person desselben Geschlechts führt.

3. Der bahnende Effekt einer solchen Erfahrung.

4. Die indirekte, aber wirksame Konditionierung, die ausgeübt wird durch die Meinung anderer und durch den sozialen Kode und die die Entscheidung eines Individuums dahingehend beeinflussen kann, diese Art sexuellen Kontaktes zu akzeptieren oder zu verwerfen. (56)

"Ausschließliche Präferenzen und Verhaltensmuster, heterosexuelle oder homosexuelle, kommen nur durch Erfahrung oder als Ergebnis sozialen Drucks zustande." (57)

Von den von ihnen interviewten Frauen hatten 25 % erotische Anziehung anderen Frauen gegenüber verspürt, 19 % hatten homosexuelle Erfahrung. Bei homosexuellen Kontakten war eine höhere Orgasmusrate festzustellen. "Weibliche Personen sind tatsächlich in ihren heterosexuellen Beziehungen eher dazu geneigt, Techniken zu bevorzugen, die denen ähnlich sind, die im allgemeinen in homosexuellen Beziehungen angewendet werden." (58) 71 % der Frauen, die homosexuelle Erfahrungen gehabt hatten, bereuten dies nicht. (Charlotte Wolff würde ihnen das nicht geglaubt haben.) Die Untersucher beobachteten, daß für viele berufstätige Frauen "heterosexuelle Beziehungen oder Ehe parallel zur Fortführung ihrer beruflichen Karriere sehr schwierig gewesen wären." (59) Sie stellen die statistisch nicht haltbare Meinung infrage, homosexuelle Frauen hätten mehr männliche Züge als heterosexuelle.

Naomi Weisstein weist auf einige der zahlreichen anderen Untersuchungen hin, die sämtlich die psychoanalytische Theorie in Frage stellen. Testmethoden haben ergeben, daß selbst erfahrene Kliniker Homosexualität nicht mit Hilfe weitverbreiteter projektiver Tests herausdiagnostizieren können und daß sie ihr Urteil aufgrund ein und desselben Testmaterials von Woche zu Woche ändern. Kliniker und Psychiater haben es "niemals für nötig befunden, Beweismaterial anzubieten, um ihre Theorien zu stützen", (60) sie führen stattdessen ihre jahrelange Erfahrung ins Feld. "Das Problem von Lebenserfahrung, Einfühlungsvermögen und Intuition (aus Jahren klinischer Erfahrung) besteht darin, daß sie für alle Zeiten die schiefe Sicht der Dinge festigen können, mit der einmal begonnen wurde." (61) Gehorsamsexperimente haben gezeigt, in welch alarmierendem Ausmaß das Verhalten des Menschen von äußeren Umständen bestimmt ist. "In einigen extrem wichtigen Bereichen sind Menschen so, wie man es von ihnen erwartet, oder zumindest verhalten sie sich so, wie von ihnen erwartet wird, daß sie sich verhalten sollen." (62) "Eine Untersuchung über menschliches Verhalten erfordert zuerst und vor allem eine Untersuchung jener sozialen Zusammenhänge, in denen sich Menschen bewegen, der Erwartungshaltung, die ihnen entgegengebracht wird und der Autorität, die ihnen sagt, wer sie sind und welches Verhalten von ihnen erwartet wird." (63)

Die Erkenntnis, daß der Mensch ein konditionierter Primat ist, ist moralisch wertfrei. Die Anwendung dieser Erkenntnis ist es nicht. Lerntheoretiker wie Skinner und viele andere versuchen, Menschen, die moralischer Ablehnung ausgesetzt sind, so zu programmieren, daß sie sich auf bestimmte Art und Weise verhalten. Dabei geht Skinner davon aus, daß menschliche Konditionierung so oder so dem Zufall überlassen ist und meint, es wäre wesentlich sinnvoller, diese Konditionierung unter die Kontrolle der Vernunft zu bringen. Obwohl Skinner der Diskussion über sexuelle Konditionierung aus dem Wege geht, ist es nicht zu übersehen, daß er am ehesten auf relativ ungezwungene heterosexuelle Monogamie "programmieren" möchte. Andere Behavioristen, die hinsichtlich der Darstellung von Einzelheiten weniger zurückhaltend sind, berichten begeistert über Heilungen von Homosexualität mittels Aversionstherapie, einer Technik, bei der z.B. Brechmittel gegeben werden, um beim Betrachten erotischer Bilder des eigenen Geschlechts einen Brechreiz auszulösen, bei der LSD verabreicht wird, um heterosexuelle Phantasien lustbesetzt zu machen und bei der auch Schockbehandlung eingesetzt wird, ebenso wie auch sexuelle Erfahrungen mit jedem beliebigen andersgeschlechtlichen Partner ermutigt werden, der zufällig gerade verfügbar ist. Die meisten dieser Experimente werden an männlichen

Personen durchgeführt und nicht nur an denen, die ihre sexuelle Orientierung freiwillig und auf eigenen Wunsch ändern möchten, sondern auch an denen, die von den Gerichten in psychiatrische Behandlung verwiesen worden sind. Schließlich ist auch ein Todesfall als Therapieerfolg verbucht worden. (64) Es gibt nur sehr wenig Information darüber, was mit widerstrebenden psychisch Kranken, darunter vielen Frauen, geschieht; Phyllis Chesler jedenfalls beschreibt in ihrem Buch *Frauen, das verrückte Geschlecht* den Fall einer Frau, die im Alter von 10 Jahren mit Elektroschocktherapie behandelt wurde, weil sie sich auf lesbische Spiele eingelassen hatte.

Nur einzelne Verantwortliche erheben Protest gegen das Auseinanderklaffen von Theorie und Praxis. Szasz sagt: "Es muß ehrlich zugegeben werden, daß die Psychiatrie der Religion und der Politik näher steht als der Wissenschaft" (65) angesichts sich einseitig widersprechender Theorien und Praktiken. Er sieht den vereinten Einfluß von kindlichen Abhängigkeitserfahrungen und der Lehre des Christentums als verantwortlich dafür, daß "sich der Mensch kindlich, dumm und verantwortungslos verhält." (66) Die traditionelle Psychoanalyse unterstützt diese Konditionierung, indem sie behauptet, daß regressive Ziele primär im Menschen vorhanden seien "unter Ausschluß von Bewertung, freier Wahl und Verantwortlichkeit" (67) und indem sie "moralische und politische Konflikte als rein persönliche Probleme zudeckt und verschleiert." (68) Er zieht deutliche Parallelen zwischen der Behandlung der Hexen durch die Kirche im Mittelalter und dem Umgang der Psychiater mit dem Geisteskranken heute. Wenn Leute in den Verdacht gerieten, vom Teufel besessen zu sein, wurde dieser Zustand im allgemeinen nicht ihrer freien Entscheidung zugeschrieben, sondern als weitgehend "entgegen ihrem besseren Urteilsvermögen" bestehend betrachtet. Dementsprechend wurden die Hexenjäger als Bevollmächtigte ihrer unglücklichen Klienten angesehen, und Hexen hinzurichten wurde als "therapeutische Maßnahme" verstanden. Diese pervertierte, aller Menschlichkeit widersprechende Definition dessen, was "therapeutisch" bedeutet und was ein "Therapeut" ist, hat sich bis in die heutige Zeit angesichts der sogenannten Behandlung der großen psychiatrischen Erkrankungen erhalten." (69)

Ernest van de Haag lehnt in *Notes on Homosexuality* jeden Versuch ab, Homosexualität als Krankheit zu bezeichnen und dies wissenschaftlich begründen zu wollen. "Obwohl das Wort 'Krankheit' seine Autorität, die es durch den wissenschaftlichen Gebrauch erhalten hat, beibehielt, ist es heute in dieser Hinsicht immer noch ohne Bezug auf wissenschaftliche Fakten gebräuchlich als Ausdruck verschleierter moralischer Mißbilligung, einerlei, ob der Benutzer des Terminus Laie oder erfahrender Therapeut ist." (70)

"Ich erinnere mich an einen Kollegen, der immer wieder von sich gab: 'Alle meine homosexuellen Patienten sind sehr krank' – und dem ich schließlich entgegenhielt: 'Genauso wie all meine heterosexuellen Patienten.' Da unsere Kultur die Analyse geschluckt hat, wurden Analytiker kulturabhängig. Dies erscheint als zweifelhafter Gewinn." (71)

Einige sehen in Homosexualität nicht eine Krankheit, sondern eine "Form der Rebellion in einer repressiven Gesellschaft, erfolglos und 'heilbar'." (72) Für andere, wie Simone de Beauvoir, kann sie einen eher positiven politischen Schritt darstellen. Viele weibliche Künstler sind Lesbierinnen. "Da sie eine männliche Überlegenheit nicht anerkennen, sind sie auch nicht bereit, deren Anerkennung vorzuspiegeln, oder sich darin zu erschöpfen, sie zu bekämpfen." (73) Für Clara Thompson kann Homosexualität eine zwar praktikable, aber nicht optimale Wahl sein. "Menschen, die sich aus Gründen, die außerhalb ihrer eigenen Persönlichkeit liegen, in der Wahl ihres Sexualobjektes einschränken, könnten als 'normale Homosexuelle' bezeichnet werden insofern, als sie die beste Art zwischenmenschlicher Beziehung aufnehmen, die ihnen möglich ist." (74) Aber, fügt sie hinzu, wenn es keine Restriktionen gäbe, würde die "biologisch lustbetonteste Art sexueller Befriedigung" (75), die Vereinigung männlicher und weiblicher Genitalien, gewählt werden, obwohl der Kinsey Report aufzeigt, daß sexuelle Befriedigung zwischen Frauen häufiger erfolgt als zwischen Mann und Frau.

Jedem, der das Wesentliche der lesbischen Erfahrung weitergehend erfassen möchte, würde das Gebiet der Psychologie wahrscheinlich den Zugang verwehren; schon dieser kurze, unvollständige Überblick enthüllt das Ausmaß an Konflikten und Verwirrungen, das unter den "Experten" herrscht. Doch ist der Mythos, die Psychologie verfüge über die Antworten auf menschliche Erfahrungen, inzwischen tief in unserer Kultur verwurzelt, und an sie wenden sich die Menschen, um sich besser zu verstehen oder Hilfe für ihr Leiden zu finden.

Obwohl die meisten Untersucher und Kliniker, so fehlgeleitet, fehlinformiert und moralisch voreingenommen sie auch sein mögen, aufrichtig bemüht sind, das Wesen der Homosexualität zu verstehen und denen zu helfen, die zu ihnen kommen, sieht eine wachsende Zahl von ihnen die günstige Gelegenheit gekommen,unter dem Deckmantel wohlwollender Autorität Vorurteile gesellschaftsfähig zu machen. Frank Caprio füllt sein Buch *Female Homosexuality* mit einer Unmenge sich wiederholender sexueller Details und bizarrer Fallgeschichten, und obwohl seine Ergebnisse sich mit denen anderer Mediziner decken, die in dieser Diskussion breitere Aufmerksamkeit erweckten, ist der Tenor seines methodischen Ansatzes der eines anstößigen Melodramas, vom Zitieren der Liebesbriefe weiblicher Strafgefangener, um das "Grundbedürfnis nach Zuneigung, das weiblichen Homosexuellen eigen ist, aufzuzeigen" (76) (anderen Menschen nicht?), bis zum wiederholten Gebrauch von Formulierungen wie "räuberische Lesbierin, die unschuldige Mädchen verführt und sie dazu bringt, jeden Gedanken an Heirat und Familienleben gegen ein Leben in homosexueller Versklavung einzutauschen" (77), oder "eine ältere Frau kann ihre jüngere Partnerin derart beherrschen, daß sie sie zur Sklavin oder Parasitin macht" (78), was sicherlich ein Vorwurf ist, der eher gegen so manche Männer zu erheben wäre in Anbetracht dessen, wie sie die von ihnen ökonomisch abhängigen Frauen behandeln. Ein viel krasserer Fall ist sicherlich David Reuben. In *Alles, was Sie schon immer über Sex wissen wollten* widmet er – glücklicherweise – nur zwei Seiten den Lesbierinnen unter dem allgemeinen Kapitel Prostitution, worin er Behauptungen aufstellt wie "eine Vagina und noch eine Vagina ergeben immer noch null" (79), "die Mädchen verraten und hintergehen sich mit monotoner Regelmäßigkeit" (80), "grundsätzlich sind alle Homosexuellen gleich – sie sehnen sich nach Liebe, wo keine Liebe sein kann und nach sexueller Befriedigung, wo keine dauerhafte Befriedigung stattfinden kann." (81)

Linkshänder haben jahrhundertelang in ähnlicher Weise, wenn auch nicht so tiefgreifend, unter Vorurteilen gelitten. Ihre Andersartigkeit wurde mit Homosexualität in Zusammenhang gebracht, galt als eines der Kennzeichen von Perversität. Kindern, die als Linkshänder entdeckt wurden, wurde erst in der jüngsten Vergangenheit gestattet, sich dieser Vorliebe entsprechend zu verhalten, und dies auch sicherlich nur wegen der unübersehbaren Tatsache, daß erzwungenes Rechtshändertum oft zum Stottern führt, einem ganz offensichtlich noch schlimmeren Leiden. 1946 noch konnte bei einem Psychiater die Bemerkung gefunden werden: "Meine Theorie über das negativistische Linkshändertum ist die, daß es einer abwehrenden emotionalen Haltung gegenüber dem Erlernen des Rechtshändertums entspringt. Dies unter der Voraussetzung, daß die Umgebung alle notwendigen normalen sozialen Informationen und traditionellen Einwirkungen auf den Erwerb von Rechtshändigkeit aufbietet und daß das Kind genügend geistige und physische Kapazität besitzt, um sie zu erlernen." (82) "So ist Linkshändigkeit nichts anderes als ein Ausdruck kindlicher Abwehr und fällt unter dieselbe Kategorie wie . . . Störungen bei der Nahrungsaufnahme, Ausscheidungsstörungen, Sprachretardierung und generelle Perversität. . ." (83) Linkshändigkeit "ist eine Panne in der normalen Entwicklung der Rechthändigkeit." (84) Da jedoch die religiösen Tabus, die ursprünglich der Entwicklung dieses

Vorurteils zugrunde lagen, in der abendländischen Kultur niemals so stark ausgeprägt waren und da die Gefahren der "Heilung" bei weitem den Makel der Linkshändigkeit an Bedeutung übertreffen, ist niemand mehr besonders beunruhigt über Linkshänder, die höchstens in der Schule noch vernachlässigt werden. "Morgen wollen wir den Linkshändern beibringen, wie sie es machen müssen", und oft genug findet das "morgen" nicht statt, dem Druck der Bedürfnisse der Mehrheit folgend. Die Schwierigkeit, in einer Welt der Rechtshänder mit Werkzeug umzugehen, findet ihren Ausgleich darin,daß Linkshänder ein gewisses Maß an Beidhändigkeit entwickeln und im übrigen heute frei entscheiden können, mit der Hand ihrer Wahl zu schreiben, zu malen oder zu lieben.

Vielleicht kommt einmal die Zeit, da Homosexualität dieselbe erlösende Nichtbeachtung erfährt, da klar erkannt wird, daß die großen Bemühungen der Psychologie echte Leiden bei denen hervorrufen können, die zuvor an nichts anderem gelitten haben als an einer Bevorzugung ihres eigenen Geschlechts, vielleicht ebenso alltäglich wie Linkshändertum und nichts weniger als ein Hindernis, die Aufgaben des Menschseins zu erfüllen und die Freuden des Menschseins zu genießen. In einer moralisch so neutralen Atmosphäre könnten Ursachen für diese Neigung in Biologie oder Erziehung entdeckt werden, aber, wie bei Linkshändern, wird das Interesse daran nicht allzu groß sein und solchen Spezialisten vorbehalten bleiben, deren Neugier schwer nachzuvollziehen ist. Ob einer die linke oder die rechte Hand bevorzugt, das Ziel bleibt das eindeutig gleiche. Und ob nun jemand eine Frau oder einen Mann wählt, die Aufgabe zu lieben bleibt die gleiche, eine Verantwortlichkeit, die zuviele Psychologen und Psychiater nicht nur übersehen, sondern schlicht mißbrauchen.

Die Lerntheoretiker zum Beispiel verschwenden keinen Gedanken auf die Frau, die in der Wahl der Person, die sie liebt, glücklich ist. Sie wird in den begeisterten Berichten über induziertes Erbrechen und den ersten Eine-Nacht-Fick mit einem Mann, der auf einer Party oder in einer Bar aufgegabelt wurde, niemals erwähnt. Obwohl großes Augenmerk auf das lesbische Schuldgefühl gelegt wird, unter dem die Patientin leidet, macht man sich nicht die geringsten Gedanken über die Schuldgefühle, die ausgelöst werden durch Treuebruch in der Liebesbeziehung, durch die Bewertung als Krankheit, durch das Leid, das nicht nur der Patientin, sondern auch der Frau erwächst, die ihre Geliebte war, nicht nur, was die zerbrochene Beziehung betrifft, sondern in allen künftigen Beziehungen, die jede von ihnen eingehen wird, sei es mit einem Mann oder mit einer Frau. Jede Frau, die darauf abgerichtet werden kann, physisch krank zu werden beim Anblick einer anderen Frau, und die davon überzeugt werden kann, daß ein noch so flüchtiger Kontakt mit jedem daran interessierten Mann ein Zeichen von Gesundheit ist, ist ein Opfer der gröbsten Manipulation, selbst erniedrigt und alles erniedrigend, was es bedeutet, Mensch zu sein in einer Beziehung zu anderen Menschen. Es bleibt dann anderen Therapeuten vorbehalten, sich mit der zurückgewiesenen Liebhaberin zu beschäftigen, die, mit all diesem gesunden und geradlinigen Unrat überhäuft, von Kummer und Zorn überwältigt wird. Vielleicht wird man versuchen, sie zuallererst davon zu überzeugen, daß das ganz und gar nicht wirkliche Liebe war, sondern Angst vor dem Vater, das Fehlen des Vaters, Liebe zur Mutter, Ablehnung der Mutter, Penisneid, Masochismus, Narzißmus, was sich da täglich unter dem Deckmantel gegenseitiger Anziehung, Interesse, Sympathie und Verständnis abgespielt hat. Wenn diese Erklärungen ihr nicht einleuchten, kann ihr stattdessen geholfen werden, ihre "Orientierung", wie man das nennt, zu akzeptieren, nicht als die beste aller möglichen Arten zu leben, sondern als das offenbar beste, wozu sie fähig ist, ihre Liebe als so etwas wie einen Klumpfuß annehmen zu lernen, den jemand anders, der ähnlich deformiert ist, lernen könnte zu tolerieren in Mitleid und zärtlicher Rücksichtnahme. Es gibt immer noch nur sehr wenige "Professionelle", die diesem tödlichen Stammeln des Herzens wirklich zugehört und erkannt haben, daß Heilungen und erfolgreiche Anpassungen nicht nur schlimmer als die Krankheit, sondern die Krankheit selbst sind. Von der Liebe geheilt zu werden oder enttäuscht zu sein von ihrer hoffnungslosen Mangelhaftigkeit, ist eine nicht zu tolerierende Perversion, für die die "heilenden" Wissenschaften genauso wie die Kirche verantwortlich sind.

Der kürzlich erfolgte Kampf in der Amerikanischen Psychiatrischen Gesellschaft um die Streichung der Homosexualität aus der Liste der Geistesstörungen hat letztlich zu einem Sieg derer geführt, die für diese Änderung eingetreten waren, doch in dem Wahlgang hatte die Hälfte der Mitglieder ihre Stimme überhaupt nicht abgegeben, und während 5.854 die Änderung begrüßten, stimmten 3.810 dagegen. (85) Die Kontroverse hat zu einem der reaktionärsten Artikel gegen Homosexualität Anlaß gegeben, der seit Jahren erschienen ist. Und die Streichung selbst, obwohl sie einigen Einfluß auf die noch langsamer sich ändernden Gesetze haben mag, schließt nicht jene Homosexuellen ein, die durch ihre "Orientierung" beeinträchtigt sind oder ihretwegen in Konflikten. Jeder Homosexuelle, der nicht irgendwann in seinem Leben Schwierigkeiten oder Konflikte aufgrund tief empfundener Gefühle erlebt hat, weil sie als Perversion etikettiert werden, müßte ein pathologisch gefühlskaltes Wesen sein. Einige Begriffe wurden durch einen knappen Abstimmungssieg geändert, aber es wird einiges mehr bedeuten, Psychiatern zu erklären, daß Liebe nicht nur ein vielsilbiges Wort ist.

Radclyffe Hall
1886 - 1943

Der Quell der Einsamkeit von Radclyffe Hall, veröffentlicht 1928, bleibt *der* lesbische Roman, ein Titel, der den meisten Lesern erzählender Literatur bekannt sein dürfte, Bibel oder Horrorgeschichte für jede Lesbierin, die überhaupt liest. Seitdem wurden andere Bücher veröffentlicht, besser geschriebene, die moderner Moral und psychologischer Spekulation eher entsprechen, aber keines von ihnen hat ernsthaft die Position von *Der Quell der Einsamkeit* angefochten. Oft wird ein Buch kurzfristig allein durch negativen Vergleich mit diesem "edlen, tragischen Traktat über die Liebe, die ihren Namen nicht nennen darf" charakterisiert. Neben den Lehren der Kirche und den moralischen Übersetzungen dieser Lehren durch Psychologen hat *Der Quell der Einsamkeit* Millionen von Lesern in ihrer Einstellung gegenüber Lesbierinnen beeinflußt.

Radlyffe Halls Absicht war, ein anteilerweckendes und genaues Buch über Homosexualität zu schreiben. Sie hatte sich bereits als Romanschriftstellerin und Dichterin einigen Ruf erworben, und wenn sie auch weder über handwerkliches Können noch über Durchdringungsvermögen ihres Zeitgenossen D.H. Lawrence verfügte, so teilte sie doch seinen Eifer, die Öffentlichkeit erziehen zu wollen. Wissenschaftliche Bücher waren zu der Zeit nicht allgemein erhältlich. Krafft-Ebings berühmte *Psychopathia Sexualis* war auf den medizinischen Beruf zugeschnitten, und Details von Fallstudien waren, wie der Titel, in Latein abgefaßt, da man befürchtete, daß das Buch in falsche Hände fallen und den naiven Leser verderben könnte. Radclyffe Hall hatte sowohl Krafft-Ebings als auch die weniger bekannten Studien von Karl Heinrich Ulrichs gelesen, der selbst homosexuell war und zu beweisen versuchte, daß Homosexualität genauso natürlich sei wie Linkshändertum. Sie las offensichtlich nicht nur mit dem Interesse einer Studentin sondern aus dem Wunsch heraus, sich selbst zu verstehen, sich, die geborene Homosexuelle, als die sie sich selbst sah, deren sexuelle Bedürfnisse ausschließlich von Frauen befriedigt wurden. *Der Quell der Einsamkeit* war daher nicht nur ein Roman, der Einblick in die Erfahrungen Homosexueller geben wollte, sondern auch ein Buch, das Radclyffe Halls eigenes Leben rechtfertigen sollte. Sie scheint sich um so mehr dazu gedrängt gefühlt zu haben, die Unschuld ihrer Natur zu verteidigen, da sie offenbar ernsthafte Katholikin und den meisten Doktrinen der Kirche tief verhaftet war. Sie starb, nach einem langen Kampf mit dem Krebs, zuversichtlich in ihrem Glauben, daß sie nur vorübergehend von Una, Lady Troubridge, getrennt sein würde, der Frau, mit der sie einige Jahre gelebt hatte. Sie erwartete nicht, daß für diese Wiedervereinigung Dantes Hölle der passende Ort wäre, da, wenn es irgendjemanden gäbe, der für ihre Natur verantwortlich wäre, dies Gott sein müsse, "der in einem unachtsamen Augenblick seinerseits diese bedauernswerten Tausende schuf, die für immer außerhalb seiner Gnade stehen müssen." (1) Außerhalb seiner Gnade auf Erden, muß sie rationalisiert haben. Oder sie nahm sich selbst gewissermaßen aus, kaufte sich frei mit dem Schreiben dieses Buches, in dem ihr letztes Flehen ist: "Erkenne uns an, Gott, vor der ganzen Welt. Gib auch uns das Recht zu unserer Existenz." (2) Es ist nicht ersichtlich, wie sie ihr Sexualleben schließlich mit ihrem Glauben in Einklang brachte. Es gibt nur das Zeugnis der ihr am nächsten Stehenden, daß sie den Konflikt für sich selbst gelöst habe.

Emotional und physisch während ihrer Kindheit vernachlässigt von einem Vater, der sie im Stich ließ und von einer Mutter, die sie abwechselnd brutal und gleichgültig behandelte, machte Radclyffe Hall aus ihrer Isolation Stärke, indem sie es vorzog, nur zu ihren eigenen Bedingungen zu leben, die, als sie erwachsen war, den meisten ihrer Zeitgenossen bizarr vorkamen. Als sie mündig war und endlich Verfügungsgewalt über das Geld erhielt, das ihr Vater und seine Familie ihr zugedacht hatten, genoß sie alle Privilegien und die Freiheit, die Reichtum mit sich bringt. Sie liebte Reiten und die Jagd, obwohl sie schließlich nicht mehr töten wollte, weil sie Mitleid für den Fuchs empfand und sich mit ihm zu identifizieren begann. Sie liebte schnelle Wagen, Reisen, Frauen, und bevor sie sich auf eine ernsthafte Beziehung mit Mabel Veronika Batten einließ, die zwanzig Jahre älter war als sie und mit der sie bis zu deren Tod lebte, hatte Radclyffe Hall wahrscheinlich mehr Frauen geliebt als Bücher gelesen. Mrs. Batten, die nicht nur eine bekannte Schönheit sondern auch eine ausgesprochen gebildete Frau war, widmete sich der Bildung ihrer jungen Geliebten und ermutigte sie zum Schreiben. Zu der Zeit, als Una Troubridge ihr begegnete, war Radclyffe Hall ein soweit gezähmtes Geschöpf, als es ihrem Charakter möglich war, zwar noch immer interessiert an leidenschaftlichen Liebesaffairen, aber gezügelt durch die Selbstdisziplin, die sie während ihres Werdegangs als Schriftstellerin üben gelernt hatte. Sie hatte gelernt, sich selbst und ihre Beziehungen ernst zu nehmen, nicht als die Dame von Stand, als die sie geboren war, sondern als der Gentleman, der sie gelernt zu werden hatte, durch ein konventionelles 'sich die Hörner ablaufen' hindurch zu dem gesetzten und bequemen Doppelstandard der "Ehe". Mabel Batten konnte die Liebesaffaire zwischen Una Troubridge und Radclyffe Hall nicht dulden. Bei einem heftigen Streit mit ihrer willensstarken und viel jüngeren Geliebten erlitt Mabel einen Herzinfarkt, dem sie ein paar Wochen später erlag. Die Schuldgefühle, die Radclyffe Hall empfand, verbunden mit der Hoffnung, sie könnte zu Mabel Kontakt aufnehmen und sie für sich und Una Troubridge um Vergebung bitten, führten sie über einige Zeit zum Spiritualismus. Sie widmete alle ihre Bücher "uns Dreien". Radclyffe Halls Verstrickungen in Affairen mit anderen Frauen sollten auch Una später quälen, aber sie hatte entweder größere Geduld oder ein stärkeres Herz und sollte Radclyffe Hall schließlich überleben.

Jedermann kannte sie als 'John'. Sie trug Männer-Jacketts und Krawatten, hatte einen Kurzhaarschnitt und war in ihrem ganzen Auftreten galant. Wurde sie kritisiert, daß sie auf diese Art und Weise Aufmerksamkeit errege, erklärte sie, Kleidung sei einfach ein Ausdruck ihrer Natur, die sie nun einmal nicht umtauschen könne, einer der ehrlichsten Wege, sich ihrer Homosexualität zu stellen. Dieser Mut oder – für die, die ihn nicht billigten, marktschreierische Exhibitionismus – machten es Radclyffe Hall möglich, die Niederschrift von *Der Quell der Einsamkeit* zu erwägen. Obwohl es unter ihren Zeitgenossen manche gab, die bessere Bücher über dieses Thema verfaßt haben mögen, war Radclyffe Hall doch die einzige, die die Zensur riskierte, die ihr Buch und ihre Person dann auch tatsächlich betroffen hat.

Der Quell der Einsamkeit wurde, mit einer um Einfühlung bemühten Einleitung von Havelock Ellis versehen, in England veröffentlicht und prompt auf Obszönität hin überprüft und verboten. In den Vereinigten Staaten war, nach einer ähnlichen Entscheidung der unteren Gerichtshöfe, ein Einspruch erfolgreich, und das Buch wurde nicht nur dort, sondern auch in Frankreich und bald auch in anderen Ländern erhältlich. Obwohl in England verboten, war es doch auch hier bestens bekannt, da es durch den Prozeß viel Publicity auf sich gezogen hatte. So wichtige literarische Persönlichkeiten wie Virginia Woolf und E.M. Forster waren bereit gewesen, sich für es einzusetzen; ihren Erklärungen wurde zwar keine Beweiskraft zugebilligt, aber ihre Petitionen und ihre öffentliche Unterstützung trugen dazu bei, das Buch angesehen und bekannt zu machen. Privat waren sie von ihm nicht ungetrübt begeistert. Virginia Woolf nannte es ein verdienstvolles, langweiliges Buch. Ihr eigenes Werk *Orlando* war gerade veröffentlicht worden und wurde als entzückende historische Phantasie begrüßt, als ein sehr viel geschmackvollerer und im übrigen offensiverer Weg, mit Sexualität umzugehen. Die Geschlechtsumwandlung von Orlando, seine/ihre Neigung zu Männern *und* Frauen, die Widmung des Buches an Vita Sackville-West und das Erscheinen von Photographien von Vita Sackville-West als Orlando in diesem Buch verursachten keinen Skandal. Und auch die glücklichen Urlaubstage, die Virginia Woolf und Vita Sackville-West kurz darauf zusammen auf dem Kontinent verbrachten, taten das nicht. Sie waren sicher verheiratete Frauen, die sich kleideten und benahmen wie Frauen, in der Öffentlichkeit jedenfalls. E.M. Forster, dessen eigener homosexueller Roman *Maurice*, schon einige Jahre früher verfaßt, aber bis zu seinem Tod 1971 nicht veröffentlicht worden war, erklärte Virginia Woolf gegenüber, er fände Lesbierinnen widerlich. Obwohl er persönlich kein Interesse an Frauen hatte, mißfiel ihm die Idee, daß sie unabhängig von Männern lebten. Kein offensiveres Beispiel wäre für ihn denkbar gewesen als gerade Radclyffe Hall.

Die Einstellung dieser beiden wichtigen Mitglieder der Bloomsbury-Gruppe, deren allgemeine Liberalität und Mißachtung von Konventionen bekannt war, dürfen als Indizien dafür gelten, wie mutig oder tollkühn eine Handlung wie die Niederschrift von *Der Quell der Einsamkeit* war. Sexualität war für die Intellektuellen von Bloomsbury Gegenstand intensiven Interesses und der Spekulation, Thema vieler Briefe, Gedichte und Schauspiele, die zu ihrer eigenen Unterhaltung geschrieben wurden. Aber sogar Lytton Strachey, dessen Päderastie notorisch war, unterhielt Beziehungen, die ihm höchst wichtig waren, zu Männern, die ihn nicht haben wollten und zu Frauen, an denen er sexuell nicht interessiert war. Einmal machte er Virginia Woolf einen Antrag, und die letzten Jahre seines Lebens verbrachte er mit der ihn anbetenden Carrington, die ihm so etwas wie eine Tochter bedeutete. Klatsch, obszöne Scherze und Flüge erfinderischer Phantasie waren etwa der Stil, in dem Bloomsbury mit Bisexualität oder Homosexualität umging. Man war nicht darauf vorbereitet, sich öffentlich mit sexuellen Geschmacksrichtungen auseinanderzusetzen, die fast durchgängig als Zeichen von Regression oder Degeneration beschrieben wurden. Virginia und Leonhard Woolf waren die Verleger Freuds in England. Waren sie auch in Fragen der Moral großzügig, so waren sie doch alle ambivalent sich selbst gegenüber. Sie waren tapfere Verbündete für Radclyffe Hall (die Woolfs waren bereit, eine Kaution zu stellen, da sie zunächst nicht verstanden, daß das Buch vor Gericht stand, nicht die Autorin), aber sie waren nicht ihre Freunde, noch hätten sie es sein können. Sie war zu fremdartig, zu ernsthaft und zu wenig begabt. Es gab tatsächlich überhaupt nichts Ambivalentes an ihr.

Obwohl Stephen Gordon, die Hauptfigur in *Der Quell der Einsamkeit*, nur wenige von Radclyffe Halls eigenen Erfahrungen teilt, ist sie doch Radclyffe Halls idealisiertes Spiegelbild. Beide bemerkten von Kindheit an ihre essentielle Unterschiedlichkeit zu anderen weiblichen Wesen. Beide hatten früh emotionale Bindungen an weibliches Hauspersonal. Beide waren gute Reiterinnen und erfolgreiche Schriftstellerinnen. Keine von ihnen hatte jemals erotisches Interesse an Männern. Beiden gefiel der maskuline Stil und das maskuline Auftreten. Aber Radclyffe Hall versah Stephen Gordon mit grundlegenden Sicherheiten, die ihr selbst fehlten, mit einem Vater, der sie liebte und verstand, mit einer Kindheit auf einem schönen Landgut, mit Gesundheit und einer tadellosen Erziehung. Auch war Stephen sehr groß, ein Kennzeichen männlicher Macht und Schönheit, um welches Radclyffe Hall sie vielleicht beneidete, obwohl man von ihr erzählt, daß sie immer den Eindruck hinterließ, ein gutes Stück größer zu sein als sie wirklich war. Von den glücklichen Zufälligkeiten des Lebens, die sie nicht miteinander teilten, erschien Radclyffe Hall wohl diejenige als die bedeutendste, daß Stephen die Gelegenheit hatte, England im Krieg zu dienen, weil sie Patriotin war, die der politischen Weltoffenheit und dem Skeptizismus anderer intellektueller und scharfsinniger Geister ihrer Generation nicht nachhing. Die eine große Gnade in Radclyffe Halls eigenem Leben, die vertrauensvolle Liebe von Mabel Batten und Una Troubridge, versagt sie Stephen; von ihr wird gefordert, die Frau, die sie liebt, aufzugeben zugunsten eines Mannes, der für Schutz und soziale Anerkennung sorgen kann, die Stephen niemals hätte anbieten können. Stephens selbstlose Geste zum Schluß soll zweifellos die Sympathie des Lesers verstärken, moralische Zweifel beschwichtigen und die tragischen Aspekte homosexuellen Lebens vertiefen. Für Radclyffe Hall selbst jedoch hätte weder Gott noch Mann ihr Sexualleben behindern können. Ihr Temperament war nicht für derartige Opfer geschaffen.

Als umsichtige Propagandistin im Schmieden unglücklicher Ausgänge von Beziehungen arbeitete Radclyffe Hall intensiv am Aufbau eines glaubwürdigen psychologischen Hintergrundes, der Verständnis und Anerkennung für ihre Heldin vertiefen sollte. Die Bücher von Karl Heinrich Ulrichs und Krafft-Ebing stehen in Mr. Gordons Bibliothek, und über sie lernt er, sein einziges und geliebtes Kind zu verstehen und ihm zu helfen. Ulrichs vertritt nicht nur, daß Homosexualität angeboren und natürlich sei, sondern auch, daß dieser Art sexueller Liebe legale und soziale Anerkennung zuteil werden solle, die Erlaubnis zu heiraten solle Menschen desselben Geschlechts gewährt werden. Krafft-Ebing, der anderer Meinung als Ulrichs ist, gesteht zwar zu, daß manche Arten von Homosexualität angeboren seien, besteht aber darauf, daß ihre Ursache mehr pathologischer als physiologischer Natur und auf jeden Fall auf ererbte Degeneration zurückzuführen sei. Die von ihm angebotenen Familiengeschichten sind voll von Krankheitsfällen der einen oder anderen Art. Während er entschieden für humane Behandlung dieser Menschen eintritt, weil sie an ihrer Veranlagung unschuldig sind und nicht von ihr geheilt werden können (allerdings drücken viele von ihnen auch nicht einmal den

Wunsch nach Heilung aus, eines der Symptome ihrer Krankhaftigkeit – daß sie sich selbst als natürlich betrachten), ist er nicht so tolerant gegenüber erworbener Homosexualität, die verursacht wird, wie er meint, durch exzessive Masturbation, Isolation vom anderen Geschlecht, bewußte Entscheidung für das Laster. Das sexuelle Verhalten des durch Gewöhnung homosexuell Gewordenen ist unmoralisch. Während Krafft-Ebing diese Art Konditionierung zur Homosexualität als moralisch wesentlich verwerflicher betrachtet. sieht er zugleich in ihr aber auch größere Chancen der Heilung. Es ist klar, daß Radclyffe Hall, obwohl sie einen Großteil ihrer Informationen von Krafft-Ebing bezog, Ulrichs Argumenten folgt.

Stephen muß als angeboren Homosexuelle konzipiert werden, um Krafft-Ebings moralischer Verdammung zu entkommen. Es ist kein Anzeichen von Krankheit in Stephens Familiengeschichte zu finden. Die einzigen Gründe für ihre Homosexualität sind offensichtlich physiologischer Natur. Stephen ist breitschultrig, hat schmale Hüften, ist ungewöhnlich groß und hat bemerkenswerte Ähnlichkeit mit ihrem Vater. Daß sie nicht allein so veranlagt ist, wird unterstrichen durch die körperliche Beschreibung einer Gruppe von Homosexuellen, die sie in Paris trifft. "Man mußte zweimal hinsehen, um erkennen zu können, daß ihre Fußknöchel zu stark und zu schwer für die einer Frau waren." (3) Oder "man hätte sagen können, eine ganz weibliche Frau, wenn nicht das geübte Ohr bei ihrer Stimme Verdacht geschöpft hätte ... die Stimme eines Jungen kurz vor dem Stimmbruch." (4) Da sie sich nicht darauf verläßt, daß sich der Leser schon mit diesen Beweisen überzeugen läßt, stellt Radclyffe Hall allgemeine Bemerkungen über Homosexuelle auf, indem sie sie bezeichnet als "jene, die ohne eigenes Verschulden abgesondert wurden vom Tag ihrer Geburt an." (5) Oder sie läßt Stephens Hauslehrerin, die selbst eine unterdrückt Homosexuelle ist, zu Stephen sagen: "Du bist weder unnatürlich noch abscheulich noch verrückt; du bist ebensogut ein Teil dessen, was die Leute Natur nennen, wie irgendjemand sonst; du bist bisher nur noch nicht erklärt worden – du hast deinen Platz in der Schöpfung noch nicht gefunden." (6) Stephen wird beschrieben "als irgendein primitives Ding, empfangen in einem turbulenten Zeitalter des Übergangs." (7) Stephens Vater wünschte sich einen Sohn, taufte dann sein weibliches Kind Stephen; aber solche Tatsachen werden nicht dargelegt, um Homosexualität aus Umweltbedingungen zu suggerieren, sondern als tiefe Einsicht des Vaters in die wahre Natur seines Kindes.

Die Haltung der Gesellschaft gegenüber Homosexuellen wird durch Stephens Mutter repräsentiert, die sich von Anfang an von diesem Kind abgestossen fühlt, das sie nicht versteht. Sie protestiert gegen den Wunsch ihres Ehemannes, Stephen so aufzuziehen, als sei sie ein Junge, doch er setzt seine Auffassung gegen die ihre durch, was als echte Weisheit dargestellt wird. Stephen wird gestattet, im Herrensattel zu reiten. Sie wird in männlichen Eigenschaften bestärkt. Ihr Vater sagt: "Und jetzt werde ich dich wie einen Jungen behandeln, und ein Junge muß immer tapfer sein. Ich werde nicht so tun, als wärst du ein Feigling." (8) Später, als er fühlt, daß ihre Erziehung vernachlässigt wird, sagt er: "Du bist tapfer und kräftig, aber ich will, daß du auch weise bist." (9) Indem Radclyffe Hall Stephen einen so ungewöhnlich verständnisvollen Vater gibt, betont sie, daß die akzeptierte Homosexuelle zu einer moralisch wertvollen Persönlichkeit heranwachsen kann, der es sogar möglich ist, die Ablehnung einer Mutter seelisch zu überstehen. Nach dem Tod ihres Vaters entdeckt die Mutter, daß Stephen eine Affaire mit einer verheirateten Frau aus der Nachbarschaft hat. "Und das, was du bist, ist eine Sünde wider die Natur." (10) Wie genau doch Radclyffe Hall die Einstellung vieler Kritiker, als das Buch erschien, vorwegnahm; sie hätten sie wohl gern in die Sprachlosigkeit getrieben, so wie Stephen gezwungen wurde, ihr Heim zu verlassen, das ihr so viel bedeutete, wobei sie nur ihre loyale und verständnisvolle Hauslehrerin mitnehmen konnte.

Dem Ehemann der Frau, die Stephen unklugerweise liebte, werden Aussagen wie die folgende in den Mund gelegt: "Wie geht es deiner Mißgeburt? ... Großer Gott, es reicht, jeden Mann rot sehen zu lassen; so etwas sollte gleich bei der Geburt ausgemerzt werden, ich würde am liebsten staatliche Todeskammern einrichten." (11) Aber seine Bösartigkeit wird als Teil seiner allgemeinen Unfähigkeit als Mann gesehen.

In *Der Quell der Einsamkeit* werden Männer für fähig gehalten, höchsten Mut und höchste Einsicht zu entwickeln. Stephens Vater ist "ganz Freundlichkeit, ganz Strenge, ganz Verständnis". (12) Martin, der junge Mann, der mit Stephen befreundet ist und sich dann unglücklicherweise in sie verliebt, hat "das Leben eines Mannes, gut mit seiner Qualität von Gefahr, eine primitive, starke, herrische Sache." (13) Stephen fühlt, daß sie in ihm einen Bruder gefunden hat. "Er sprach einfach, so wie ein Mann mit einem anderen spricht, sehr einfach, er versuchte nicht, Eindruck zu schinden." (14) Und Stephen "wünschte sich Kameradschaft mit Männern, wünschte sich ihre Freundschaft, ihren guten Willen, ihr Verständnis." (15) Als Stephen Martin zurückweist, weist sie unwissentlich zugleich auch die vorübergehende Anerkennung in der Gemeinschaft, die sich während der Periode ihrer Freundschaft entwickelt hatte, zurück. "Er war es, der ihr zur Anerkennung bei ihnen verholfen hatte – er, der Fremde, der noch nicht einmal mit ihrem Land verbunden war ... Plötzlich sehnte sich Stephen zutiefst danach, gemocht zu werden und wünschte sich von ganzem Herzen, daß sie Martin hätte heiraten können." (16) Jahre später, als er wieder in ihrem Leben erscheint und sich in Mary verliebt, in eben die junge Frau, die Stephen selbst liebt und mit der sie lebt, erkennt Stephen seine überlegene Macht als Mann, Mary beschützen zu können. "Ich kann dir keine Sicherheit geben, Mary, die Welt hat mich meines Rechtes zu beschützen beraubt; ich bin gänzlich hilflos, ich kann dich nur lieben." (17) Ihr Vater hat ihr all die männlichen Tugenden beigebracht, "Mut, Wahrhaftigkeit und Ehre", (18), und sie lehnt deren Kehrseiten ab, "Männer – sie waren selbstherrlich, arrogant und besitzergreifend; (19) vielleicht ebensosehr, weil sie kein soziales Recht auf sie hat, wie weil sie sie moralisch widerwärtig findet. Ohne diese Kehrseiten männlicher Tugenden bleibt ihr keine andere Wahl, als zur Märtyrerin ihrer Liebe zu werden.

Obwohl Stephen keinen Anspruch auf soziale Gleichstellung mit Männern erheben kann, betrachtet sie sich als ihnen in einigen Hinsichten überlegen, nicht nur, indem sie ihre zweifelhafteren Tugenden ablehnt, sondern, indem sie über die ungewöhnlichen Tugenden des ambivalenten Geschlechts verfügt. "Sie schien die Stärke eines Mannes mit der sanfteren und subtileren Stärke einer Frau in sich zu vereinen." (20) "Diejenigen, die die Natur ihrem eigenen Zweck geopfert hat – ihrem mysteriösen Zweck, der manchmal im Verborgenen liegt – sind manchmal mit einem unermeßlichen Willen zu lieben ausgestattet und ebenso einer unendlichen Fähigkeit zum Leiden." (21) "Aber die Intuition derjenigen, die mitten zwischen den beiden Geschlechtern stehen, ist so unbarmherzig, so durchdringend, so genau, so tödlich, daß sie die Natur einer zusätzlichen Plage annehmen." (22)

Krafft-Ebing folgend proklamiert Radclyffe Hall für den angeborenen Homosexuellen bemerkenswerte Intelligenz, große Leidenschaftlichkeit und intensives religiöses Fühlen. Stephen ist am Heiligen Abend geboren. Radclyffe Hall ließ auf *Der Quell der Einsamkeit* einen Roman über einen zeitgenössischen Christus folgen, mit dem sie sich nach ihrer eigenen sozialen Kreuzigung leicht identifizieren konnte. Während sie schrieb, seien Wund-Male auf ihren eigenen Handflächen erschienen.

Weder sie noch Stephen identifizierten sich jemals mit anderen Frauen. Stephens erste Geliebte, das zweite Dienstmädchen, ist eine dumme, unehrliche Kreatur, der das Kind Stephen alles vergeben kann – "obwohl sie sie verachtete, konnte sie sie immer noch lieben." (23) "Ich wünschte mir, für dich zu leiden, Collins, so, wie Jesus für die Sünder gelitten hat." (24) Stephens Mutter wird von ihrem Vater geliebt, weil sie ruhig, schön und passiv ist. Stephens eigener Versuch, eine Beziehung zu ihrer Mutter herzustellen, äußert sich in beschützend-ritterlichem Verhalten. Stephens Hauslehrerin gibt ein eher trauriges Beispiel ab: "Sie war das, was höhere Bildung bewirkt, eine einsame, unausgefüllte alte Jungfer." (25) Als Stephen sich das erste Mal ernsthaft in eine verheiratete Frau verliebt, wird Angela als "faul, unzufrieden, gelangweilt und sicherlich nicht mit Tugend überlastet" beschrieben. Sie "hörte zu, heuchelte ein Interesse, das sie weit entfernt war wirklich zu fühlen." (26) Mary, die Geliebte, für die Stephen ihr eigenes Glück opfert, "würde, weil sie ganz und gar Frau war, weiterhin ohne Gedanken, ohne Jubel, ohne Frage bleiben – für sie gab es keine Notwendigkeit zu fragen, weil es für sie nun nur eins gab – Stephen." (27) "Mary, ganz Frau, war weniger dem Leben gewachsen als sie es gewesen wäre, wenn sie Stephen mehr geglichen hätte." (28) Stephen ergeben, unterwürfig, mit allen weiblichen Eigenschaften versehen, kann Mary die soziale Isolation ihres Lebens mit Stephen nicht aushalten; während Stephen die Stärke besitzt, sich über Verurteilungen hinwegzusetzen, wäre sie darüber bitter geworden, weil sie für sich selbst keine Aufgabe hat, keine eigene Identität. Sie ist einfach eine Frau.

Gelegentlich sehnt Stephen sich heftig danach, normal zu sein. "Während sie diese Mädchen verachtete, wünschte sie sich dennoch, wie sie zu sein," (29) aber dies sind nur Momente der Verzweiflung, wenn sie sich in der Gemeinschaft der Männer abgelehnt fühlt, die eine Vorliebe für "tötenden Efeu" (30) haben. Sehr viel häufiger wünscht sie sich, ein Mann zu sein, um ihren natürlichen und überlegenen Platz unter den übrigen dieses bewunderten Geschlechts einzunehmen. Radclyffe Hall behauptet sogar, daß Stephen "ihre Männlichkeit fand" (31), obwohl ihr immer bewußt bleibt, daß sie, gefangen in einem weiblichen Körper, ein Monstrum ist, und im letzten Wettstreit zwischen Stephen und Martin kann sogar der Hund bezeugen, daß Martin der wirkliche Mann ist. Stephen bleibt nun nur noch ihre Arbeit. "Sie mußte zeigen, als das, was sie war, daß sie über alle Widerstände hinweg zum Erfolg gelangen konnte" (32), aber sie wird weiterhin von Zweifeln geplagt bleiben, "ich werde niemals ein guter Schriftsteller sein wegen meines verstümmelten und unerträglichen Körpers." (33)

Wenn Radclyffe Hall heute lebte und *Der Quell der Einsamkeit* schriebe, welches der Details könnte heute noch irgendjemanden davon überzeugen, daß Stephen von Geburt an "anders" sei, außer vielleicht in ihren sexuellen Neigungen? Auf dem Sexualmarkt ist es immer noch besser, schmalere Schultern und breitere Hüften zu haben und kleiner zu sein als Stephen, aber solche "Defekte" könnten niemanden davon überzeugen, eine Frau müsse die geborene Homosexuelle sein. Und obwohl intelligente Frauen immer noch eine Bedrohung für einige Männer darstellen, würde niemand Intelligenz als Zeichen für zu diagnostizierende Homosexualität betrachten. Was die Freiheit des Verhaltens, nach der Stephen sich sehnte, anbetrifft, gibt es heutzutage keine Frau, die nicht Hosen und Hosentaschen für vielerlei Aktivitäten bevorzugt, und nur die Königin von England erscheint noch immer gelegentlich, wenn sie öffentlich ausreitet, im Damensattel. Wenn auch nur wenige Frauen sich im privaten Leben einen männlichen Namen gewünscht haben, haben doch sehr viele männliche Pseudonyme benützt, um ihrer Leistung öffentliche Anerkennung zu verschaffen.

Schon 1928 bemerkte Vera Brittain in einer im übrigen großzügigen Rezension des Buches: "Miss Hall scheint als selbstverständlich anzunehmen, daß diese Überbetonung von geschlechtstypischem Verhalten Teil der korrekten Erziehung eines menschlichen Wesens sei. Daher macht sie ihre "normalen" Frauen anhänglich und "feminin" bis zum Überdruß und beschreibt sogar ihre Einstellungen zur Liebe als "Selbstzweck" als ihnen zugehöriges, notwendiges Attribut wahrer Weiblichkeit ... Wir haben das Gefühl, in der Darstellung der angeblich unheilvollen Vorlieben des Kindes Stephen Gordon ist oft viel Lärm um nichts gemacht worden; bei so vielen von ihnen scheint es sich um ganz alltägliche Vorlieben zu handeln, die jede junge weibliche Person, die zufällig etwas mehr Intelligenz und Vitalität besitzt als ihre Kameradinnen, haben könnte. Falls es wirklich eines der Resultate der Erziehung von Frauen in den 1890er Jahren war, daß einem menschlichen Wesen das häßliche Etikett "pervers" angeheftet wurde, wenn sein Hauptwunsch war, seiner Menschlichkeit einen weiter gefaßten Ausdruck zu geben, als es die zeitgenössischen Konventionen gestatteten, dann war diese Erziehung tatsächlich eine üble Sache." (34)

Offensichtlich akzeptierte Radclyffe Hall gerade diese Art Unterrichtung ihrer Klasse und ihrer Zeit so sehr, daß sie sich keine Frau vorstellen konnte, die das Privileg und die Macht von Männern wollte, es sei denn, sie selbst wäre ein Monstrum.

Der Quell der Einsamkeit wurde zwar für seine wohlwollende Idealisierung des Homosexuellen bösartig angegriffen und dadurch wurde ihm damals größere Bedeutung zugemessen, als er es verdiente, doch war sein Überleben als einziger maßgeblicher Roman über lesbische Liebe gerade von diesen Mißverständnissen und Fehldeutungen abhängig. Das Buch unterstützt die Ansicht, Männer seien von Natur aus überlegen und jede Frau, wenn sie die Wahl hätte, bevorzugte einen richtigen Mann, es sei denn, sie selbst wäre als Monstrum geboren. Alberne und feminine Männer werden kritisiert, bei einigen wird auch gesehen, daß sie ihre Macht mißbrauchen, doch ihr Anrecht auf diese Macht wird niemals hinterfragt. Stephen widersetzt sich nicht der sozialen Struktur, in die sie hineingeboren wurde. Männliche Dominanz ist ihr nur dann unerträglich, wenn sie sie nicht für sich selbst in Anspruch nehmen kann. Frauen sind minderwertig. Liebesbeziehungen können nur zwischen überlegenen und untergeordneten Personen stattfinden. Stephens sexuelle Ablehnung gegenüber Martin wird zwar als endgültiger Beweis ihrer unwiderruflichen Homosexualität präsentiert, ist aber auch alsAblehnung der untergeordneten Rolle in der Beziehung zu werten. Ihre Reaktion besteht aus "Abscheu – Ekel und Abscheu ... ein Ausdruck der Schande." (35) In ihrer Beziehung mit Mary ist Stephen "alles für Mary; Vater, Mutter, Freund und Liebhaber, alles, und Mary ist alles für sie – das Kind, die Freundin, die Geliebte, alles." (36) Die Wiederholung von "alles" ist nicht überzeugend genug, um die Ungleichheit der Kategorien zu verschleiern. Als Stephen sich entschließt, nicht um Mary zu kämpfen, hat die Art und Weise, wie sie sie Martin übergibt, viel Ähnlichkeit damit, wie man irgendwelche anderen Besitztümer hergeben würde. Ihr Altruismus wird zwar manchmal auf ihr weibliches Geschlecht bezogen, doch noch öfter mit den Tugenden von Christus verglichen. Es ist mutig oder tollkühn für eine Frau, sich wie ein Mann zu benehmen, doch solange sie sich als Monstrum akzeptiert, solange sie im Roman – wenn nicht sogar im Leben – zu bewegen ist, den höchsten Preis, ihre Liebe, aufzugeben, solange stellt sie keine politische Bedrohung für irgendjemanden dar. Die natürliche Ordnung der Dinge ist wieder bestätigt und sie bleibt im Abseits zurück, ruft Gott und die Gesellschaft um Anerkennung an.

Cory behauptet in "Die Lesbierin in der amerikanischen Gesellschaft", daß "die stereotype Vorstellung von der Lesbierin fast komplett von jeglicher Realität entfernt ist. Viele Leute begegnen ihr niemals, außer in *Der Quell der Einsamkeit*." (37) Wenn er meint, daß es in der Realität nur wenige talentierte, erfolgreiche, unabhängige, reiche Frauen gibt, die in ähnlicher Weise wie Radclyffe Hall und ihre Schöpfung Stephen Gordon Anspruch auf das Privileg des Mannes erheben, dann liegt er richtig, wenn er aber meint, daß es keine Frauen gibt, die den Stil und die Art von Männern angenommen haben, dann liegt er falsch. Zugegeben, es ist heute nicht leicht zu wissen, welche Stile und Verhaltensmuster mehr mit dem einen Geschlecht als mit dem anderen assoziiert sind, aber es ist immer noch möglich. Phyllis Lyon und Del Martin bemerken in *Lesbian/Woman* über *Der Quell der Einsamkeit*, es sei zur "Bibel der Lesbierin" geworden. "Unglücklicherweise verewigte das Buch für den Uneingeweihten den Mythos der Lesbierin als Pseudomann, und viele junge Frauen, wie Del, eiferten der Heldin, Stephen Gordon, nach." (38) Andere haben das Buch ohne eine so bruchlose Identifikation gelesen, aber selbst wenn sie es sorgfältig vermeiden, die Rolle des Mannes zu spielen, werden sie alleingelassen mit dem Ressentiment über ihre gesellschaftliche Minderwertigkeit und mit ihrer Liebe zu anderen Frauen, mit der Angst, daß vor einem "scharfsichtigen Auge" jede unbedeutende Eigenart zu ihrer Entdeckung als Monstren führen könnte.

Radclyffe Hall war eine mutige Frau, und *Der Quell der Einsamkeit* ist ein wichtiges Buch, weil es so sorgfältig all die rechtschaffenen Fehleinschätzungen von Natur und Erfahrung der Frau erhellt, welche so viele Menschen eingeschränkt und verkrüppelt haben. Radclyffe Hall bedachte sich selbst mit der Einschätzung 'Monstrum', aber emotional und intellektuell war sie viel mehr eine "weibliche Frau", als viele ihrer literarischen Zeitgenossen. Sie verehrte die Institutionen, die sie unterdrückten, Kirche und Patriarchat, die Frauen gelehrt haben, daß es nur zwei Wahlmöglichkeiten gibt, entweder Minderwertigkeit oder Perversion. Innerhalb dieses Rahmens versuchte sie die einzig stolze Wahl, die sie hatte, neu zu definieren. Die "Bibel", die sie angeboten hat, ist wirklich nicht besser für Frauen als die Bibel, die sie nicht ablehnen wollte.

Gertrude Stein
1874 - 1946

"Aufrichtigkeit ist eine selbstsüchtige Tugend. Ja, ich bin ehrlich genug." (1) Dies gesteht Adele ein, die Hauptfigur in Gertrude Steins erstem Roman Q.E.D. oder *Things as They Are*, wie er nach Gertrude Steins Tod 1950 zuerst betitelt und in einer Auflage von nur fünfhundert Exemplaren veröffentlicht wurde. Einem weiteren Publikum wurde er bis zur Neuherausgabe 1971 nicht zugänglich gemacht. Für eine Frau wie sie, die berühmt war für Verbergen und Meiden von Sinngehalten während eines Großteils ihres schriftstellerischen Lebens, die in Codes und Rätseln und verbalen Stilleben experimentierte, erscheint die platte Deutlichkeit und rückhaltlose Ehrlichkeit von Q.E.D. als Widerspruch zu all den "eine Rose ist eine Rose ist eine Rose"-Witzen über sie. Gertrude Stein vergrub das Buch wortwörtlich unter tausenden von später geschriebenen Seiten, und als sie Jahre später wieder auf es stieß, behauptete sie, es vollkommen vergessen zu haben. In *The Autobiographie of Alice B. Toklas* schrieb sie über sich selbst: "Sie tat sehr verschämt und schüchtern damit, wollte es nicht einmal eigentlich lesen." (2) Damals zeigte sie es Louis Bromfiels, aber 1941 verweigerte sie die Erlaubnis, es im Yale Katalog ihres übrigen Werkes aufzuführen.

Q.E.D. ist wahrscheinlich das einzige Buch über die lesbische Beziehung, das seine Personen mit dem harten Kampf zwischen Bedürfnis und Moral konfrontiert und die psychologische Geometrie des menschlichen Herzens ohne falsches Romantisieren oder leichtfertiges Urteil enthüllt. Neuere Biographen haben die drei Charaktere des Romans ohne große Skrupel mit Gegenstücken aus dem realen Leben in Beziehung gesetzt und viele Ereignisse in Gertrude Steins eigenem Leben dokumentiert, haben darauf hingewiesen, daß sie in ihrem letzten Jahr an der Medizinischen Akademie nicht scheiterte aus dem Grund, den sie oft ihrer Freundin Marion Walker angab: "Du weißt nicht, was das bedeutet, sich zu langweilen" (3), sondern weil sie unglücklich in eine Dreiecksaffaire verwickelt war, die sie später in Q.E.D. beschrieb, einem Buch, das sie als verzweifelten Versuch schrieb zu verarbeiten, was geschehen war und dadurch zu überleben.

Worin sie in Q.E.D. aus ihrer eigenen Erfahrung heraus einig mit sich wurde, das setzte sie später um in den Kurzroman "Melanctha", den sie ziemlich zu Anfang ihrer Karriere als Mittelstück in *Three Lives* veröffentlichte, und in vielen ihrer späteren Bücher taucht immer wieder das unbarmherzige Wissen um die Rolle von Macht in menschlichen Beziehungen auf, basierend auf dem Vorbild der drei Personen in Q.E.D. Es gab eindeutig persönliche Gründe für Gertrude Stein, das Buch zu ihren Lebzeiten nicht zu veröffentlichen. Obwohl sie mit Alice B. Toklas die meiste Zeit ihres Erwachsenenlebens in ziemlich offensichtlicher Herausforderung der Konventionen lebte, wollte sie ihrem Publikum bekannt sein als Genius, der die Prosa, ja sogar die Sprache des 20. Jahrhunderts so veränderte wie Picasso die Malerei. Unumwunden wünschte sie sich – und erreichte auch schließlich – nicht nur Berühmtheit, sondern allgemeine Beliebtheit. Abgesehen davon, daß sie sich vor der Verachtung und moralischen Mißbilligung eines großen Publikums schützte, hat sie vielleicht auch gespürt, daß Q.E.D. in ästhetischer Hinsicht nicht vollkommen war, weil es zu nahe an ihrer eigenen Erfahrung war, zu unsicher und pedantisch in den Satzrhythmen, denen später ihre hauptsächlichen schriftstellerischen Bemühungen galten. Obwohl "Melanctha" die Geschichte einer schwarzen Frau schildert, die einen schwarzen Arzt liebt und hier weder das Thema lesbischer Liebe auftaucht noch das von Machtstrukturen innerhalb einer Dreierkonstellation, hat sie hier längere Passagen aus Q.E.D. nahezu wörtlich übernommen, wobei Helen aus Q.E.D. zu Melanctha wurde, Adele zum Arzt. In diesem späteren Werk wird der Kampf um Verständnis, Vertrauen, Liebe in einer Sprache von weit größerer tragischer Kraft beschrieben als in Q.E.D. Unbefriedigend bleibt bei "Melanctha" jedoch, daß die Umsetzung gelegentlich nicht überzeugend gelingt, die psychologische Spannung willkürlich bleibt, da die heterosexuelle Möglichkeit – die, zu heiraten – vollständig ignoriert wird. Aber dies ist ein geringer Makel an einem Werk, das ansonsten viele der stilistischen Probleme löst, die Q.E.D. manchmal plump und ungeschickt wirken lassen, wo es eindringlich sein sollte. "Melanctha" stellt die grundlegende Einsamkeit des Menschen dar, und dies sollte Gertrude Steins Sicht vom Wesen und der Begrenztheit der mitmenschlichen Beziehung bleiben. Jedoch eröffnet "Melanctha" keinen Einblick in die Beziehungen zwischen Frauen, was Q.E.D. so bemerkenswert macht. Wenn Aufrichtigkeit eine selbstsüchtige Tugend ist, die Gertrude Stein überwinden wollte, dann kann man nur dankbar dafür sein, daß Adele, die Person in Q.E.D., die für die junge Gertrude steht, die spätere monumentale Gertrude überlebt hat – nicht um sie vom Sockel zu stürzen oder ihre tatsächlichen Leistungen zu schmälern, sondern weil sie ihre bemerkenswerte Entwickling klarer macht, wärmer und menschlicher.

Zu Beginn von Q.E.D. wird Adele als fröhliche und arglose Moralistin beschrieben, die mit einem Frauenpaar Freundschaft schließt, Helen Thomas und Mabel Neathe, die weitaus erfahrener sind als sie selbst. Als die beiden sie wegen ihres unberechtigten Anspruchs necken, zur Mittelschicht zu gehören, antwortet sie: "Die Schicht, für deren Sache ich spreche, hat mich abgewiesen." (4) Trotzdem moralisiert sie weiter: "Ich behaupte ganz einfach, daß das Mittelschichtsideal, das von den Leuten fordert, sie sollen gütig, anständig, ehrlich und zufrieden sein, Erregung scheuen und gemütliches Beisammensein pflegen, daß dieses Ideal Anklang bei mir findet; um es kurz zu sagen, es ist das Ideal vom herzlichen Familienleben, von ehrenhaften Geschäftsmethoden." (5) Sie glaubt, "daß die einzige Pflicht des Mannes darin besteht, vernünftig und gerecht zu sein." (6) Als das Thema körperlicher Leidenschaft zur Sprache kommt, gibt sie offen zu: "Ich habe einen beinahe puritanischen Widerwillen dagegen, und das beinhaltet eine Abneigung vor der dazugehörigen Kultur mit all ihren verschiedenen Masken." (7) Der einzige Weg, körperliche Leidenschaft zu überwinden, besteht in der Idealisierung des anderen, und Menschen zu idealisieren ist etwas, wozu sich Adele nicht fähig fühlt.

Zuerst werden solche moralisch gefärbten Gespräche als unverfängliche Unterhaltung mit den beiden Mitreisenden geführt – alle drei sind mit dem Schiff auf dem Weg nach Europa – aber allmählich wird sie nicht nur einer gewissen Spannung zwischen Mabel und Helen gewahr, sondern eines wachsenden Gefühls von Zuneigung zwischen sich und Helen, die sie wegen ihrer fehlenden emotionalen Erfahrung tadelt. "Daran liegt es, daß ein aufmerksames und stark ausgeprägtes Gesicht wie deins so fast schon herausfordernd ungelebt und jugendlich und beinahe dümmlich glücklich und zufrieden aussehen kann." (8) Die Augenblicke von stiller Vertrautheit zwischen den beiden wecken Adeles Neugier weitaus mehr als ihre Gefühle. Es gibt Dinge, die sie verstehen will und von denen sie nicht weiß, wie sie sie Helen gegenüber aussprechen oder beschreiben kann, die am letzten Tag ihrer Reise in der Nacht zu ihr sagt: "Du hast solche Angst, dein moralisches Bewußtsein zu verlieren, daß du nicht bereit bist, es etwas Gefährlicherem als einer Schlammpfütze auszusetzen." (9) Adele beweist mit ihrer Antwort Humor: "Ich wollte niemals ein Held sein, aber andererseits bin ich auch nicht zu ängstlich dazu, Feigheit zu kultivieren." (10) Sie vertraut Helen nicht ganz: "Sie mag interessiert sein, sehen zu wollen, wie weit ich gehe, bis mir meine Prinzipien in die Quere kommen oder ob sie mir übernaupt in die Quere kommen." (11) Und sie traut sich selber nicht ganz, ob sie sich in eine nur oberflächliche Liebelei eingelassen habe, ist nicht sicher, ob sie nicht doch schon mehr für Helen empfindet, und, falls sie tatsächlich anfinge, stärkere Gefühle für sie zu haben: "Ich werde mich nicht zurückziehen, nein, für keine Moral der

Welt." (12) Schwankend zwischen zwei Sichtweisen dessen, was geschieht, entscheidet sich Adele dazu, den Flirt zu beenden, aber in dem Augenblick, als sie neben Helen sitzt, ändert sie erneut ihre Meinung: "...ihre Moralvorstellungen hatten ihre Wichtigkeit verloren." (13) Bei Helens Berührung kommt Adele "Helens seltene Intensität und Großmut an Gefühlen zum Bewußtsein. Es war das erste Erkennen gegenseitiger Abhängigkeit." (14) Dieser Augenblick ist für Adele der Anfang einer langen Phase von Verwirrung, Schwanken zwischen Verstehen und erotischem Bedürfnis, da Berührung kein Anzeiger für Großmut der Gefühle, Reaktion darauf kein Beweis für gegenseitige Abhängigkeit ist.

Die Dreiergruppe geht mit unterschiedlichen Ferienzielen von Bord. Adele, in Begleitung eines Cousins, empfindet diese "Familienfreundschaft" als wichtiger als ihre tastende Beziehung zu Helen, die "zu einer weniger angenehmen und unvollkommeneren emotionalen Welt gehörte." (15) Aber sie kann nicht aufhören, über die Erfahrung nachzudenken, die Helen angedeutet hatte. "Es ist etwas, das man wissen sollte. Es scheint beinahe notwendig zu sein." (16) Aber sie beklagt sich: "Es kommt mir ziemlich ärgerlich in die Quere und zerstört meine ausgeglichene Heiterkeit." (17)

Als sie alle wieder in Amerika sind, kommt Helen auf das von Adele auf dem Schiff gemachte etwas plumpe Angebot zurück: "Ich könnte mich als tüchtige Schülerin anbieten, wenn es möglich wäre, einen fähigen Lehrer zu finden." (18) Sie treffen sich häufig heimlich, wenn auch in der Öffentlichkeit, unternehmen lange Spaziergänge, führen endlose und ergebnislose Gespräche. Helen fragt: "Hast du niemals lange genug aufgehört zu denken, um zu fühlen?" (19) Adele antwortet: "Da ich annehme, daß man nicht zugleich auch denken kann, werde ich wohl nie die Heldentat erbringen, zu fühlen." (20) Es gibt zaghafte Gesten, Rückzüge, prüfende Versuche, Streitereien, alles in zähflüssiger Intensität.

Gelegentlich trifft Adele auch Mabel, manchmal zusammen mit Helen, manchmal allein. Mabel war in wenig schmeichelhaften moralischen Formulierungen beschrieben worden: "...schwer um den Mund herum, nicht unter dem Gewicht des Fleisches, sondern unter dem Zug von nicht idealisierter Leidenschaft, fortwährend übersättigt und fortwährend sehnsüchtig. Das lange formlose Kinn betonte das Fehlen von moralischer Ausdruckskraft." (21) Als Mabel sich zu der wachsenden Freundschaft zwischen Adele und Helen äußert, antwortet Adele abwehrend: "Ich bin alles andere als sicher, daß sie nicht beides ist – unanständig und dekadent, und ich akzeptiere keine der beiden Eigenschaften." (22) Mabel erzählt Adele schließlich genau davon, wovon Adele zuallerletzt etwas hätte wissen mögen – von den intimen

Einzelheiten der Freundschaft zwischen Helen und Mabel. Adeles Äußeres in diesem Augenblick ist "furchtbar in geballter Abscheu." (23) Sie ist nicht nur von der klar ausgedrückten Sexualität dieser Beziehung entsetzt, sondern auch abgestoßen von der Erkenntnis, daß Mabel Helen in finanzieller Abhängigkeit hält, aber selbst der Schock dieser Enthüllung ist nicht stark genug, um Adeles Zuneigung zu Helen zu zerstören. Als Helen Adele wegen ihres grausamen Schweigens zurechtweist, schreibt Adele: "Es kann ja wohl kaum erwartet werden, daß eine so große Änderung von Werten, eine so gänzliche Loslösung von bestehenden Überzeugungen, wie ich sie kürzlich durchgemacht habe, ohne große Erschütterung vonstatten gehen könnte." (24)

In der Ausleuchtung von Helens Charakter ist Adele unbarmherzig; manchmal sieht sie sie in der Beziehung zu Mabel als nichts anderes als eine Prostituierte, außerdem erkennt sie jetzt auch, daß Helen, da finanziell nicht selbständig, jemanden braucht, der für sie sorgt, eine Verantwortung, die Adele nicht eingehen will. Manchmal fühlt sie Mabel gegenüber weder Verpflichtung noch Schuldgefühle, dann wieder, "trotz der Klarheit ihrer Überlegungen, konnte sie sich des Gefühls nicht erwehren, das Eigentum einer anderen gestohlen zu haben." (25) Mit sich selbst geht sie nicht weniger hart und widersprüchlich um, glaubt manchmal, daß sie Interesse am "reinen Mechanismus" ihrer komplexen Beziehungen habe, fühlt sich dann wieder von ihren eigenen Bedürfnissen abgestoßen, ist manchmal sicher, daß sie wirklich lerne, Helen zu lieben. Jedesmal, wenn sie eine von ihnen verurteilt, bereut sie sofort. Während des gesamtes Prozesses hat Adele die Beziehung zu Helen nicht wirklich vollzogen.

Nach einem Kuß, der "die Mauern der Reinheit selbst genommen zu haben schien", verliert Adele sich "in der Flut ihrer maßlosen Abscheu." (26) Wieder und wieder sagt sie: "Ich bin ein hoffnungsloser Feigling. Ich hasse das Wagnis, mich oder jemand anders zu verletzen." (27) Aber natürlich verletzt ihr Schwanken Helen schmerzlich. Adele ist ehrlich und erklärt unablässig:

> "Ich weiß nicht, aus welchem Motiv heraus ich Bedenken habe, ob es die Moral ist oder ein bedeutungsloser Instinkt... Man muß entweder irgendeine Theorie akzeptieren oder seinem Instinkt glauben – oder der Meinung der Allgemeinheit folgen. Jetzt habe ich keine Theorie, und so gern ich auch wollte, ich kann die Meinung der Welt nicht mehr wirklich achten. Was meine Instinkte angeht, standen sie der Duldung jedes leidenschaftlichen Gefühls in mir immer entgegen... Ich glaube, daß ich keine moralischen Bedenken mehr habe, und wenn ich jetzt meine Instinkte verloren habe, wird das schon richtig sein." (28)

Dies ist kaum eine Aussage, die sexuelle Reaktion zu ermutigen fähig ist. Es ist mehr das Eingständnis einer moralischen Niederlage. Nach Monaten des Kampfes, als sich Adele schließlich für ihre erotischen Gefühle entscheidet, ist Helen erschöpft und unfähig, so leidenschaftlich zu reagieren, wie Adele es jetzt wünschen kann. In ihren moralischen und emotionalen Rhythmen sind sie völlig auseinandergeraten.

Helen unternimmt mit Mabel einen Europaurlaub. Adele, nun entflammt und entschlossen, ihre Liebe zu Helen zu beweisen, fährt mit ihnen, bittet Helen um nichts weiter, als daß sie ihr erlaube, ihr so gut, wie sie kann, in allem beizustehen. Zu Beginn ist Mabel wild und offen eifersüchtig, aber als Helen sich ihren Forderungen unterordnet, wird sie ruhiger. "Adeles Vorherrschaft war im Schwinden und Mabel wurde immer mehr zur beherrschenden Macht." (29) Helen gibt Adele gegenüber zu: "Ich mache mir nichts mehr leidenschaftlich aus dir. Ich fürchte, du hast das alles in mir getötet, wie du weißt, aber ich wollte dich vorher niemals so sehr und ich habe gelernt, dir zu vertrauen und mich auf dich zu verlassen." (30) Das Buch endet damit, daß Adele begreift, daß es keine Lösung gibt; daß Helen unfähig bleibt, die Dinge zu sehen, wie sie sind, sondern nur wie sie sie sich wünscht; aber es endet ohne Hoffnung, als schreckliche, leidvolle Niederlage für die ungestüme und doch so langsame Schülerin, die schließlich zu fühlen gelernt hat – nur den Schmerz.

Die biographische Parallele dauerte für Gertrude Stein noch an, wurde hinausgezögert durch weitere Trennungen, weitere Bemühungen nach Versöhnung, durch völligen Abbruch ihrer Arbeit, ihrer Pläne für ihr eigenes Leben. Sie verbrachte lange Monate in totaler Lethargie, unfähig, sich auf irgend etwas zu konzentrieren. Auch nachdem sie sich zum Schreiben von Q.E.D. durchgerungen hatte, gewann sie nicht unmittelbar ihr Selbstvertrauen zurück, das ihr später im Leben den Ruf einer extremen Egoistin einbrachte und das auf ihrer Überzeugung beruhte, eins der wenigen großen Genies ihrer Zeit zu sein.

Three Lives beinhaltet nicht nur die aus Q.E.D. in "Melanctha" übertragene Erfahrung, sondern zeichnet auch die Bilder zweier weiterer liebenswürdiger und gescheiter Frauen. "The Good Anna" ist die Studie eines Dienstmädchens, deren Gefühlsleben offensichtlich lesbisch ist. Ihre Beziehung zu ihrer Freundin, Mrs. Lehntman, ist "zu heilig und zu unschätzbar, um jemals erzählt zu werden", (31) selbst Mrs. Lehntman gegenüber, kann man fast annehmen, die Annas völlig sicher ist, "sich Anna gegenüber zu sicher fühlt, um auf ihre anderen Freundinnen eifersüchtig zu sein" (32) und sich mit einem Arzt einläßt, der Abtreibungen vornimmt, und Anna desillusioniert und traurig zurückläßt. In "The Gentle Lena" führt die Heirat eines

Dienstmädchens, die zur Absicherung ihres Lebens vereinbart wurde, stattdessen bei ihr zu schrecklicher Apathie, schließlich zum Tode. Die Annahme wird nahegelegt, daß sie besser daran getan hätte, im Dienst zu bleiben und ihre Freundschaften zu Frauen zu genießen. In "Melanctha", obwohl die Hauptgeschichte heterosexuell ist, wird Melanctha ganz deutlich von einer Freundin eingeweiht. "Jane hatte viele Möglichkeiten, in denen sie diese Unterrichtung betrieb. Sie sagte ihr viele Dinge. Sie liebte Melanctha heftig und erreichte, daß Melanctha es tief in sich spürte. Sie konnte mit anderen Menschen zusammensein und mit Männern und mit Melanctha und sie konnte Melanctha begreiflich machen, was jeder brauchte und was man mit Kraft tat, wenn man sie hatte." (33) Solche Hinweise sind vorsichtig und anständig genug, keine Rückschlüsse auf die Autorin nahezulegen, während die Geschichten ihr zugleich die Möglichkeit geben, ihren eigenen unterdrückten Kummer auszudrücken.

Richard Bridgman in *Gertrude Stein in Pieces* gibt zu verstehen, daß die Entfernung von der Klarheit ihres frühen Werks zum Teil durch die Erkenntnis bedingt sein könnte, nicht mehr fähig zu sein, mit ihrer lesbischen Erfahrung ehrlich umgehen zu können. "Durch die Wahl allgemeiner Substantive und Verben und das Ersetzen von Substantiven durch Pronomina, die eindeutige Bezüge vermissen ließen und, wenn möglich, durch "man" und "manche", bewegte sie sich ständig mehr ins Abstrakte." (34) Wenn sie auch zunehmend verschlüsselt schreibt, zeigen doch wenige gelegentliche unabsichtliche Anspielungen, daß sie zumindest manchmal der Verstellung müde wird. "Besser es beim Namen nennen, als es von Jack in Jaqueline oder von Henry in Henrietta ändern." (35) Für einen Menschen, der so darauf verwiesen ist, sich schreibend zu vermitteln, ein Netz von Wörtern aus eigenen Erfahrungen zu weben, zwang sie die Unfähigkeit, die Dinge beim Namen zu nennen, oftmals zu grotesken privaten Lösungen. In *Lifting Belly* war sie reduziert auf spröde Codewortspiele, die die häusliche und erotische Beziehung zu Alice B. Toklas mehr zerfaserten als erforschten. An Einblick in diese Beziehung wird kaum mehr vermittelt, als daß Gertrude sich in Bezug auf Alice, die Frau, als Mann gefühlt hat, daß sie beide die intimen, inhaltsleeren sexuellen Spiele spielten, denen sich die meisten Menschen hingeben, glücklicherweise ohne der Versuchung nachzugeben, sie schriftlich festzuhalten und literarischen Wert für sie zu beanspruchen. *Tender Buttons* ist wahrscheinlich ohne Kodex überhaupt, obwohl natürlich einige Worte für Gertrude Stein eine private und sexuelle Bedeutung haben. Es ist wahrscheinlicher, daß dies ein ernstzunehmender, wenn nicht überhaupt befriedigender Versuch ist, Wörter aus ihrer herkömmlichen Bedeutung, ob persönlichen oder allgemeingültigen, herauszulösen, um durch• Anordnung willkürlichen ästhetischen Genuß zu schaffen.

Mit achtundfünfzig löste sich Gertrude Stein aus den mehr und mehr privaten Experimenten, um *The Autobiography of Alice B. Toklas* zu schreiben, und zwar, wie das Buch behauptet, weil Alice zu sehr damit beschäftigt war, die praktischen Belange ihres gemeinsamen Lebens zu bewältigen, als daß sie selbst Zeit dafür gefunden hätte. Richard Bridgman ist der Auffassung, jedoch ohne überzeugende Beweise, daß es eine aufrichtigere Autobiographie sei, als man zunächst angenommen hätte. Ein früheres Werk, *The Book of Thank You*, scheint von beiden verfaßt worden zu sein, eine Zusammenarbeit, die das Wiedereintreten des häuslichen Friedens feiern sollte, nachdem eine von ihnen eine Affäre mit jemand anders gehabt hatte. Obwohl die Notizbücher mit den Aufzeichnungen von *The Autobiography of Alice B. Toklas* alle in Gertrude Steins Besitz sind, nimmt Bridgman an, daß Alice einen großen Teil des Buches diktiert hat, denn es ist im Stil ganz anders als die übrigen Arbeiten, die Gertrude Stein zu dieser Zeit schrieb und dem Buch *What Is Remembered*, welches Alice B. Toklas nach dem Tod von Gertrude Stein schließlich schrieb, im Aufbau sehr ähnlich. Wenn *The Autobiography* tatsächlich das Ergebnis einer Zusammenarbeit ist, werden die Schwierigkeiten, die Gertrude Stein mit dem ihr dieses Buches wegen zuteilgewordenen Ruhm hatte, sehr viel verständlicher. Da sie während ihrer Jahre in Paris mit einer großen Anzahl von berühmten Leuten bekannt war, sie ihren Platz bei ihnen hatte, die Anerkennung von Malern und Schriftstellern schon genoß, lange bevor *The Autobiography* ihr noch viel weiterreichende Anerkennung und Ruhm einbrachte, scheint Bridgman ihre Identitätskrise nicht erklärlich, es sei denn, das Buch wäre tatsächlich nicht ihre Arbeit, sondern ein Resultat der Rollenumkehrung mit Alice gewesen, in der sie zu deren Sekretärin und Sprachrohr wurde. Die andere, häufiger anzutreffende Erklärung für Gertrude Steins Ambivalenz gegenüber dem Erfolg ist, sie habe sich mehr für eine konventionelle und "anständige" Prosa entschieden, um ein breiteres Publikum zu erreichen und dies habe sie die glanzvolle Isolation und Unversehrtheit ihrer früheren ästhetischen Haltung gekostet.

Natürlich hat das Buch wenig mit Alice B. Toklas zu tun, es handelt nur von Gertrude Stein und ihren berühmten Freunden. "Die Genies kamen und sprachen mit Gertrude Stein und die Ehefrauen saßen mit mit zusammen." (36) Ganz ähnlich ist *What Is Remembered*, ein Buch mit häufig den gleichen Anekdoten, teilweise nur geringfügig geändert. Beide Bücher zusammen ergeben einige Anhaltspunkte dafür, was beide Frauen zu ihrer Beziehung fühlten, zu Gertrude Steins Arbeit und der Welt, in der sie lebten.

Alice B. Toklas trat in Gertrude Steins Leben, nachdem sie *Three Lives* beendet hatte und an *Making of Americans* arbeitete, der Entwicklungsgeschichte ihrer Familie, die die Geschichte aller Amerikaner werden sollte. Sie und ihr Bruder Leo, mit unabhängigem Einkommen von ihrem großzügigen, verständnisvollen älteren Bruder versehen, hatten sich in Paris niedergelassen, sammelten bereits Bilder und zogen jeden in ihre Gesellschaft, der an ihnen Interesse hatte. Zu dieser Zeit war Leo, älter als Gertrude und immer schon ihr Mentor, offensichtlich unzufrieden mit ihrem wachsenden Wunsch, sich selbständig zu entwickeln und nicht mehr seinen Fußspuren zu folgen, wie sie es während Collegezeit und Graduate School getan hatte. Ihre gegenseitige Beziehung, die innig und für beide wichtig war, brauchte einige Jahre der Auseinandersetzung, bis sie schließlich abbrach, so absolut, daß sie bis an ihr Lebensende nicht mehr miteinander sprachen. Was von Gertrude nicht vergeben werden konnte, war Leos geringe Meinung über Gertrudes schriftstellerische Betätigung, der sie sich so engagiert zugewandt hatte, wie sie es weder der Medizin noch der Psychologie gegenüber gekonnt hatte. Ohne seine Unterstützung, unter seinem Spott immer stärker leidend, wandte sich Gertrude Stein schließlich Alice B. Toklas zu, um in ihr die Person zu finden, die Gertrude Steins Image als Genius akzeptierte. Obwohl in *The Autobiography* nichts über ihre sexuelle Beziehung offen ausgesprochen und diese ausschließlich in *Lifting Belly* deutlich dargestellt wird, gibt es in *What is Remembered* eine reizende Passage, wo Alice bekennt: "Während dieses Winters diagnostizierte mich Gertrude als alte Jungfer Seejungfer, was mich verärgerte. Alte Jungfer war schlimm genug, aber die Seejungfer war absolut unerträglich... Aber als die Butterblumen blühten, war die alte Jungfer Seejungfer in Vergessenheit geraten und ich hatte wilde Veilchen geerntet." (37) Zu dieser Zeit muß Gertrude Stein angefangen haben zu hoffen, wie Adele in Q.E.D.ausdrückt, "...eines Tages zu einer sittlichen Gesinnung zu finden, die der Abnutzung tiefen Begehrens standhält, um den Platz der schwierigen Einen einzunehmen, die ich verlor." (38) und bewog Alice dazu, eine Beziehung zu akzeptieren, die so genau wie möglich an einer Mittelschichtsehe orientiert war, in der Gertrude der Ehemann sein konnte und Alice die Ehefrau, voller Verständnis, Hilfsbereitschaft und Bewunderung. Aber obwohl sie Gertrude Steins Bedeutung voll und ganz anerkannte, war Alice offensichtlich keineswegs von ihr eingeschüchtert. "Später habe ich sie oft aufgezogen, sie einen General genannt, einen Bürgerkriegsgeneral der einen Seite oder beider Seiten." (39) Es scheint, als habe sie Gertrude lenken können, wie jede liebende und intelligente Ehefrau ihren Ehemann gewöhnlich lenkt, der sich zwar überlegen fühlen muß, jedoch gebunden bleibt in Bedürfnissen von Abhängigkeit, emotionaler und praktischer. Gertrude war das jüngste Kind von fünf, die kleinste, und es gefiel ihr, in allen häuslichen Belangen umsorgt und verwöhnt zu werden; trotzig und stolz in öffentlichen und schriftstellerischen Belangen, war sie beim Anblick von Alices Tränen dazu zu bringen, jede Entscheidung zu ändern.

Wie Radclyffe Hall, jedoch in der Haltung nicht so extrem, konnte sich Gertrude Stein nicht als Frau identifizieren. In Q.E.D. sagt Adele, nachdem sie Zeugin einer komplizierten Szene zwischen Mabel und Helen geworden war: "Ich habe immer Gott gedankt, daß ich nicht als Frau geboren bin." (40) Gertrude Stein konnte sich der Sache der Frauen nicht anschließen, weder als ihre Freundin Marion Walker ihr die Schande vorhielt, die es für Frauen bedeute, wenn sie von der medizinischen Akademie abginge, noch Jahre später, als Marion sie darum bat, die Frauenbewegung zu unterstützen. "Nicht, daß sie etwa gegen die Frauensache war oder überhaupt gegen politische Aktivität, sondern weil sie sie persönlich schlicht nicht anging." (41) Dies war offensichtlich eine defensive Haltung, wie auch ihre Einstellung zur Pychologie. "Du weißt gar nicht, wie wenig ich die pathologische Psychologie mag und wie die ganze Medizin mich langweilt." (42) Und indirekt sagt sie durch Alice: "Sie sagt immer, daß sie das Abnorme nicht mag, es ist so offensichtlich. Sie sagt, daß das Normale einfach so viel komplizierter und interessanter ist." (43) Obwohl sie sich die Haare kurz schnitt und die soziale Rolle des Ehemannes übernahm – Geld beschaffte und Autofahren lernte (sehr schlecht) – "wann immer sie nur einen Soldaten traf oder einen Chauffeur oder schlechthin einen Mann, tat sie nichts mehr allein, weder einen Reifen wechseln noch das Auto ankurbeln oder es reparieren." (44) Von einem tyrannischen Vater großgezogen und nach schmerzlichem Kampf mit einem geliebten Bruder um das Recht zur eigenen Identität, identifizierte sie sich nicht leicht mit Männern. Sie rechtfertigte die Hilfe, die ihr von Männern auf der Straße zuteil wurde, folgendermaßen: "Das wichtigste dabei, insistierte sie, ist, daß du tief drinnen, als tiefstes Wissen in dir, ein Gefühl von Gleichheit haben mußt. Dann wird jeder alles für dich machen." (45) Äußerlich gesehen ist das ein typisch Steinscher Widerspruch, aber wie so viele ihrer Paradoxien enthält es auch tiefe, gute Einsichten. Schon in Q.E.D. drückte sie ihre scharfsichtigen Theorien über die Natur der Macht in Beziehungen aus. Bei Mabels Versuch zu manipulieren erklärt sie: "Der Scharfsinnigkeit und Unpersönlichkeit ihrer Atmosphäre, die im Falle von erkannter Macht ihre zwingende Anziehungskraft hätte, fehlt hier in der Gemeinschaft mit Gleichen die vitale Stärke, die zum Gewinnen notwendig ist." (46) Mit welcher Arroganz auch immer sie ihre Genialität verteidigte, mit welchem

Egoismus auch immer sie einen Raum mit Monologen kontrollierte, sie hatte tiefes Verständnis für und reales Mißtrauen vor der Handhabung von Macht. "Vater Mussolini und Vater Hitler und Vater Roosevelt und Vater Stalin und Vater Lewis und Vater Blum und Vater Franco... Zu viel Vatermäßiges passiert im Moment und es besteht kein Zweifel, daß Väter alle erbärmlich sind." (47) In *Brewsie and Willie* ging sie so weit, die Notwendigkeit für eine Revolution zur Vernichtung des Industrialismus in Amerika zu untersuchen. Obwohl sie niemals Anhängerin der Frauenbewegung wurde, schrieb sie ein Spiel über Susan B. Anthony, *The Mother of Us All*, in welchem Männer als armselige Wesen dargestellt werden, mitleiderregend, überheblich und furchtsam, aber mit der notwendigen Stärke zu kriegen, was sie wollen. Dennoch fürchtete Gertrude Stein, daß Frauen im Kampf um das Wahlrecht den Männern ähnlich werden könnten, vor denen sie offensichtlich wenig des allgemein üblichen Respekts hatte, obwohl sie vermutlich zu ihren vielen Freunden mehr Männer zählte als Frauen.

Gertrude Stein wollte ein bürgerlicher, normaler, ehrlicher Genius sein, und zu ihren besten Zeiten war sie das wahrscheinlich auch; aufgrund ihrer inneren Gegensätze zeigte sie späteren Generationen von Schriftstellern, was die Grenzen von Sprache bedeuten. Ob ihre gesammelten Werke bedeutender oder weniger interessant wären, wenn sie entweder in einem Klima größerer Anerkennung oder im Persönlichen in anhaltenderer Offenheit gelebt hätte, ist unmöglich zu sagen. Nicht einmal in ihren verklausuliertesten Aussagen hat sie der Versuchung widerstehen können, "selbstsüchtig ehrlich" zu sein, noch auf den Höhen ihres populären Ruhms. Zweimal in der dritten Lesung von *Narration* über Journalismus, eine ihrer letzten Vortragsreihen in Amerika, wird die Darlegung durch den nicht-logischen Schluß unterbrochen: "I love my love with a b because she is peculiar." (48) (Ich liebe meine Liebe mit einem B, weil sie seltsam ist.) Aber ihr Publikum hatte bis lange nach ihrem Tod zu warten, um die Kraft dieses Bedürfnisses zu begreifen, nicht aus ihrem größten Werk, sondern aus einem Buch, das wichtig war für all die anderen, die folgen sollten. "Wie Pablo einmal bemerkte, wenn man eine Sache macht, ist das Machen so kompliziert, daß sie notgedrungen häßlich werden muß, aber die, die es danach tun, die müssen sich mit dem Machen nicht quälen und die können es hübsch machen, und so können es alle gern haben, wenn es die anderen gemacht haben." (49) Niemand wird jemals ein "hübsches" Q.E.D. schreiben, denn den Mut, mit solch selbstsüchtiger Aufrichtigkeit zu schreiben, brachte eine Frau auf, die kein Held sein wollte, aber schließlich auch Feigheit nicht akzeptieren konnte.

Willa Cather
1876 - 1947

Für Willa Cather, eine Zeitgenossin Gertrude Steins, tauchte das Problem, sie könnte öffentlich als Lesbierin identifiziert werden, nie auf. Biographien, die große Künstler zu psychischen Krüppeln zu reduzieren versuchten, indem sie ihre Begabungen und Eingebungen als Neurosen und Kindheitstraumata hinwegerklärten, nannte sie "Grabschänder". In ihrem Testament verfügte sie, daß keiner ihrer Briefe zitiert werden dürfe. Elizabeth Shepley Sergeant, ihre Freundin und eine ihrer Biographinnen, berichtete: "Der Stil, den sie in der Korrespondenz mit Freunden verwandte, war der eines Gesprächs, lebendig, frei, manchmal gefühlsbetont, ähnelte mehr ihrer täglichen Umgangssprache als der subtilen, ausgewogenen Prosa, die sie in ihren besten Romanen und Erzählungen entwickelte. Sie fürchtete, durch Veröffentlichung etwas von der Leidenschaft und Fülle zu verraten, die in ihr tobten. In ihrer Kunst goß sie ihre Leidenschaftlichkeit um in Gestaltungsgabe. . ." (1) Die vielleicht intimsten und wichtigsten Briefe, die Willa Cather schrieb, waren jene an Isabelle McClung, mit der sie vorübergehend von 1901 - 1915 zusammenlebte, bis Isabelle McClung heiratete. Nach ihrem Tod 1938 wurden diese Briefe Willa Cather zurückgegeben, die sie in wochenlanger Arbeit bündelweise verbrannte. Edith Lewis, Willa Cathers intimste Freundin, schrieb in ihrer schlichten und sensiblen Biographie, die ursprünglich nur als Notizensammlung für einen Berufsbiographen gedacht war: "Ich habe Willa Cather so beschrieben, wie ich sie kannte; aber mit dem Wissen darum, daß die tiefste Wahrheit einer menschlichen Seele in keiner biographischen Aufzeichnung, sondern nur in der Kunst gefunden werden kann." (2) Aus diesem Grund erwähnte sie Willa Cathers Beziehungen zu anderen Menschen nur dann, wenn sie sie für eins ihrer Bücher beflügelt haben, so zum Beispiel ihre Freundschaft mit der Sängerin Olive Fremstad, aus der einige Elemente in *The Song of the Lark* enthalten sind; oder wenn sie sie vom Schreiben abhielten, wie es durch das lange Krankenlager vor dem Tod ihrer Mutter und auch vor dem Tod Isabelle McClung-Hambourgs geschah.

Spätere Kritiker und Biographen sind beunruhigt über einen Mangel an Offenheit in dieser Umgehensweise mit Willa Cathers Leben. James Schroeter stellt in einer Auseinandersetzung über Willa Cathers mutmaßlichen Antisemitismus die Überlegung auf, daß, da Isabelle McClungs Mann Jude war, “der Haß, wie ich glaube, zweierlei ganz verschiedene Wurzeln hat. Die tiefere gründete im Psychologischen, und hat bislang sämtlichen Versuchen widerstanden, sie ans Licht zu bringen – obwohl dies eines Tages wohl geschehen muß, wenn das Bild von Willa Cather als offener, herzlicher Frau aus dem Westen mit einer Vorliebe für die französische Küche je durch eine vielschichtigere Wahrheit ersetzt werden sollte.” (3) Mit ähnlicher Suggestivkraft diagnostiziert Lionel Trilling, was er als ihre mangelnde kreative Stärke in ihren letzten Romanen betrachtet: “Schon immer lag eine persönliche Schwäche in ihrer Begabung, die sie daran hinderte, ihre Menschen in echte dramatische Beziehungen zueinander zu bringen. (Ihre Frauen z.B. stehen immer in einer Mutter- oder Tochterbeziehung zu Männern; sie sind niemals wahrhaft Liebende.) Aber zumindest früher einmal waren ihre Personen in eine dramatische Beziehung miteinander oder mit ihrer Umgebung engagiert.” (4) John H. Randall III warnt: “Ich glaube aber, daß sich eine gefährliche Überempfindlichkeit äußert in der Sicht, die spontanen Beziehungen zwischen den Geschlechtern als stets gleichermaßen gefährlich und kaum lohnenswert zu betrachten und so, wie sie es tut, durchzuführen. Diese Ansichtsweise beleuchtet die Besonderheit ihrer eigenen Erziehung und ihres Temperamentes – besonders des Letzteren – und setzt ihrer Kunst harte Grenzen.” (5)

Keine dieser kritischen Ausführungen ist wahr. Willa Cather haßte weder die Figur des Juden, Louie Marsellus, in *The Professor's House*, wie ein sorgfältiges Lesen des Buches unmittelbar beweist, noch Isabelle McClung's Mann, dem das Buch gewidmet ist. Die Frauen in ihren Romanen sind oft ihrem ganzen Wesen nach Liebende, und in *My Antonia*, dem Buch, das Willa Cather selbst am liebsten mochte, wird Antonias Ehe in einer so schönen und unsentimentalen Darstellung häuslichen Glücks gezeichnet als in der Romanliteratur nur denkbar. Die grob unzutreffenden Verallgemeinerungen der Kritik lassen sich nur als Wunsch dieser Kritiker erklären, durchblicken zu lassen, daß Willa Cathers “psychologische Basis”, “persönliches Scheitern” oder “Temperament” ihre Diktion negativ beeinflußt hätten. Was sie eigentlich ans Licht bringen wollen, ist Willa Cathers emotionale und erotische Vorliebe für Frauen, und da ihnen keine unwiderlegbaren biographischen Tatsachen zur Verfügung stehen oder sie sie nicht für Veröffentlichungen benutzen können, versuchen sie, ihre Kritik durch verzerrte Darstellung von Willa Cathers Romanen zum Ausdruck zu bringen. Eine Lesbierin kann über heterosexuelle Erfahrung unmöglich ohne “gefährliche Überempfindlichkeit” schreiben, deshalb muß eine solche in Willa Cathers Werk gefunden werden, ob sie vorhanden ist oder nicht.

Es gibt, selbst in dem diskretesten frühen biographischen Material genug Hinweise darauf, daß Männer für Willa Cather wichtige Freunde und Kameraden waren, aber erotisch von keinerlei Interesse für sie. Daß sie keine Ehe einging, rechtfertigte sie mit der Begründung, sie sei mit ihrer Kunst verheiratet, aber das hinderte sie nicht daran, neun Jahre lang bei der Familie McClung in Pittsburgh zu leben, wo sie mit Isabelle ein gemeinsames Schlafzimmer teilte und ein Dachzimmer als Arbeitszimmer benutzte. Als sie schließlich nach New York zog, um eine bessere Stelle anzunehmen, lebte sie mit Edith Lewis zusammen, eine Beziehung, die bis zu Willa Cathers Tod 1947 bestanden hat. James Woodress, ihr letzter Biograph, beschreibt Isabelle McClung als "die eine große Liebe ihres Lebens" (7) und Edith Lewis als "Rivalin für Willa Cathers Neigung", weil Willa Cather ihre Zeit zwischen ihrer Hausgemeinschaft mit Edith Lewis in New York und dem McClungschen Haushalt in Pittsburgh aufteilte, schon lange vor Richter McClungs Tod und Isabelles Heirat.

Wie auch immer der erotische Gehalt dieser Beziehungen gewesen sein mag, im Grunde waren beide sehr unterschiedlich. Isabelle war eine schöne junge Frau aus einer reichen Pittsburgher Familie mit dem Kunstinteresse einer Kennerin. Sie und Willa Cather lernten sich im Umkleideraum einer Schauspielerin kennen, die sie beide bewunderten. Willa Cathers Stellung im McClungschen Haushalt war offensichtlich das Ergebnis eines Kompromisses, da Isabelle ihren Vater vor die Wahl gestellt hatte, entweder könne Willa Cather dort wohnen oder sie selbst verlasse das Haus. Während dieser Jahre konnte Willa Cather durch ihre Tätigkeit als Journalistin und Lehrerin nicht so viel Geld verdienen, daß sie ein sehr bequemes Leben hätte führen können, und sie und Isabelle hätten ihre Urlaubsreisen nach New England und Europa wohl kaum ohne Richter McClungs Einwilligung und Unterstützung machen können.

1915, als Willa Cather in New York lebte, erhielt sie ein Angebot, nach Deutschland zu gehen und dort Artikel zu schreiben, und nach ihrem Wunsch sollte Isabelle sie begleiten. Richter McClung erhob jedoch Einwände gegen dieses Vorhaben, und schließlich zog Willa Cather stattdessen mit Edith Lewis in den Südwesten. In jenem Herbst starb Richter McClung und hinterließ Isabelle reich und unabhängig. Isabelle entschloß sich, Jan Hambourg zu heiraten, einen Geiger. Elizabeth Sergeant vermutet, das der Verlust von beidem, dem geheiligten Zufluchtsort der McClungschen Hausgemeinschaft, wo Willa Cather die Möglichkeit zum Schreiben gehabt hatte, und dem Verlust Isabelles, für Willa Cather eine emotionale Katastrophe gewesen sein muß. Dennoch begann sie nicht allzulange nach diesen Ereignissen mit der

Niederschrift von *My Antonia*, ihres heitersten und liebenswertesten Buches. Sie besuchte die Hambourgs, und obwohl sie niemals mehrere Monate hintereinander als Gast bei ihnen weilte, wie die Hambourgs es ihr vorschlugen – sie richteten sogar besondere Räume in ihrem Haus für sie ein – blieb sie Isabelle doch nahe und pflegte sie eine Zeitlang während ihrer letzten Krankheit. Isabelles Tod war Willa Cathers großer Schmerz, denn für sie war Isabelle der Mensch, für den sie alle ihre Bücher geschrieben hatte.

Freunde und Biographen wissen über Edith Lewis sehr viel weniger zu berichten. Ihr eigenes Buch zeigt deutlich, daß sie nicht nur fast vierzig Jahre lang mit Willa Cather in häuslicher Gemeinschaft zusammenlebte, sondern sie auch auf vielen ihrer Reisen begleitete und ihr in späteren Jahren häufig in ihrem Ruhesitz, den sie sich auf einer Insel geschaffen hatte, Gesellschaft leistete. Sie arbeitete mit Willa Cather, las mit ihr die Korrekturen für ihre Bücher, eine Aufgabe, die sie als eines ihrer gemeinsamen größten Vergnügen beschreibt. Aber Edith Lewis drängt sich nicht vor in den Situationen, die sie beschreibt. Sie hatte ihre eigenen Aufgaben. Als Willa Cather durch ihre schriftstellerische Arbeit bereits sehr gut verdiente und viel lieber von New York fortgezogen wäre, blieb sie, weil Edith Lewis ihre Arbeit in der Stadt so sehr mochte. Nur an einer einzigen Stelle kommentiert Elizabeth Sergeant ihre Beziehung direkt: "Obwohl sie ihre eigenen Wege gegangen waren und ihr eigenes Leben gelebt haben, war ihre Gemeinsamkeit sehr tief begründet und voller Freude." (8) Auch wenn Edith Lewis nicht die romantische Rolle von Isabelle McClung in Willa Cathers Leben zugeteilt war, wurde sich doch auch nicht zur begleitenden Sekretärin wie etwa Amy Lowells Freundin, die Schauspielerin, oder zu einer so vollendeten Ehefrau wie Alice B. Toklas. In der Öffentlichkeit war sie so gut wie unbekannt.

Daß Willa Cather Isabelles Briefe verbrannte und untersagte, auch nur ein Zitat aus ihren Briefen zu veröffentlichen, waren nur Teilaspekte eines umfassenden Gesamtverhaltens, mit dem sie ihr persönliches Leben schützte, um ihr eigenes und das Leben derjenigen, die sie liebte, vor dem Eindringen und der Verzerrung, die ihre Berühmtheit mit sich gebracht hätte, zu bewahren.

Diese ihre Entscheidung, ihre Privatsphäre nach außen verschlossen zu halten, erstaunt unter diesen Umständen zunächst kaum, bis man einen Blick auf Willa Cathers Jugend wirft. Als ältestes Kind einer großen Familie wuchs sie in einer kleinen Stadt in Nebraska auf und scheute sich nicht, anders zu sein und dieses Anderssein auch offen darzustellen. Mit fünfzehn trug sie die Haare wie ein Junge, kleidete sich in Männerkleidung, übernahm in Theaterstücken männliche Rollen und schrieb ihren Namen mit "William

Cather, Dr. med.". Im Album einer Freundin beantwortete sie die Standardfragen mit einem gutmütigen Mangel an Selbstschutz:

Was ich an einer Frau am meisten schätze: flirten
Was ich an einem Mann am meisten schätze: Originalität
Den Fehler, den ich bei anderen am ehesten dulde: Leidenschaftlichkeit
Den Fehler, den ich an einer anderen Person am wenigsten dulde: mangelnde Kaltblütigkeit
Die Eigenschaft oder Fähigkeit, die ich mir an einem Ehepartner am meisten wünsche: die Sanftmut eines Lammes
Als Reisegefährten wären mir am allerliebsten: ein kultivierter Herr
Das für meine Begriffe größte Wunder: eine gut aussehende Frau. (9)

Ihr Klassenkameradinnen aus dem College und einige ihrer ersten Studenten erinnern sich ihrer als sehr maskulin in Stimme, Kleidung und Manieren.

Nach dem zweiten Collegejahr überredete man sie dazu, ihre Haare wachsen zu lassen und ihren Kleidungsstil zu ändern. In ihrer aggressiven intellektuellen Vorgehensweise, ihren harten Urteilen über alles Zweitklassige in der Kunst änderte sie sich jedoch nicht. Edith Lewis beschrieb sie nach ihrer ersten Begegnung in Lincoln folgendermaßen: "Ein junger, rebellischer Charakter, jeglicher Falschheit gegenüber unduldsam." (10) "Sie war natürlich ein sehr furchloser Mensch, furchtlos in ihren Gedanken und sozialen Kontroversen gegenüber." (11) Noch gegen Ende ihrer dreißiger Jahre, als Elizabeth Sergeant sie kennenlernte, erweckte Willa Cather den Eindruck "einer kraftvollen, beinahe maskulin wirkenden Persönlichkeit" (12). "Diese Miss Cather erfüllte den ganzen Raum zwischen Tür und Fenster bis zum Bersten, wie das ein Mann hätte tun können." (13) Aber diejenigen, die erwartet hatten, daß sie sich zu so etwas wie einem "Bohemien" entwickeln würde, hatten nicht mit ihren ökonomisch bescheidenen Bedürfnissen gerechnet oder ihrem Wunsch, von den Menschen bewundert und geachtet zu werden, an denen ihr lag. Ihr hauptsächlicher Umgang mit gebildeten und eleganten Frauen formten die herbe, von sich eingenommene Jugendliche aus der rauhen Stadt in Nebraska um in eine kultivierte Frau, die großen Respekt vor ihrer inneren Integrität und ihrer literarischen Begabung einflößte. Sie verlor nicht nur das Bedürfnis, selbst im Mittelpunkt der Aufmerksamkeit zu stehen, es wurde ihr auch wichtig, die Intimität ihres persönlichen Lebens für ihre Arbeit und für die Menschen, die ihr nahe waren, zu schützen.

Die meisten Interpretationen von Willa Cathers Werk enthalten früher oder später eine Bemerkung über ihre "maskuline Sensibilität", entweder im Zusammenhang mit ihrer Vorliebe für männliche Erzähler oder im Hinblick auf ihre realistischen und daher wenig schmeichelhaften Beschreibungen heterosexueller Beziehungen. Einigen erscheint sie als eine Qualität, die Willa Cather anderen Schriftstellerinnen mit mehr Empfindsamkeit, doch beschränkteren Fähigkeiten voraushat. Andere, wie John H. Randall III, lasten ihr persönliche Schuld an: "Sie konnte die Fruchtbarkeit von Getreide eher akzeptieren als die der Menschen; der Grund dafür ist in ihrer Angst vor körperlicher Leidenschaft zu suchen und der Abhängigkeit von anderen, die sie nach sich zieht." (14) In einer Einführung zu *My Mortal Enemy* zitiert Marcus Klein Willa Cather aus einem Essay über Katherine Mansfield: "Mitmenschliche Beziehungen sind die tragische Notwendigkeit eines menschlichen Lebens; daß sie niemals gänzlich befriedigend sein können, daß jedes Ego sie die Hälfte seiner Zeit gierig sucht und die andere Hälfte damit verbringt, sich von ihnen loszureißen." (15) In der Weiterführung seiner Überlegungen schlägt er eine These für die Betrachtung von Willa Cathers Romanen vor: "Der Kampf, darum über die Notwendigkeit menschlicher Beziehungen hinauszuwachsen, liegt als geheime Geschichte sämtlichen Romanen Willa Cathers zugrunde, nur wird sein Wesen im Laufe der Zeit, als der Kampf, wie man vermuten kann, verzweifelter wurde, immer offensichtlicher." (16) Elizabeth Sergeant sieht diese Thematik bei Willa Cather als begründet in "der Leidenschaft, die eine Frau mit außerordentlichen Begabungen dem üblichen, vorgezeichneten Frauenschicksal der Ehe und der Kinder entzieht und auf eine Erfüllung verweist, die ganz und gar unpersönlich ist." (17)

Tatsächlich charakteristisch für Willa Cathers Werk ist keineswegs eine Art maskuliner Sensibilität, sondern das Vermögen, die allgemeine Übereinkunft dessen zu überschreiten, was maskulin und was feminin sei und zu einer umfassenderen Sicht von der Menschlichkeit ihrer Charaktere zu gelangen. Antonia, die Figur, die "das übliche, vorgezeichnete Frauenschicksal" in einer bemerkenswert glücklichen Ehe mit gutgeratenen, liebevollen Söhnen so reich erfüllt, vereint körperliche Stärke und Vitalität mit innerer Wärme, Zärtlichkeit und Mitgefühl. "Oh, ich arbeite lieber im Freien als im Haus . . . es ist mir egal, ob deine Großmutter meint, das macht mich männlich. Ich bin gern wie ein Mann." (18) An der Grenze von Nebraska können nur Menschen mit solcher Stärke und der Freude daran überleben. Antonias Vater, eine zarte, sanfte Künstlernatur, begeht Selbstmord aus Verzweiflung über Mißernten und harte Winter. Willa Cather richtet nicht über ihn. Und sie versteht auch Lena Lingard, die sich entscheidet, lieber nach Lincoln zu gehen und ein Modegeschäft zu leiten, als zu heiraten. "In ihrer Erinnerung war "zuhause" ein Ort, wo es immer zu viele Kinder gab, einen launischen Mann und Berge von Arbeit, die sich um eine kranke Frau herum hochtürmten." (19)

Willa Cather entwickelt eine Romanfigur, indem sie in deren Charakter vollständig eintaucht und dadurch eine umfassende Einheit herstellt, die den Charakter authentisch werden läßt, unvermeidlich und jenseits jeder Beurteilung. Sogar die moralisch zweifelhafteste ihrer Figuren kann dadurch Mitgefühl, gelegentlich sogar Bewunderung erwecken. Myra, die Hauptfigur in *My Mortal Enemy*, hat entgegen den Wünschen ihres reichen Onkels geheiratet, ist enterbt worden und hat sich einen Mythos über sich selbst geschaffen, denn sie hat "für die Liebe" gelebt. Die Zerstörung dieses Mythos ist die Zielrichtung dieses Romans, in dem Myras Zynismus und Elend immer deutlicher werden. Schon frühzeitig in dem Roman machte sie Bemerkungen wie "die Liebe selber bringt einer Frau nahezu alles Unglück dieser Welt; warum um Gottes Willen sollte das auch noch hochgejubelt werden?" (20) Sie macht sich Gedanken über eine beginnende Liebesgeschichte: "Die reine Hölle braut sich da zusammen." (21) Viel später dann diagnostiziert sie ihr eigenes Unglück. "Wir waren niemals wirklich glücklich. Ich bin eine geizige, selbstsüchtige, oberflächliche Frau; ich suchte den Erfolg und eine Stellung in der Welt." (22) Ihr Mann behandelt sie während ihrer Krankheit mit ritterlicher Zärtlichkeit und hält dabei die Illusion ihrer Beziehung über all ihre Negativeinschätzungen hinweg aufrecht. Er übersteht selbst ihre letzte Frage: "Warum muß ich so sterben, allein mit meinem Todfeind?" (23) Obwohl ihre Selbsteinschätzung zutreffend ist, sind die erbarmungslose Ehrlichkeit ihres Urteils und die reine Energie ihres Zorns manchmal bewundernswert. Dieses Buch ist ebensowenig eine Verurteilung der Ehe, wie *My Antonia* Propaganda für sie macht:es ist das sehr exakte Porträt einer Frau, die ein Erkennen ihrer selbst gegen Illusionen eingetauscht hat und die Folgen daraus ganz bewußt durchleidet.

Ebenso kann sich Willa Cather aber auch in die Persönlichkeit einer Frau einfühlen, die auf zerbrechliche Art feminin ist, wie z.B. Mrs. Forrester in *A Lost Lady*, eine Frau, die gänzlich abhängig ist von Stärke, Integrität und sozialer Position ihres Mannes, die ihr die Sicherheiten geben, in deren Atmosphäre sie sich zum Entzücken ihrer Umgebung entfalten kann. Als er sein Geld verliert und krank wird, wendet sie sich nach allen Seiten, um Unterstützung und Anerkennung zu finden und sucht sie sogar bei Ivy Peters, einem ungeschliffenen jungen Rechtsanwalt, der alles, was ihr wichtig ist, verachtet und beneidet. Niel Herbert, der Erzähler, obwohl schockiert und enttäuscht von ihren Affären, behält seine beschützende, etwas verliebte Haltung Mrs. Forrester gegenüber auch während ihres Abstiegs bei. Anstatt sie hart zu verurteilen, beginnt er, ihren Mann tiefer zu bewundern, in ihm nicht nur die herkömmlichen maskulinen Tugenden von Stärke und Integrität zu erkennen, sondern auch sein Verständnis und Mitgefühl, wie es sich in seiner Haltung gegenüber seiner Frau zeigt.

Obwohl sich viele männliche Schriftsteller mit Aufgabe und Wesen des Künstlers auseinandergesetzt haben, ist Willa Cather nahezu die einzige Schriftstellerin, die sich mit diesem Thema beschäftigt. Dic meisten der Geschichten in *Youth and the Bright Medusa* handeln von Künstlern, und zwei ihrer Romane, *Lucy Gayheart* und *The Song of the Lark*, porträtieren Künstlerinnen, eine Pianistin und eine Sängerin.

Obwohl Lucy Gayheart von Kindheit an durch Talent und Vitalität eine Sonderstellung einnimmt – sie wird als "die Salonkatze" (25) verglichen mit ihrer älteren Schwester, der "Küchenkatze", ist sie ein Mensch, der zu Abhängigkeit neigt, fürchtet sogar, sich vor sich selbst ihre Begabung einzugestehen und läßt jeden Ehrgeiz vermissen. Ihre Beziehung zu Harry Gordon, dem begehrtesten jungen Mann in der kleinen Stadt, wo sie aufwächst, stellt für sie eine echte Alternative zu einer Musikkarriere dar. "Lucy schloß die Augen und lehnte sich an Harrys Schulter, um dem zu entkommen, was zu greifen sie so weit gegangen war. Es war zu hell und zu blendend. Es verletzte, machte, daß man sich klein und verloren fühlte." (25) Als sie zum Studieren nach Chicago geht, treiben sie nicht ihre eigenen Bedürfnisse, sondern ihre Verliebtheit in einen Sänger, Clement Sebastian, für den sie spielen soll. "Sie war nie nervös gewesen, wenn Auerbach (ihr Lehrer) sie bat, vor seinen Freunden zu spielen; er hatte ihr gesagt, das läge daran, daß sie nicht ehrgeizig sei und das sei ihr größter Fehler. Aber diesmal war es anders. Wenn sie Sebastian nicht gefiel, würde sie ihn wahrscheinlich niemals wiedersehen. Wenn sie ihm aber gefiel – Aber diese Möglichkeit flößte ihr noch mehr Furcht ein als die andere." (26) Die Beziehung, die sich zwischen ihnen entwickelt, ist keine sexuelle. "Manchmal empfand er sie als ziemlich burschikos, weil sie so derb war. Es war mehr eine Beziehung ritterlicher Loyalität als jugendliche Leidenschaft." (27) Die Figur des Sebastian ist wahrscheinlich eine dezente Beschreibung eines Homosexuellen, denn seine wichtigsten Beziehungen außer der zu Lucy waren die mit einem adoptierten Jungen, der fortgeschickt werden mußte, weil Sebastians Frau eifersüchtig wurde, einem Jugendfreund und seinem Klavierbegleiter. Als Harry nach Chicago kommt, um Lucy zur Heirat zu zwingen, bekennt sie lügnerischerweise, Sebastian sei ihr Geliebter; dies ist die einzige Möglichkeit, ihre eigentliche Leidenschaft zu erklären, die Leidenschaft für die Musik, die sie mit ihm teilt. Als Sebastian und sein Begleiter bei einem Bootsunfall getötet werden, bricht Lucy zusammen und kehrt nachhause zurück; sie muß irgendeinen

Kontakt zu Harry wieder herstellen, obwohl sie weiß, daß er inzwischen geheiratet hat. “Wenn er sie mit der Hand berührte oder ihr direkt in die Augen sähe und das alte Signal aussandte, glaubte sie, dann könnte irgendetwas wieder erwachen und die Gesetzmäßigkeiten in Gang setzen, die sie weitertragen könnten.” (28) Nun, da Sebastian tot ist, gibt es niemanden mehr, der ihr Mut macht. Ihr Lehrer in Chicago hat zu ihr gesagt: “Im Musikerberuf gibt es viele Enttäuschungen; ein nettes Häuschen mit Garten in einer kleinen Stadt mit genügend Geld, um keine Sorgen zu haben, eine Familie – das ist das beste Leben. . . . Sogar für Frauen mit großem Talent und großem Ehrgeiz – ich weiß nicht. Einige haben großen Erfolg, aber ich beneide sie nicht.” (29) Mrs. Ramsey, die weise Frau in der Stadt, die sich Sorgen um Lucy macht, vermittelt ihr solche Klischees wie: “Ich mag das nicht, wenn junge Leute ihre Begabung zu ernst nehmen. Das Leben ist kurz; sammle Rosen solange du kannst.” “Nichts zählt wirklich außer, zu leben – der erfolgreiche Einsatz von Fähigkeiten sind die Zierde eines Lebens, aber sie kommen erst an zweiter Stelle.” (30) Dieser Sichtweise entgegengesetzt wird ein einziger stiller Abend, an dem Lucy anläßlich eines Gastspiels eine Sopranistin hört. “Sie fühlte, daß sie weglaufen müsse, heute nacht noch, mit irgendeinem Zug, zurück in eine Welt, die nach Vollendung strebte.” (31) Lucy wird getötet, bevor ihr Entschluß auf die Probe gestellt werden kann, aber es scheint eindeutig, daß sie nicht die Zähigkeit und Unabhängigkeit des Geistes besaß, den jeder Künstler, besonders eine Frau, zum Überleben und zur Vervollkommnung seiner Begabung braucht.

Thea Kronburg in *The Song of the Lark* ist von ganz anderer Natur; sie ist eine Frau, die ihre Begabung erkennt und in sich behauptet gegen jede Beschädigung. Sie fürchtet sie nicht, sondern weiß, daß sie ihr zugleich Mitte und Ziel ist. In der kleinen Gemeinde, in der sie lebt, befreundet sie sich mit den wenigen Menschen, die ihr helfen können, sich als Künstlerin zu entfalten: Dr. Archie, der schon früh erkennt, daß sie ein ungewöhnliches Kind ist, leiht ihr Bücher, nimmt sie auf seine Hausbesuchsrunden mit, führt ernsthafte Gespräche mit ihr; Mr. Wunsch, ihr Musiklehrer – er ist Alkoholiker und wird von den meisten Leuten in der Stadt als zu unsolide betrachtet, um als Musiklehrer für ihre Kinder in Betracht zu kommen; Spanish Johnny, ein Mexikaner von prächtiger, ursprünglicher Musikalität und leidenschaftlicher Begeisterung für seine Kunst. Theas Mutter räumt ihrer begabten Tochter an Entfaltungsmöglichkeiten ein, soviel sie kann, und Ray Kennedy, ein empfindungsarmer Bahnbeamter, der den Wunschtraum hegt, sie zu heiraten, wenn sie älter ist, kommt bei einem Unfall ums Leben und hinterläßt Thea seine Lebensversicherung, so daß sie nach Chicago gehen kann, um ihre Studien fortzusetzen. Sie fordert ihre Lehrer so hart wie sich selbst und studiert erst Klavier und später Gesang. Ohne gesellschaftlichen Charme, nur von der Kraft und Vitalität ihrer Begabung geprägt, ist sie von einer Art unbarmherziger Lauterkeit.

Erschöpft von Studium und ihren Bemühungen, sich ihren Lebensunterhalt zu verdienen, fährt sie zur Erholung nach Hause, aber, wie sie später feststellt, als sie einen gelungeneren Urlaub in Arizona verlebt, "es gab sicherlich keine freundliche Vorsehung, die einen im Leben leitete; und die Eltern kümmerten sich nicht im geringsten darum, was aus einem werden sollte, solange man sich nicht danebenbenahm und ihre Bequemlichkeit bedrohte. Das Leben war der Gnade des blinden Zufalls ausgeliefert. Am besten nähme sie es selbst in die Hand, auch auf die Gefahr hin, dabei alles zu verlieren, als sanft wie ein Lamm den Pflug zu ziehen unter der Zuchtrute elterlicher Gewalt. Als sie letzten Sommer zuhause war, hatte sie es ja erlebt – die Feindseligkeit gemütlicher, selbstzufriedener Leute ernsthaftem Bemühen gegenüber. Selbst ihr Vater hielt es für unschicklich. Immer, wenn sie im Ernst über sich sprach, setzte er eine Miene auf, als wollte er sich entschuldigen. Dennoch hatte sie sich fest an alles geklammert, was Moonstone ihrem Herzen noch bedeutete. Schluß damit! Die Cliff-Dwellers hatten ihre Vergangenheit fortgesetzt. Sie hatte ältere und edlere Verpflichtungen." (23)

Willa Cather geht mit der Handlung genauso willkürlich um wie Thea mit ihrem Leben. Sie versorgt Thea mit Fred Ottenburg, einem reichen, jungen Geschäftsmann und Musikliebhaber, der die Intelligenz und Sensitivität besitzt, sie zu verstehen und der für sein eigenes Leben nicht mehr erwartet, als sie zu unterstützen und ihr bei ihrer Karriere zu helfen. Aber Willa Cather gibt ihm auch eine Frau zur Seite, damit er Theas emotionales Leben nicht durcheinanderbringen kann, als sie mit ihrer harten Ausbildung für die Oper beginnt. Dr. Archie verschafft ihr das Geld für eine Reise nach Deutschland; von dort kommt sie nicht einmal zurück, als ihre Mutter erkrankt und stirbt, weil ihre Karriere sich gerade am Wendepunkt befindet. Bei ihrer triumphalen Rückkehr nach New York erscheint sie den Menschen, die sie geliebt und ihr geholfen hatten, so vollkommen von ihrem Gesang in Anspruch genommen, daß für sie nichts mehr übrig bleibt. "Ich habe kein Privatleben", (33) erklärt sie. In einem Nachwort heiratet sie schließlich Fred Ottenburg. aber ihr Leben ist ein Leben großer persönlicher Opfer gewesen, Opfer, die sie selbst bringen mußte wie auch andere Menschen, die ihr nahestehen. Ihr Erfolg in der Kunst fordert einen höheren Preis, als die meisten Menschen bereit sind zu bezahlen. Als einer ihrer Lehrer nach dem Geheimnis ihres Erfolges befragt wird, antwortet er schlicht:

"Leidenschaft"; es ist der Fehler, den Willa Cather von Kindheit an am ehesten bereit war zu vergeben.

Willa Cather wußte, daß sehr viele Züge von ihr selbst wie auch von ihrer Freundin Olivie Fremstad in die Figur der Thea Kronburg eingegangen sind. Als sie das Buch gelesen hatte, sagte Olvie Fremstad, sie könne nicht sagen, wo die Beschreibung ihrer selbst aufhöre und die Willa Cathers anfange. Obwohl Willa Cather während ihres langen Lebens einen großen Teil ihrer Zeit ihrer Familie widmete und ihre Mutter während deren letzter Krankheit pflegte, blieb ihr bewußt, wie viel von ihrer Persönlichkeit ihrer Arbeit vorbehalten bleiben mußte. Die Menschen, denen Thea Kronburg nahe steht, verurteilen sie nicht. Sie lernen, ihre Haltung zu verstehen; und der Verlust eines Privatlebens wird nicht als der große Kummer den stolzen Freuden einer vollendeten und erfüllenden Stimme gegenübergestellt. Das Buch ist Isabella McClung gewidmet.

Die Figur, in der Kritiker Willa Cather am ehesten wiederzuerkennen glauben, ist nicht Thea Kronburg, sondern St. Peter, Hauptfigur in *The Professor's House*. "Er verkörpert das, was Willa Cather selber immer war oder gehofft hatte zu sein – Pionier des Geistes, Katholik durch Instinkt, Franzose aus Neigung, religiöser Aristokrat mit demokratischen Manieren." (34) Nicht nur in Geschmack und Fähigkeiten ähnelt er Willa Cather, sondern auch die Krise, die er durchlebt, erscheint wie eine Parallele zu der großen Krise Willa Cathers, als sie den Verlust ihres alten Arbeitsraums bei den McClungs und den Isabelles verwinden mußte.

Kein Roman eines begabten Schriftstellers sollte als verschleierte Biographie gelesen werden. Jeder gelungene Roman ist umgossene und transzendierte Biographie. Willa Cather stellte oft eigene Züge in einer oder mehreren Figuren ihrer Romane dar und identifizierte sich mit Teilaspekten vieler ihrer Charaktere; sie wußte, daß der beste Stoff für Romane der ist, der den natürlichen Lebens- und Erfahrungsbereich des Schriftstellers umfaßt. "Ein kreativer Schriftsteller kann nur innerhalb seiner eigenen Gefühlsskala sein Bestes geben." (35) "Es ist ein bekannter Trugschluß, daß ein Schriftsteller, wenn er genügend Talent besitzt, die Höhe seiner Fähigkeiten dadurch erreicht, daß er seinen Themenbereich aufbessert, seine 'Einbildungskraft' spielen läßt und sie zu seinem Zwecke dreht und wendet. In Wahrheit kann er durch ein derartiges Vorgehen (das keineswegs phantasievoll ist!) bestenfalls eine brilliante Fälschung hervorbringen, die, wie ein schlechtgebautes Haus, nach einigen Jahren arm und dürftig aussieht." (36) *The Professor's House* ist ein authentisches Gebäude, das unverkennbar den tiefen Quellen von Willa Cathers eigener Erfahrung und innerer Wahrnehmung entspringt.

Es ist jedoch keine genaue Übersetzung ihres persönlichen Lebens.

St. Peter ist ein erfolgreicher Gelehrter mittleren Alters mit Frau und zwei verheirateten Töchtern. Da ihm für seine Veröffentlichungen finanziell hochdotierte Preise verliehen wurden, ist er in der Lage, ein neues Haus zu bauen; einer seiner Schwiegersöhne hat sehr viel Geld dadurch verdient, daß er die Entdeckung eines anderen geschäftlich ausbeutete. Als St. Peter sich weigert, sein Arbeitszimmer in dem alten Haus aufzugeben und sich von einer Frankreichreise ausschließt, die sein Schwiegersohn für die Familie geplant hat, hat St. Peter Gelegenheit, die Wirkung materiellen Erfolgs auf sie alle zu erkennen. Seine Töchter, die sich früher sehr nahe gestanden hatten, betrachteten sich jetzt gegenseitig mit Neid und Argwohn. Seine Frau ist von ihrem erfolgreichen Schwiegersohn vollkommen verblendet, und St. Peter stellt fest, daß ihm alle gleichgültig geworden sind. Seine größte Zuneigung gilt dem jungen Tom Outland, der im Krieg gefallen ist und dessen Geschichte in einem gesonderten Kapitel des Buches erzählt wird. In Tom vereinigen sich sämtliche Ideale der Jugend, ihre Leidenschaftlichkeit und ihre Lauterkeit, die Werte, die alle anderen jetzt verloren haben. St. Peters Neigung zum Grübeln und die zunehmende Furcht vor der Rückkehr seiner Familie machen ihn nachlässig seiner eigenen Sicherheit gegenüber, und er kommt durch einen undichten Ofen in seinem alten Arbeitszimmer fast ums Leben. Augusta, die schwerfällige katholische Näherin, findet ihn gerade noch rechtzeitig. Er scheint sich ins Weiterleben-müssen zu ergeben. "Theoretisch wußte er, daß ein Leben ohne Freude und ohne leidenschaftlichen Schmerz möglich, vielleicht sogar angenehm sein könnte. Es war ihm aber niemals in den Sinn gekommen, daß er selber einmal so würde leben müssen." (37) Für einen Mann, der seine Frau, seine Kinder, seine Arbeit aufrichtig geliebt hat, "war es sicherlich das Traurigste, was ihm widerfahren konnte – aus der Liebe zu fallen." (38) Eine der vielsagendsten Bemerkungen des Buches ist: "Das Wesentliche im Leben eines Menschen wurde in breitem Ausmaß davon bestimmt, wie günstig oder ungünstig sich sein ursprüngliches Selbst und seine natürliche Anlage, wie sie durch das Geschlecht geprägt wird, aneinander schleifen," (39) diese beiden vielleicht sehr unterschiedlichen, aber aufs engste miteinander verbundenen Teile der menschlichen Persönlichkeit. In St. Peter haben sie sich offensichtlich zu Tode erschöpft.

Willa Cather machte persönliche Krisen durch, von denen einige vielleicht in Beziehung standen zu dem Konflikt zwischen ihrem ursprünglichen Wesen und dem von ihrer sexuellen Veranlagung geprägten Ich. Sicherlich lernte sie das große Unbehagen wie auch die Annehmlichkeiten des Erfolges kennen. Und sie teilte mit St. Peter die Abscheu vor den Verlusten, die durch die Götzenanbetung materiellen Fortschritts entstehen. Aber *The Professor's House* entstand aus Willa Cathers Vitalität und Leidenschaft, und diesem Buch sollte ihr größtes Werk *Death Comes for the Archbishop* folgen.

Willa Cather schrieb zwei Bücher über französische Katholiken in der Neuen Welt, *Death Comes for the Archbishop* und *Shadows on the Rock*; für Myra in *My Mortal Enemy* ist der Katholizismus die letzte Zuflucht, und auch bei St. Peter gibt es Hinweise dieser Art, zum Beispiel, daß er von Augusta gerettet wird. Willa Cather war keine Katholikin. Nachdem sie konfirmiert worden war, trat sie mit ihren Eltern zur Episkopalkirche über, die verwandteste Alternative zur protestantischen Bedeutsamkeit persönlichen Gewissens. Ihre Sympathie der katholischen Kirche gegenüber und ihr Wissen über die Lehre ließ viele ihrer katholischen Leser annehmen, sie sei eine der ihren, ein Irrtum, der ihr sehr gefiel.

Obwohl Willa Cather kein Buch über die Liebe zwischen Frauen schrieb, enthält *Death Comes for the Archbishop* neben vielen anderen Elementen auch eine Darstellung einer Beziehung zwischen zwei Männern, Bischof Latour und Vater Valliant, die als französisch-katholische Missionare im Südwesten das Zölibatsgelübde abgelegt haben. Ihre Zuneigung zueinander seit ihrer Jugend, als sie zusammen in Frankreich am Priesterseminar studierten, bis hin zu Vater Valliants Tod nach Jahren harter Arbeit, wird durch das ganze Buch hindurch behutsam entwickelt. Vater Valliant, ein bemerkenswert schlichter, zartgliedriger Mann, ist von spontan warmherziger, freundlicher, ausdauernder Natur, ein Mann der Tat. Bischof Latour ist Intellektueller, gutaussehend, mit erlesenem Geschmack, vom Wesen her introvertiert. Während ihrer Missionarsjahre im selben Gebiet haben die beiden Männer selten die Gelegenheit, einander zu sehen. Wenn Vater Valliant irgendwo in einem Indianercamp krank darniederliegt, reitet Bischof Latour zu ihm, um ihm Medizin zu bringen, dankbar, wenn er seinen Freund für eine Zeit der Erholung nach Hause holen kann. Gelegentlich schickt Latour unter einem kleinen Vorwand nach Valliant, nur um sich seine Gesellschaft zu verschaffen, aber Valliant drängt es stets zu seiner Arbeit; zugleich empfindet er Mitgefühl, denn er sieht, daß es ihm selbst leicht fällt, überall Freunde zu finden im Gegensatz zu Latour. Es wird hier eine Beziehung geschildert, in der Erotik keine Rolle spielt, in der die Arbeit stets den Vorrang gegenüber Gefühlsbedürfnissen hat. Dennoch wird sie niemals sentimental oder idealisiert dargestellt, sie wird beschrieben als eine der Möglichkeiten, wie Menschen sich aufeinander und ihre Arbeit beziehen können.

Willa Cather war Zeitgenossin von D.H. Lawrence, kannte ihn und genoß den Umgang mit ihm. Beide waren begeistert vom Südwesten

Amerikas. Der einzige kritische Kommentar, den sie zu seinem Werk gegeben hat, weist darauf hin, daß sie seine wortwörtliche Genauigkeit in Darstellung seelischer Reaktionen und körperlicher Empfindungen als entmenschlicht ablehnte, als auf "animalischen Brei" (40) reduzierend. Sie las Gertrude Stein und konnte sie nicht ernst nehmen. Willa Cathers literarisches Vorbild war Henry James, und wenn sie auch früh lernte, ihn nicht zu imitieren, zu eigenen Inhalten, eigenem Stil, einem eigenen Glauben an die Kunst als Vereinfachung zu finden, hatte sie mit ihm doch die Fähigkeit gemeinsam, eine ungeheuere Vielfalt von Charakteren in treffsicher beschriebenen, scharf umrissenen und lebendig ausgeführten Milieus darzustellen. Ihre sexuellen Neigungen, ähnlich wie seine, erweiterten ihre Sensibilität eher als sie einzuschränken, unabhängig davon, eine wie große gesellschaftliche und private Last sie manchmal für sie dargestellt haben mögen. Ihre einzige "gefährliche Überempfindlichkeit" liegt in ihrer großen Begabung, sich einzufühlen und ihre innere Wahrnehmung darzustellen; eine solche Gabe hat denen schon immer Unbehagen eingeflößt, die die Wahrheit fürchten.

Vita Sackville-West
1892 - 1962

Radclyffe Hall, Gertrude Stein und Willa Cather wären lieber Männer gewesen. Dieser Wunsch ist wohl bei lesbischen Frauen nicht häufiger als bei anderen Frauen auch. Er entsteht bereits in frühester Kindheit und entspringt anfangs nicht in einer besonderen sexuellen Orientierung, sondern in einer Auflehnung gegen die physischen, emotionalen und sozialen Beschränkungen, die kleinen Mädchen auferlegt werden. Die meisten Mädchen resignieren jedoch in der Pubertät, und einige von ihnen fügen sich dann sogar willig in die Beschneidung ihrer Persönlichkeit, vor allem diejenigen, die auf sexuellem Gebiet bereits gewitzt genug sind, um zu erkennen, daß es für eine Frau gar nicht notwendig ist, sich selbst weiterzuentwickeln und voranzukommen, sondern daß es durchaus genügt, dafür zu sorgen, daß Mann und Kinder vorankommen, um in dieser Gesellschaft anerkannt zu werden. Vermutlich würden manche Männer sich genausogerne selbst aufgeben, wenn das für sie ein gesellschaftlich legitimer Weg wäre. Für Menschen jedoch, die begabt sind und ihrem ganzen Wesen nach unabhängig sein wollen, ist diese Selbstaufgabe ungeheuer schmerzlich und manchmal unmöglich.

Von allen Frauen, die in diesem Buch porträtiert werden, hatte Vita Sackville-West die schwerwiegendsten Gründe, sich zu wünschen, lieber als Junge auf die Welt gekommen zu sein. Sie war das einzige Kind Lionel Sackville-Wests und Victoria Sackville-Wests. Lionel sollte das größte, noch in Privatbesitz befindliche Gut Englands, Knole, von seinem Onkel erben, da dieser Onkel nur fünf uneheliche Kinder hatte. Eines davon war Victoria, und als Lionel und sie heirateten, zogen sie nach Knole. Hier wurde Vita geboren, und hier lebte sie, bis sie mit einundzwanzig Jahren in der Gutskapelle Harold Nicolson heiratete. Sie gestand damals, daß Harold nur einen einzigen Rivalen habe, nämlich Knole selbst, denn mit ihrer Heirat mußte sie ihr Leben auf dem Gut aufgeben, und obwohl sie dås einzige Kind war, konnte sie es nicht erben, weil sie ein Mädchen war.

Sie wuchs als Einzelkind auf, war eigenbrötlerisch und verhielt sich den vielen Menschen gegenüber, die das Gut ernährte, distanziert und wenig höflich. Die größte Unterstützung wurde ihr damals durch ihren Großvater zuteil, der ja gleichzeitig auch ihr Großonkel war. Die Beziehung zwischen den Eltern war schon sehr bald zerrüttet, aber einige Jahre lang tolerierte jeder Elternteil die Seitensprünge des anderen. Lionel unterstützte sogar Victorias Beziehung zu Sir John Murray Scott, einem sehr reichen Mann, der auch einige Jahre auf Knole lebte. Bei seinem Tode hinterließ er den größten Teil seines Geldes Victoria, so daß sie und ihr Mann sich auch weiterhin die großzügige Lebenshaltung erlauben konnten, die ihnen sein Geld jahrelang möglich gemacht hatte. Sein Geld war schließlich auch der Grund, warum Lionel und Victoria sich Vitas Entschluß fügten, Harold Nicolson zu heiraten. Denn obwohl sie Harold mochten, hatte er doch außer seiner eigenen Laufbahn im diplomatischen Dienst nichts zu bieten, und Vita hätte andere Männer heiraten können, die ihr bedeutende Besitztümer und Titel eingetragen hätten. Offensichtlich waren jedoch Reichtum und Ansehen an sich für Vita kein Ersatz für die geliebte Heimat, die sie in jedem Fall verlieren würde.

Als ihr Großvater starb, war nicht einmal mehr sicher, daß ihr Vater Knole erben würde, da einer der unehelichen Söhne seines Onkels Lionels Erbrecht in einem Prozeß anfocht, der den ganzen Familienskandal wieder aufleben ließ. Nachdem dieser Prozeß zu Lionels Gunsten ausgegangen war, strengte Sir John Murray Scotts Familie einen zweiten Prozeß an, in dem sie dessen Testament anfocht. Durch diesen Prozeß wurde der Skandal Victorias langjähriger Beziehung zu Sir John Murray Scott öffentlich, was die Familie noch mehr ins Gerede brachte. Einige Zeit nach Vitas Heirat verließ Victoria schließlich ihren Mann und Knole. Vita und Harold hatten ein Landhaus bezogen, das nur zwei Meilen von Knole entfernt lag, und sie gaben es erst auf, als das umliegende Land für eine Hühnerfarm aufgekauft wurde. Als sie dann die Gegend verließen, zogen sie nach Sissinghurst Castle in Kent, in "verfallene Überreste eines Hauses im Elisabethanischen Stil, in dem kein Raum bewohnbar war", (1) und richteten es nach und nach wieder her. Obwohl dieses Haus weder großartig noch eindrucksvoll war, war es doch alt und schön, und Vita Sackville-West hatte dort im Turm ihr Arbeitszimmer, wo sie Kurzgeschichten, Romane und Biographien schrieb, was sie seit ihrer Kindheit mit ganzer Hingabe getan hatte. Sie hatte damit soviel Erfolg, daß sie selbst in einer Zeit ein ausreichendes Einkommen hatte, als Harold sich beruflich veränderte, wodurch seine finanzielle Situation unsicher war, und außerdem Victoria sich sträubte, den Wechsel, der Vita mit ihrer Heirat zugefallen war, zu bezahlen.

Wir wüßten sehr viel weniger über Vita Sackville-West, wenn nicht ihr Sohn Nigel Nicolson kürzlich *Portrait of a Marriage* veröffentlicht hätte, in dem ein Manuskript enthalten ist, das er nach dem Tode seiner Mutter in deren Arbeitszimmer fand. Es handelt sich dabei um ein autobiographisches Fragment von achtzig Seiten, das sie im siebten Jahre ihrer Ehe über eine leidenschaftliche Liebesbeziehung zu einer anderen Frau, Violet Trefusis, geschrieben hatte. Im übrigen schildert Nigel Nicolsons Buch die langandauernde Beziehung zwischen seinen Eltern. "Ihre Ehe überdauerte nicht nur Untreue, Unvereinbarkeit der sexuellen Bedürfnisse und lange Trennungszeiten, sie wurde infolge dieser Umstände sogar immer stabiler und besser." (2)

Vita schildert in dieser Autobiographie ihre Kindheit auf Knole, in der sie "unbedingt mutig und so weit wie möglich wie ein Junge sein wollte." (3) Sie verstand sich schlecht mit anderen Kindern, war grob und grausam zu ihnen, blieb viel lieber allein und verbrachte jeden Tag viele Stunden mit Lesen und Schreiben. In der Schule war sie sehr leistungsbewußt und auf intellektuellem Gebiet sehr erfolgreich. "Ich muß nun einmal der Wahrheit ins Gesicht sehen, daß auf mir der Fluch lastet, einen Hang zur Intellektualität zu haben." (4)

Aber natürlich kam es gar nicht in Frage, daß Vita die Universität besuchte. Sie sollte endlich den ihr zukommenden Platz in der Gesellschaft einnehmen. Virginia Woolfs disziplinierter und starker Intellekt konnte das Handicap einer beschränkten Schulbildung ausgleichen, Vita Sackville-West versuchte es auch, aber bei ihr führte der Mangel an wissenschaftlicher Bildung zusammen mit persönlichen Projektionen immer wieder dazu, daß ihre Biographien Brüche aufwiesen. Wenn sie in *Daughter of France* plötzlich einwirft, wie gerne sie selbst die Tränen der Heldin, Anne-Marie Louise d'Orleans, getrocknet hätte, oder wenn sie schreibt, "wenn ich schon kaum meine eigenen Finanzen des Jahres 1958 durchschaue, verstehe ich nicht, wie man von mir erwarten kann, daß ich Mademoiselles Finanzlage im Jahre 1660 begreife" (5), so ist das einfältig und reizvoll zugleich. Aber da Intellektualität als solche ihr als Fluch erschien, betrachtete sie solche typisch weiblichen Kapriolen in ihren Büchern sicherlich als eine Art Wiedergutmachung.

Vita Sackville-West hielt sich als Mädchen oder als junge Frau für unattraktiv. Portraits von ihr widerlegen diese Selbsteinschätzung gründlich, ebenso ihr Erfolg auf dem Heiratsmarkt, den sie nicht zu schätzen wußte. Sie war sich nicht nur dessen bewußt, daß sie zu groß und zu intellektuell war und zu ungeduldig ihre eigenen Vorzüge entfalten wollte, sondern auch der Tatsache, daß Männer sie nicht anzogen. "Frauen dagegen wohl." (6) Ihre erste große Liebe war Rosamund, aber lange Zeit sah sie in dieser Beziehung eine relativ unschuldige Freundschaft. "Mir war schon vage bewußt, daß ich in Rosamunds Bett nichts zu suchen hatte, und ich hätte es nie zugelassen, daß jemand davon erfuhr, aber weiter ging mein Schuldgefühl nicht." (7) Obwohl sie nie wirklich miteinander schliefen, war die Beziehung in Vitas Sicht "fast ausschließlich körperlicher Natur", da sie Rosamund als Gesellschafterin "langweilig und dumm" (8) fand. Als Vita mit achtzehn Harold kennenlernte, hatte die Beziehung zu Rosamund noch immer große Bedeutung für sie, und so blieb es auch während der ganzen Zeit, in der Harold ihr den Hof machte.

Vom Anfang ihrer Beziehung zu Harold an, entdeckte Vita mit ihm zusammen die Seiten ihres Wesens, die in ihrer Kindheit zu kurz gekommen waren. "Er war der beste Spielgefährte, den ich je hatte." (9) Ihre Liebe zu Harold war so "frisch, geistig und unkörperlich", daß sie "überhaupt nie in diesem Zusammenhang an ihn dachte." (10) Während ihrer Verlobungszeit war Harold sehr oft verreist, und Vita vermißte ihn nicht ernstlich. Ihre "reine" Liebe zu Harold war für sie viel weniger real als ihre "perverse Natur, die Rosamund liebte und tyrannisierte." (11) Als sie heiratete, vermißte sie jedoch nicht in erster Linie Rosamund, sondern Knole. Sie fühlte sich sogar eher vor Rosamund gerettet, oder jedenfalls vor ihrem eigenen Ich, wie es in Rosamunds Gesellschaft zutage trat, "vor allem Bösen und Gewaltsamen" (12). "Obwohl ich eine solche physische Leidenschaft wie Rosamund gegenüber nicht mehr erlebte, vermißte ich sie nicht wirklich." (13) Mit Rosamund hatte sie diese Leidenschaft nie wirklich ausgelebt, vermutlich deshalb, weil keine von ihnen wußte, wie sie es tun sollten, und es muß für Vita wirklich eine Erleichterung gewesen sein, sich von dieser Leidenschaft zugunsten einer Beziehung freizumachen, die ihr auf allen andern Gebieten so viel bedeutete. Sie lebte vier oder fünf Jahre lang in diesem ruhigen und angenehmen Zustand dahin und bekam in dieser Zeit drei Söhne, von denen einer totgeboren wurde.

Vita beschreibt in ihrer Autobiographie diese ganzen Einzelheiten als Hintergrund ihrer Liebesbeziehung zu Violet, die außer Rosamund die einzige wichtige Freundin in ihrer Jugendzeit gewesen war. Violet war zwei Jahre jünger als Vita, aber genauso intelligent und leidenschaftlich wie sie, nur weitaus mutiger. Als Violet wieder auftauchte, begegnete Vita ihr zunächst mit gemischten Gefühlen, da sie sich von Violet auch während ihrer Beziehung zu Rosamund auf erotische Weise irritiert gefühlt hatte, und weil Violet auf ihre Heirat sehr brüsk reagiert hatte. Harold war verreist, als Violet Vita besuchte. Zunächst ärgerte sich Vita über Violets Ruhelosigkeit, da sie selbst sich inzwischen in ihrem Leben wohlfühlte, das aus der Sorge für die Kinder, der Gartenarbeit und dem Schreiben bestand. Eines Tages zog sie sich jedoch Kniehosen und Gamaschen an, was in jenen Kriegsjahren als "Woman-on-the-land-Kleidung" galt. "Ich geriet in eine wilde Verfassung, rannte herum, schrie, sprang, kletterte, flankte über Gatter, ich fühlte mich wie ein Schuljunge ..." (14) In dieser Nacht wurde Vita von Violet verführt.

In den nächsten drei Jahren war Vitas Schuldgefühl manchmal ebenso mächtig wie ihre Leidenschaft. Wenn sie über die Geschehnisse in dieser Zeit schreibt, versucht sie nie, sich zu rechtfertigen. "Ich habe nie vorgegeben, mehr als ein gemeines und verachtungswürdiges Wesen zu sein." (15) "Mein ganzer Fluch bestand in meiner Dualität und darin, daß ich zu schwach und zu nachsichtig mir selbst gegenüber war, um dagegen anzukämpfen." (16) Daß sie überhaupt über diese Dinge schreibt, begründet sie damit, daß sie die volle Wahrheit sagen wolle, weil sie keine andere Darstellung einer derartigen Beziehung kenne, und weil sie hoffe, daß man später einmal ihre Erfahrungen besser verstehen werde. Sie selbst interpretiert ihre Erlebnisse so: "Ich vertrete daher auch die allseits anerkannte Theorie, daß es Fälle von Persönlichkeitsspaltung gibt, wobei feminine und maskuline Elemente abwechselnd vorherrschen. Ich vertrete diese Theorie nicht in persönlicher, sondern in wissenschaftlicher Absicht und nehme für mich in Anspruch, daß ich zu solchen Äußerungen dadurch befähigt bin, daß ich mit dem Gegenstand so vertraut bin, wie es ein professioneller Wissenschaftler erst durch jahrelange Forschungen und indirekte Informationen sein könnte. Ich dagegen habe jederzeit unmittelbaren Zugang zu der Materie, ich brauche bloß mein eigenes Gefühl zu nehmen." (17)

Die Ursache dieser Selbsteinschätzung als gespaltene Persönlichkeit liegt vermutlich darin, daß Vita in ihren Liebesbeziehungen zu Harold und Violet gänzlich unterschiedliche Erfahrungen machte. Sie sagt über Harold: "Er hat vollkommene Macht über mein Herz, aber nicht über meine Seele." (18) Sie wollte nie von ihm Besitz ergreifen, war nie eifersüchtig seinetwegen, und obwohl sie sehr gern mit ihm zusammen war, störte es sie in ihrer schöpferischen Einsamkeit nie ernsthaft, wenn er nicht da war. In jenen drei Jahren behandelte sie ihn sicher oft schlecht, aber sie wollte ihn nie wirklich verletzen. Die Tatsache, daß er litt, ist sicher zum großen Teil Ursache ihrer Schuldgefühle und ihres Kummers. Obgleich Harold manchmal erbittert protestierte, hörte er bei alledem nie auf, Vita zu lieben und emotional zu unterstützen. Sie schrieb ihm: "Du bist mir immer entgegengekommen und hast mich verstanden. Das bindet mich durch alle Stürme hindurch an Dich und macht Dich auf alle Zeit zu dem einzigen Menschen, dem ich vertraue, und den ich liebe." (19) Harold hatte selbst Beziehungen zu Männern, und das half ihm vermutlich, Vita zu verstehen. Da er ein Mann war, der von keiner großen sexuellen Leidenschaft getrieben war, konnte er meistens seine Eifersucht in Grenzen halten.

Violet gegenüber war Vita ein anderer Mensch. "Ich bin ihr gegenüber so hartherzig, daß ich ihr nahezu jede Art von Leiden auferlegen könnte, ohne dabei den leisesten Anflug von Mitleid zu verspüren – und ich habe es auch getan." (20) Sie sah in Violet einen persönlichen Besitz. Violet verhielt sich auch ganz anders als Harold. "Mein Haus, der Garten, die Felder und Harold waren die Stillen, die nur ihre eigenen Vorzüge, Lauterkeit, Einfachheit und Treue ins Feld führten, auf der anderen Seite stand dagegen Violet, die wild um mich kämpfte, die manchmal brutal und verächtlich sein und rücksichtslos über diese sanften und schutzlosen Wesen hinwegsprengen konnte, die manchmal aber auch eine jämmerliche und tragische Gestalt sein konnte, die nur noch vollkommen abhängig von mir war und jedem scharfen Wort von mir sofort nachgab, bis ich nicht mehr wußte, wo die Wahrheit wirklich lag." (21)

Violets einziger Wunsch war es, mit Vita davonzulaufen und mit ihr zusammenzuleben. Obwohl Vita Harold nicht verlassen wollte, machte sie mit Violet eine Urlaubsreise, die schließlich dahin führte, daß sie vier Monate lang fortblieb. Während Vita mit Violet zusammenlebte, kleidete sie sich wie ein Mann und nannte sich Julian. Diese neue Identität verlieh ihr ein herrliches Freiheitsgefühl. Sie ließ sich auch durch Briefe ihrer Mutter nicht rühren, in denen diese ihr mitteilte, daß der Skandal, den sie verursachte, immer größere Kreise zog, und ihr damit drohte, nicht länger für die Kinder sorgen zu wollen. Es hatte schon soviel Skandal in der Familie gegeben, nicht zuletzt, was den Ruf der Mutter selbst anbelangte, daß Vita sich davon kaum mehr betroffen fühlen konnte. Den Kindern gegenüber empfand sie in dieser Zeit nur distanzierte Zuneigung. Harold gelang es schließlich, sie zur Rückkehr zu bewegen. Inzwischen wurde Violet von ihrer Familie unter Druck gesetzt zu heiraten. Sie hatte bereits mehr gescheiterte Verlobungen hinter sich, als ihr Ruf vertragen konnte, und da sie finanziell nicht unabhängig war, konnte sie ihre Familie nicht völlig ignorieren. Denys Trefusis, ein hübscher, etwas seltsamer und idealistischer Mann, liebte sie sehr und war bereit, sie zu den Bedingungen zu heiraten, die sie diktierte, daß sie nämlich keine sexuelle Beziehung haben würden, und daß Violet soviel mit Vita zusammensein konnte, wie sie wollte. Vita war bereits zur Hälfte davon überzeugt, daß die Ehe Violet mehr Freiheit verschaffen würde, aber als der Hochzeitstermin näher rückte, flehte Violet sie an, sie vor dieser Ehe zu bewahren. Die Ehe konkret vor Augen, sagte Violet "Ich hasse die Männer. Sie ekeln mich an, sogar ganz kleine Jungen. Die Ehe ist eine Institution, die alten Jungfern, klapprigen Prostituierten und gekrönten Häuptern vorbehalten sein sollte." (22) Es spricht alles dafür, daß Violet nur mit der Heirat drohen wollte, um Vita zu zwingen, ihre eigene Ehe für sie aufzugeben. Vita setzte sich jedoch nach Paris ab, um dort Violets Hochzeitstag mit Harold zu verbringen. Am nächsten Tag kamen auch Denys und Violet in Paris an, und Violet ging geradewegs zu Vita, die sich in einen Rausch von Eifersucht und Besitzergreifung hineinsteigerte. "Ich führte mich ihr gegenüber auf wie eine Wilde. Ich schlief mit ihr. Ich nahm sie. Mir war alles egal." (23)

Violet versuchte immer wieder, Vitas Eifersucht dazu zu benutzen, sie für sich zu gewinnen. Sie teilte ihr mit, daß abzusehen sei, daß Denys ihre Abmachung brechen würde. Vita konnte den Gedanken nicht ertragen, daß jemand anders Violet besäße und schließlich planten sie beide, ihre Männer zu verlassen und miteinander fortzugehen. Inzwischen wußte nicht nur Vitas, sondern auch Harolds Mutter Bescheid, und Mrs. Nicolson versuchte sanft und verständnisvoll, Vita zum Bleiben zu überreden. "Ich wünschte mir nur noch, irgendwohin zu flüchten, wo ich nicht länger ein Schandfleck für ihre Anständigkeit sein müßte." (24) Das lange Melodrama gipfelte schließlich darin, daß beide Ehemänner zusammen nach Frankreich kamen, um ihre Frauen zurückzuholen. Harold gab Vita zu verstehen, daß Violet nicht ehrlich zu ihr wäre, und daß sie in Wirklichkeit ihrem Mann erlaubte, mit ihr zu schlafen. Diese Enthüllung machte Vita so wütend, daß sie mit Harold abreiste und selbst als Denys und Violet später alles zu erklären versuchten und teilweise auch bestritten, änderte das grundsätzlich nichts an Vitas Entschluß, mit Violet zu brechen, obgleich sie sich immer noch "schmerzlich nach ihr sehnte, der sie nicht mehr vertraute, die sie bis zur Verzweiflung geliebt hatte und die sie jetzt dieser Liebe nicht mehr für Wert befand" (25). Über Deny Trefusis schreibt sie: "Ich hasse ihn jetzt mehr, als ich je einen Menschen gehaßt habe oder hassen werde, und ich würde ihm alles erdenkliche Schlimme mit dem größten Vergnügen antun." (26) "Ich hoffe nur, es geht ihm genauso, er hat hundertmal mehr Gründe, mich zu hassen als ich ihn." (27)

Es ist auffällig, daß Vita in ihrer Darstellung nie versucht, ihre eigene Rolle zu rationalisieren. Wenn man ihr eigenes Leben betrachtet, so war ihre Eifersucht Violet gegenüber wohl kaum gerechtfertigt, dennoch ließ das ganze Erlebnis bei ihr weder Raum für Vernunft noch Gerechtigkeitssinn, ja nicht einmal Verständnis. Sie schildert es eher wie eine Art Naturkatastrophe, in deren Folge sich unausweichlich Reue einstellt: "Ich bedaure es, daß die Frau, die Harold geheiratet hat, nicht durch und durch dem entspricht, wofür er sie hielt, und daß die Frau, die Violet liebt und besitzt, nicht eine andere Person ist, denn dann würde jede der beiden zu ihrem Partner passen." (28) Vita bereute auch, was sie über sich selbst erfahren hatte: "Natürlich wünsche ich mir, ich hätte diese Dinge an mir niemals entdeckt." (29) Sie neigte dazu, undifferenzierte Theorien darüber zu verbreiten, wie man einem solchen Leiden Abhilfe schaffen könnte: "Frauen und Männer müßten in ihrer Jugend so mit Freiheiten überhäuft werden, daß sie schon auf den blossen Gedanken an Freiheit mit Abscheu reagieren." (30) Viele Jahre später sagte sie zu Harold: "Du hättest mir von dir erzählen und mich davor warnen sollen, daß mir das Gleiche passieren könnte wie dir. Das hätte uns eine Menge Ärger und Mißverständnisse ersparen können." (31) Diese Hoffnung ist sicherlich nicht begründet, aber nachdem Vita und Harold jene Jahre einmal durchgestanden hatten, gab es nichts mehr, das ihre Ehe ernsthaft hätte gefährden können. Und nach diesem grotesken Anfang wurde auch Violets Ehe schließlich ganz glücklich, wobei sie die gesamte Schuld für alles, was geschehen war, auf sich nahm.

Vita verliebte sich immer wieder in Frauen. aber sie kannte sich selbst nun besser und wußte, daß nie eine Frau zwischen ihr und Harold stehen würde. Das meiste wurde über ihre Beziehung zu Virginia Woolf geschrieben. Virginias Neffe spricht in seiner Biographie die Vermutung aus, daß ein sexuelles Verhältnis zwischen den beiden Frauen bestand. Um diesen Punkt zu erhellen, veröffentlicht Nigel Nicolson Briefe, die sich seine Eltern schrieben. Vita liebte Virginia sehr, aber sie verhielt sich ihr gegenüber extrem vorsichtig, da sie wußte, daß Virginia nicht nur niemals körperliche Leidenschaft erlebt hatte, sondern daß sie auch ständig vom Wahnsinn bedroht war. "Wegen des Wahnsinns habe ich tödliche Angst, körperliche Gefühle in ihr zu erwekken." (32) Harold machte sich zunächst Sorgen, daß Vita Leonards und Virginias Beziehung aus dem Gleichgewicht bringen könnte und warnte sie, daß nicht alle Ehen so gefeit seien wie ihre eigene. Vita versicherte ihm jedoch immer wieder, daß sie sich Virginia gegenüber sehr umsichtig verhielte. Sie bemutterte Virginia und Virginia ließ es gerne geschehen, da es sie anzog, daß Vita "kurzum (im Gegensatz zu mir) eine richtige Frau" (33) war. Eine körperliche Anziehung bestand nur etwa ein Jahr lang. Die Freundschaft dagegen dauerte an bis zu Virginias Selbstmord. "Als Virginia sich 1941 ertränkte, kam Harold sofort nach Sissinghurst, um bei Vita zu sein, aber keiner von beiden erwähnte Virginias Namen an diesem Abend auch nur ein einziges Mal." (34) Virginia war für Vita viel mehr als eine Geliebte, sie war eine Freundin, der sie ihre Arbeit und ihr Innerstes mitteilte. Virginia Woolf verstand sie; sie schrieb für sie *Orlando*, ein Werk, das Nigel Nicolson als den "längsten und reizvollsten Liebesbrief in der Literaturgeschichte" (35) bezeichnet. "Virginia mit ihrer genialen Begabung hatte Vita auf einzigartige Weise dafür entschädigt, daß sie als Mädchen geboren worden war" (36), indem sie sie in ihrem Werk mit Knole verknüpfte, und ihr in ihrer Phantasie ein Leben schenkte, das so lang war wie ihre eigene Familiengeschichte zurückreichte, und in dem sie abwechselnd ein Mann und eine Frau sein durfte.

Vita Sackville-West lebte zunehmend zurückgezogen in Sissinghurst, wo sie im Garten arbeitete, schrieb und schöne Wochenenden mit Harold und den Besuchen ihrer Söhne verbrachte. Sie starb vor Harold, und obwohl er furchtbar unter den Einsamkeit litt, fand er doch sicherlich in seinen Söhnen mehr Trost, als dies Vita im umgekehrten Falle möglich gewesen wäre, da sie immer nur eine pflichtbewußte Mutter gewesen war, und manchmal nicht einmal das. Nigel scheint ihr das zumindest nicht nachzutragen, da er ihr Bedürfnis nach Ungestörtheit verstehen kann: "Der Wunsch, nicht gestört zu werden und nicht verfügbar sein zu müssen, war für sie mindestens so real und schmerzlich wie Liebe oder Eifersucht." (37)

Selbst in den intensivsten Phasen ihres Lebens vernachlässigte sie ihre schriftstellerische Arbeit niemals. Während der vier Monate, die sie mit Violet zusammen lebte, arbeitete sie an einem Roman mit dem Titel *Challenge*, und tauschte sich beim Schreiben mit Violet über jede einzelne Seite aus. Als der Roman fertig war, flehten ihre und Violets Familie sie an, ihn nicht zu veröffentlichen, da die Hauptgestalt allzu offensichtlich das Abbild Violets war, und dies den wilden Gerüchten, die bereits über die beiden Frauen im Umlauf waren, neue Nahrung gegeben hätte. Violet war sehr verärgert, als Vita die Veröffentlichung unterband. Das Buch erschien erst fünf Jahre später und auch dann nur in den USA. *Challenge* ist kein gutes Buch, und es ist schwer nachvollziehbar, warum Violet mit der Darstellung ihrer eigenen Person so zufrieden war. In *Challenge* tritt sie als Eve auf und ist ebenso schön und attraktiv wie in Wirklichkeit, aber auch ebenso korrupt und leichtfertig grausam Männern gegenüber. Unter den Männern gibt es jedoch eine Ausnahme für sie, und das ist ihr Vetter Julian. Vita verwendet hier die enge familiäre Beziehung, die für Julian eine moralische Schranke darstellt, als Äquivalent für ihre eigenen Hemmungen einer offenen lesbischen Beziehung gegenüber.

Julian verfolgt einen politischen Wunschtraum: er will die Unabhängigkeitserklärung einiger kleiner griechischer Inseln erreichen, auf denen seine Familie große Summen investiert hat. Sich selbst will er als Führer proklamieren, der der einheimischen Bevölkerung ein besseres Leben verschaffen wird. Eve bestärkt ihn in seinen Plänen nur deshalb, weil sie hofft, der Bruch, der dadurch zwischen ihm und seiner Familie entstehen müsse, werde ihn für das Zusammenleben mit ihr freisetzen. Als er schießlich sein Ziel erreicht hat und sie unter den Einheimischen auf der Insel leben, wird sie zunehmend eifersüchtig auf Julians immer noch anhaltendes Interesse an den politischen Problemen der Insel und verrät ihn. Als Julian erfährt, daß sie verantwortlich für die erfolgreiche Invasion der Insel ist, teilt er ihr mit, daß sie nicht nur seinen Traum, sondern auch seine Liebe zu ihr vernichtet hat. Obwohl er ihr aus Verantwortungsgefühl und Verzweiflung anbietet, sie zu heiraten, lehnt sie ab und bringt sich um. Nigel Nicolson schreibt, daß die Inseln als Symbol für Harold stehen, und für alles, was er Vita bedeutete. Da Julian Eve und die Inseln immer wieder gleichsetzt und sie und den Wunschtraum von der politischen Befreiung der Inseln als Teilaspekte des gleichen Ziels ansieht, liegt es näher, anzunehmen, daß Vita durch Violet schließlich nicht nur ihre Ehe, sondern auch ihre Arbeit bedroht sah, da Violet nicht nur jeden Menschen, sondern auch jede Sache verraten hätte, um Vitas ungeteilte Aufmerksamkeit zu erhalten.

Eves Darstellung ist klassisch, wie auch schon ihr Name: die Frau als Versucherin und Verräterin, erst idealisiert und dann verachtet, beherrscht, behütet und schließlich verstoßen. Julian ist eine klassische Verkörperung männlichen Chauvinismus, die Freiheit der Inselbewohner liegt ihm im Grunde viel weniger am Herzen als seine eigene Ausstrahlungskraft auf die Massen und seine persönliche Wichtigkeit, er ist eifersüchtig, mißtrauisch und arrogant in seinem Verhalten Eve gegenüber. Aber keine dieser beiden Gestalten soll in *Challenge* der Kritik ausgesetzt werden, sie sind so angelegt, daß man ihnen tragische Größe und ein tragisches Schicksal zubilligen muß. Mit dem Glauben an Eve wird bei Julian zugleich eine großartige Vision zerstört: "War es in erster Linie Eve und in gewissem Maß auch allen anderen Frauen und Künstlerinnen – als schönen, anmutigen und nutzlosen Seherinnen – vorbehalten, den richtigen Weg zu weisen?" (38) Julian endet als alternder, zynischer Mann, der jeden Glauben verloren hat, ein echter Philantrop, mit der zu ihm passenden Frau. Ach, wieviel besser ist es, sich ins Meer zu stürzen und gleich sein Leben zu verlieren! Zum Glück hinterließ Vita Sackville-West noch eine ergreifendere und anspruchsvollere Darstellung ihrer Liebe zu Violet als diese Umsetzung in ein Konglomerat aus schlechter Politik und noch schlimmerer Romantik.

Sie schrieb auch noch weit bessere Erzählungen. *The Edwardians* ist eine gute historische Darstellung, in der sie Bedeutung und Wert von Abstammung und Erbe untersucht, aber obgleich sie sich um Distanz zu diesem Stoff bemüht, spürt man immer noch ihre eigene unbewältigte, nostalgische Trauer um die männlichen Privilegien, die ihr nie vergönnt waren, und um die großen Wagnisse, auf die sie sich nie eingelassen hatte.

All Passion Spent ist anspruchsloser, in gewisser Weise jedoch realistischer, und hatte auch den größeren Erfolg. Es handelt von Lady Slane, die als Frau in den hohen Achzigern auf ihr vorbildliches Leben an der Seite eines erfolgreichen Mannes, der schließlich Premierminister von England wurde, zurückblickt. Sie gesteht, daß sie niemals heiraten wollte: "Denn die Gedanken, die hinter diesem zarten und mädchenhaften Äußeren steckten, waren so gewagt, daß sie einem wilden jungen Burschen besser angestanden hätten: sie wollte weglaufen, sich verkleiden, und als Mann in einer fremden Stadt in allen Freiheiten leben." (39) Sie wollte Malerin werden. Als sie den Heiratsantrag bekam, an dem ihr wenig lag, gegen den sie jedoch nichts vorzubringen wußte, fügte sie sich den Erwartungen der anderen und heiratete, und nur in Gedanken stieß ihr auf: "selbst wenn sie ihn geliebt hätte, so hätte sie auch darin noch keinen Grund gesehen, ihre ganze eigenständige Existienz aufzugeben. Henry liebte sie, aber kein Mensch kam auf die Idee, er sollte sein Leben für sie aufgeben." (40) Zu guter Letzt liebte sie ihren Ehemann dennoch. Diese Liebe "war wie ein dicker, gerader, schwarzer Strich, der sich durch ihr Leben hindurchgezogen, sie verletzt und verkrüppelt hatte, aber sie war nicht in der Lage gewesen, von ihm abzuweichen." (41) Sie beneidete junge, verliebte Paare, die keine Konflikte hatte, war aber gleichzeitig abgestoßen von "dieser unerträglichen männlichen Selbstherrlichkeit und dieser schrecklichen weiblichen Unterwürfigkeit."(42) Ihren eigenen Weg schätzt sie so ein: "Es war furchtbar, einen Menschen zu lieben und mit ihm zusammenzuleben, der so charmant, aber auch so enttäuschend und gefühllos sein konnte. Ihr wurde plötzlich klar, daß Henry ein sehr männlicher Mann gewesen war. Männlichkeit, das war trotz seines Charmes und seiner Kultiviertheit der eigentliche Schlüssel zu seinem Charakter." (43)

Jetzt, wo sie bereits meint, keine andere Aufgabe mehr zu haben, als in Ruhe über ihr Leben nachzudenken, begegnet sie plötzlich FitzGeorge, einem älteren, geizigen Millionär, der sie jahrelang aus der Entfernung geliebt hat. Sie gesteht ihm, daß sie Malerin hatte werden wollen, und er urteilt über sie: "Mit Ihrer Entscheidung haben Sie sich gegen Ihre Begabung versündigt." (44) Lady Slane wünscht jedoch nicht, daß ihr Mann kritisiert wird, und Fitz George gibt zu: "An seinen Fähigkeiten gemessen, gab er Ihnen alles, was Sie sich nur wünschen konnten. Aber er hat sie fast umgebracht, weiter nichts. Männer bringen häufig Frauen auf diese Weise um, und die meisten Frauen wollen es so, soweit ich weiß." (45) Als FitzGeorge stirbt, hinterläßt er Lady Slane sein Vermögen und alle ihre Kinder erkennen sofort, daß dieses Geld ihnen nach dem Tode der Mutter einen gehobenen Lebensstandard ermöglichen kann. Lady Slane selbst jedoch ist weder an den Kindern noch an dem Geld interessiert. Sie will das Geld nicht haben und zeigt sich über die Enttäuschung ihrer Kinder wenig bekümmert, ja sogar ein wenig amusiert. Eine ihrer Großenkelinnen, die sich erst vor kurzem mit einem Mann verlobt hat, der ihr Titel und Vermögen bieten kann, ruft sie an, und Lady Slane macht sich schon auf Vorwürfe gefaßt, aber das Mädchen dankt ihr dafür, daß sie das Geld ausgeschlagen hat, weil es ihr selbst dadurch viel leichter geworden sei, ihre Verlobung zu lösen und das zu tun, was sie schon immer habe tun wollen, nämlich Musikerin zu werden. Soweit Vita Sackville-West sich in ihren Büchern nicht mit den männlichen Protagonisten identifiziert, ergreift sie klar für die Frauenemanzipation Partei.

Lord Slanes Karriere ähnelt sehr stark der Harolds, aber Vita ließ sich nie darauf ein, die Rolle der reizenden Diplomatengattin zu spielen. Als Harold ins Ausland versetzt wurde, blieb Vita in England, und er machte ihr deshalb keinen Vorwurf. Als die langen Trennungen ihnen beiden immer schwerer wurden, beschloß Harold, seine Karriere aufzugeben und sich der Politik und dem Journalismus zuzuwenden. Keines dieser beiden Gebiete lag ihm wirklich, und obwohl er insgeheim diese Entscheidung oft bereute, machte er Vita nie dafür verantwortlich. Harold hatte nichts von einem selbstherrlichen Gebieter, und Vita wußte, gerade weil sie so etwas bei Harold nie erlebt hatte, ganz genau, wie Lady Slanes Leben ausgesehen hatte.

Vita Sackville-West schien oft ihre eigenen Erfahrungen dadurch literarisch zu verarbeiten, daß sie eine Reihe von "Was wäre, wenn ..."-Fragen stellte, etwa in *The Edwardians* die Frage, was wohl aus ihr geworden wäre, wenn sie Knole geerbt hätte, in *All Passion Spent* die Frage, was wäre, wenn sie Harold eine Ehefrau im herkömmlichen Sinn gewesen wäre. Ihre Kurzgeschichten drehen sich oft um das Erben großer Anwesen und um aufbegehrende Frauen, die sich in eine Scheinidentität als Mann flüchten wollen. Nach einem ähnlichen Prinzip schrieb sie auch ihre Biographien, indem sie versuchte, eine Identität zwischen sich und ihrer Hauptfigur herzustellen. "Was wäre, wenn Anne-Marie Louise d'Orleans wie ich gewesen wäre?"

An der Gestalt der Anne-Marie Louise d'Orleans, oder Mademoiselle, wie sie als Nichte Ludwigs XIII offiziell angesprochen wurde, reizten sie offensichtlich deren sexuelle Ambivalenz und der allgemeine homosexuelle Tenor, der in jener Zeit bei Hofe herrschte, da sowohl Ludwig XIII als auch dessen Bruder Männern den Vorzug gaben. Vita Sackville-West spricht dieses Thema jedoch sehr vorsichtig an: "Ohne diesen Aspekt überinterpretieren zu wollen, sei gesagt, daß sie immer eher mit Frauen befreundet war als mit Männern, und daß diese Beziehungen im Allgemeinen außergewöhnlich eng und heftig waren."(46) Obgleich Mademoiselle in mancherlei Hinsicht eine sehr lebendige Figur ist, die sich in politische Eskapaden verwickelt und während der Fronde in der Bastille und in Orleans zu einer Art komischer Heldin wurde, begriff sie die politische Situation nicht. "Ihr größter Fehler war es vielleicht, daß sie nicht mit einem männlichen Verstand gesegnet war, aber sie wußte es nicht." (47) Mademoiselle ist keine historische Figur der Art, die Stoff für eine bedeutende Biographie abgeben, und als Vita Sackville-West sie sich zum Thema gewählt hatte, mußte sie sich damit begnügen, mühselige Erklärungen der historischen Situation zu versuchen und Spekulationen über die Zusammenkünfte zwischen Mademoiselle und Christina von Schweden ("Man fragt sich, ob Christina mehr Glück gehabt hätte, wenn sie versucht hätte, die jungfräuliche Mademoiselle zu verführen" (48)) anzustellen, wenn sie nicht dabei stehen bleiben wollte, ihr die in der Geschichtsschreibung üblichen männlichen Huldigungen darzubringen. Mademoiselles Gefolge bestand möglicherweise aus lesbischen Frauen. Eine von ihnen weigerte sich, wie überliefert, mit ihrem ohnehin nur selten anwesenden Gatten zu schlafen. Zwischen Mademoiselle und ihnen gab es jedoch keine sexuellen Beziehungen, da sie sie ebensowenig reizvoll fand, wie dies umgekehrt auch der Fall war. "Sie war sehr häßlich, linkisch, ungestüm und ohne jeden Charme" (49) Vita Sackville-West konnte einer solchen Frau zwar ihre persönliche Neugier, aber kaum ein tiefergehendes historisches Verständnis entgegenbringen.

Nach mehreren Diskussionen mit Virginia Woolf, die eine sanftmütige, aber scharfsinnige Kritikerin war, schrieb Vita an Harold: "Es ist immer etwas Gedämpftes an dem, was ich schreibe. Was ist es nur, Hadji? Etwas läßt sich nie richtig zum Leben erwecken. Ich grüble und brüte, aber ich tappe völlig im Dunkeln. Alles, was ich schreibe, wird dadurch ein bißchen unecht und wirkt, als würde es nur von außen betrachtet." (50)

The Dark Island ist ein gutes Beispiel für diese gedämpfte Darstellungsart, diese Sicht von außerhalb, denn obgleich das Buch soviel Dramatik und Melodramatik enthält, daß man mehrere Bücher daraus hätte machen können, ist auch hier wieder das "Was wäre, wenn ... "-Prinzip am Werk, was das Buch eher zu einem bizarren Puzzlespiel geraten läßt, als daß es dem Leser eine mühevoll erarbeitete Einsicht vermitteln könnte. Diesmal lautet die zentrale Frage:"Was wäre, wenn jemand wie Violet (oder vielleicht auch wie Victoria) einen Mann heiraten würde, der der Erbe einer wunderbaren romantischen Insel wäre, weil sie diese Insel besitzen möchte. Und was wäre weiter, wenn jemand wie ich diese Frau liebt, aber nicht so, wie ich Violet geliebt habe, sondern so, wie ich Virginia geliebt habe, wenn ihr Mann sie aber so liebt, wie ich Violet geliebt habe, und wenn er dann schließlich entdeckt, daß sie ihn nur der Insel wegen geheiratet hat?" Nun, dieser Vorgang würde sicherlich für alle Beteiligten das Ende bedeuten, und so kommt es auch für die Personen in Vitas Buch, denn irgendetwas in ihrem Innersten forderte, Leidenschaften müßten so stark sein, daß die Betroffenen darin eher umkämen als sie zu durchleben. Sie selbst setzte diesen Anspruch jedoch nur in ihren Erzählungen, nicht in ihrem eigenen Leben um. Was ihr Leben anbelangt, kann man dafür nur dankbar sein, ihren Werken ist dieser Umstand nicht so gut bekommen. Shirin, die Heldin von *The Dark Island*, stammt aus einer Mittelstandsfamilie, die in Dulwich lebt, und jedes Jahr in Port Breton Ferien macht. Vor Port Breton liegt die Insel Storn, die Lord und Lady Le Breton gehört. Shirin bringt mehrere Sommer mit Phantasien und Grübeleien über die Insel zu, solange, bis der elternlose Enkel des Lords ihr beim Angeln begegnet und sie dorthin mitnimmt. Der junge Mann selbst, Venn, beeindruckt sie weit weniger als seine Großmutter und der ganze Tag, den sie auf der Insel verbracht hat. Die Begegnung mit Venn war für sie auf unangenehme Weise sexuell geprägt, und nachdem ihr die Gastwirtin, Mrs. Jolly die Bedeutung dieser Szene erklärt hat, möchte sie sie am liebsten schnell vergessen. Mrs. Jolly ist eine ehemalige Prostituierte, die es ganz offensichtlich genießt, Shirin den Rücken zu schrubben und sie aufzuklären. Shirin wächst zu einer bemerkenswert schönen und aufreizenden Frau heran, verheiratet sich sehr gut und bekommt vier Kinder, von denen eines geisteskrank ist und in einer Anstalt untergebracht werden muß. Sie wird von ihrem Mann geschieden, weil sie ihm wiederholt untreu gewesen ist, und trifft noch einmal mit Venn zusammen, der nun seinerseits den Titel Lord Le Breton geerbt hat. Er macht ihr sofort einen Heiratsantrag, den sie auch annimmt, wobei sie jedoch aufrichtig zugibt, daß sie ihn nicht liebt, und daß es auch schwer sei, sie zu lieben, ja vielleicht sogar unmöglich, da ihr noch nie ein Mann sexuell etwas bedeutet habe.

Shirin verliebt sich, nachdem sie auf der Insel angekommen sind, so sehr in ihre neue Umgebung, daß sie plötzlich sogar zu hoffen beginnt, sie könnte vielleicht ihren Mann noch lieben lernen. Er jedoch ist auf ihre Liebe zu seiner Insel noch eifersüchtiger als auf ihre Kinder und ihre früheren Liebhaber. Er macht ihr klar, daß die Insel ihm ganz allein gehört. In diesem Augenblick beschließt Shirin, in Zukunft eine vorbildliche Ehefrau zu sein, einen Punkt jedoch ausgenommen: sie wird ihm Kinder gebären, den Haushalt führen und sich in die Belange der Insel nur soweit einmischen, wie er es wünscht, aber lieben wird sie ihn niemals.

Shirin ist immer eine Einzelgängerin gewesen und hat sich geweigert, ihr Innerstes irgendjemandem mitzuteilen. Sie hat nur eine einzige Freundin, Cristina, eine Bildhauerin, an der sie am meisten schätzt, daß sie niemals persönliche Fragen stellt. Als Venns Sekretärin stirbt, schlägt Shirin vor, Cristina einzustellen. Als Cristina auf der Insel ankommt, spielt die ganze Familie gerade Fangen. Die Kinder mögen dieses Spiel besonders gern, da niemand es fertig bringt, ihre Mutter zu fangen, und sie finden es am allerlustigsten, wenn ihr Vater sich ganz besonders anstrengt, es aber dennoch nicht schafft. Cristina gelingt es, Shirin zu fangen, und sie sagt später über dieses Erlebnis: "Wir waren das erste Mal wirklich wir selbst, als ich sie unten am Strand einfing und in meinen Armen festhielt." (51)

Die Beziehung zwischen den beiden Frauen entwickelt sich sehr langsam, da Shirin zurückhaltend ist, und auch Cristina sich vorsichtig verhält: "Ich verlange nach Shirin und will sie ganz besitzen, aber ich würde sie um nichts in der Welt einfach heimlich nehmen, es sei denn, sie würde mich darum bitten" (52). Wenn Venn nicht zunehmend eifersüchtig auf die immer intensiver werdende Beziehung zwischen den beiden Frauen geworden wäre, hätte er Cristinas Anwesenheit sicherlich sehr genossen, denn obgleich sie "eine ziemliche Walküre und alles an ihr überlebensgroß und grobschlächtig war und jeden weiblichen Charmes entbehrte" (53), empfand er ihr gegenüber "eine augenblickliche Kameradschaft, eher so, als wäre sie ein Mann" (54). Cristina ihrerseits findet Venn oft sehr nett, denn er kann in seiner schlichten Liebe zum Meer und zu seinen Kindern sehr charmant wirken, aber seine Brutalität Shirin gegenüber kann sie kaum ertragen. Dann und wann muß Shirin nach London fahren, um sich um ihre Kinder aus erster Ehe, besonders um das in der Anstalt lebende Kind, das ihr insgeheim viel Kummer bereitet, zu kümmern. Venn ist ärgerlich wegen allem, was sie von seiner eigenen Person ablenkt. Er verhält sich ihr gegenüber oft grausam, nicht nur, indem er sie vor anderen übel beschimpft und erniedrigt, sondern auch, indem er sie schlägt, an eine Wand kettet und auspeitscht, was sie alles klaglos über sich ergehen läßt. Sie erklärt Cristina, daß sie sich selbst die Schuld gibt, daß diese Seite seines Wesens zum Vorschein gekommen ist, und daß diese Eigenschaft eben ein Teil seiner Person ist, wofür er nichts kann. Sie ist offensichtlich bereit, ihm alles zu verzeihen, nur nicht, daß er die Insel für sich allein besitzen will. Cristina bittet immer wieder um ihre Entlassung, da ihr klar ist, daß Venns Eifersucht auf ihre Person ihn seiner Frau gegenüber noch brutaler sein läßt, aber Shirin kann den Gedanken nicht ertragen, sich von Cristina zu trennen. Die Beziehung zwischen Cristina und ihr ist das Einzige, was sie am Leben erhält. Diese Liebesbeziehung wird nie unter einem sexuellen Aspekt dargestellt. Cristina will "vor allem, daß ihre Liebe zu Shirin rein, klarsichtig und konstruktiv bleiben" (55) soll. Shirin sagt zu Cristina: "Du weißt, daß ich dich mehr liebe als alles andere auf der Welt, und daß du der einzige Mensch bist, dem gegenüber ich mich in eine Abhängigkeitsbeziehung habe fallen lassen". (56) Zwischen den beiden Frauen existiert eine "geheimnisvolle Strömung". (57)

Venn geht es gesundheitlich zunehmend schlechter, und er läßt sich schließlich dazu überreden, einen Arzt aufzusuchen. Es stellt sich heraus, daß er an Schwindsucht leidet, und es ist klar, daß es sein Leben verkürzen würde, wenn er auf der Insel bliebe oder sich eine Infektion zuzöge. Er wird von Angst und Wut gepeinigt in Grauen nicht nur vor dem Tod, sondern auch bei der

Vorstellung, Cristina und Shirin damit die Insel überlassen zu müssen. Shirin ist immer bereit gewesen, alle seine Wünsche zu erfüllen, außer dem, von ihr geliebt zu werden und sie überredet ihn, die Insel den Winter über mit ihr zusammen zu verlassen. Obgleich Venn einverstanden ist, fängt er immer mehr an zu grübeln und ruhelos zu werden und besteht oft darauf, daß Cristina ihm bei seinen langen Spaziergängen und Segelausflügen Gesellschaft leistet. Obgleich sie Angst vor ihm hat, tut er ihr auch leid. Eines Tages kehrt er von einer Bootsfahrt mit ihr allein zurück und behauptet, daß sie beide in getrennten Booten hinausgefahren seien. Es ist offensichtlich, daß er sie umgebracht hat, obgleich er bei der anschließenden polizeilichen Untersuchung schnell jeden Verdacht gegen seine Person zerstreuen kann. Shirin bereitet weiterhin ihre gemeinsame Winterreise vor, sie ist vor Zorn und Kummer wie betäubt. Venn beginnt, sich vor ihr zu fürchten. Kurz vor dem geplanten Abreisetermin wird Shirin krank. Sie kennt sich auf medizinischem Gebiet etwas aus und hat den Verdacht, daß sie an Diphterie erkrankt ist. Obgleich sie durch lange Gewohnheit gelernt hat, Venns Gesundheit zu schützen, küßt sie ihn, als er plötzlich in ihr Zimmer tritt, und verschuldet dadurch seinen Tod. Shirin lebt selbst nur noch kurze Zeit, gerade lang genug, um mitzuerleben, daß ihr Sohn das Ebenbild seines Vaters geworden ist und ebenso wie dieser die Insel gänzlich mit Beschlag belegt und mit niemandem teilen will. Shirin stirbt in tiefer Gleichgültigkeit.

Man hat oft das Gefühl, daß Vita Sackville-West in ihrer Phantasie Leidenschaft einerseits verklärt, sie andererseits aber auch bestraft. Für sie selbst mag dieses Verhalten therapeutische Funktion gehabt haben, es führte jedoch dazu, daß sie oft vieles, was ihr eigentlich bewußt war, nicht deutlich aussprechen konnte. Sie konnte sich zu allen negativen Aspekten der Lust bekennen, zu Egoismus, Sadismus und sogar zum Mord. Allen diesen Momenten wohnt in ihrer Darstellung etwas Großartiges inne, das sie über jedes moralische Urteil in die Regionen schicksalhafter Tragik erhebt. Womit sie jedoch überhaupt nicht umgehen konnte, waren die albernen Erniedrigungen, die Irrationalität und die kindischen Verhaltensweisen, die im wirklichen Leben der Lust oft etwas Lächerliches verleihen, und die sie selbst am eigenen Leib so gründlich erfahren hatte. Harold und sie unterhielten sich oft darüber, daß in Beziehungen zwischen Männern und Frauen beide Teile die Eigenschaften des jeweils anderen Geschlechts an sich entfalten müßten. Wenn man jedoch ihre eigene Beziehung betrachtet, so löste nur Harold diesen Anspruch ein, denn Vita liebte an ihm vor allem seinen Charme, seine Sanftmut und sein Einfühlungsvermögen. Was sie bei sich selbst als männliche Eigenschaft bezeichnete, waren Grausamkeit und Bösartigkeit, und diese Seite ihres Wesens mutete sie Harold niemals zu, ja sie überwand sie selbst in ihren Beziehungen zu Frauen, wie ihr mütterlich-besorgtes Verhältnis Virginia Woolf gegenüber zeigt. Nur in ihren Werken blieb sie bis zuletzt besessen von der destruktiven Glorie, die sie der Leidenschaft zuschrieb, und die sie in ihrer Umsetzung in sexuelle Verhaltensweisen oft sehr präzise zeichnete, die aber, wie Virginia Woolf richtig aufgezeigt hatte, immer etwas leblos und unecht wirkte.

Vita Sackville-West ist selbst die gelungenste Gestalt ihrer eigenen Schöpfung, und wenn es ihr auch nie gelang, ihre eigenen Konflikte erfolgreich auszutragen, so ertrug sie sie jedoch mit mehr Menschlichkeit, Mut und sogar Zufriedenheit, als sie es jemals einer ihrer literarischen Gestalten zubilligte. Ihre Bücher fielen von ihr ab wie abgelegte Schlangenhäute, und vielleicht machten sie ihr diesen Entwicklungsprozeß überhaupt erst möglich.

Ivy Compton-Burnett
1892 - 1969

Ivy Compton-Burnett, eher Satirikerin als Melodramatikerin, beschränkte ihr Leben ebenso entschieden, wie Vita Sackville-West ihres komplizierte und steht für das asexuelle Extrem lesbischer Empfindungsbreite, eine nicht ungewöhnliche Position für Frauen, denen der Sinn für heterosexuelle Politik abgeht und die durch Moral oder Konvention oder Mangel an Erfahrung auf Beziehungen zu anderen Frauen beschränkt bleiben, die sich zwar durch große emotionale Tiefe auszeichnen, jedoch keinen sexuellen Ausdruck finden.

Die Ereignisse in Ivy Compton-Burnetts eigenem Leben waren für die ersten dreißig Jahre komplex und problembelastet genug, eine Erklärung dafür nahezulegen, warum sie sich in einer Mietwohnung in London niederließ zusammen mit Margaret Jourdain, einer Frau einige Jahre älter als sie selbst, die bereits einen Ruf besaß als Expertin für Möbel des 18. Jahrhunderts. Sie lebten miteinander bis zum Tod von Margaret Jourdain im Jahre 1951, eine Fahnenflucht, die Ivy Compton-Burnett niemals verwand und niemals vergab. Sie sprach offen über ihren Kummer, gab zu, daß sie noch immer mit ihrer verlorenen Freundin sprach. „ Ich sage: ‚Was denkst du? Gefällt es dir? Würdest du mir einen Rat geben? Was soll ich tun?‘ “ (1) Über ihre Kindheit und die ersten Jahre als junge Frau hat sie fast nichts zu berichten, und doch sind alle ihre Romane in diese Periode gesetzt, eine Wahl, die sie in einem Gespräch mit Margaret Jourdain erklärt. „Mir ist so, als hätte ich kein wirkliches oder organisches Wissen um das Leben nach etwa 1910. Ich könnte über spätere Zeiten nicht mit hinlänglich sicherem Zugriff oder Selbstvertrauen schreiben. Ich glaube, darum neigen viele Schriftsteller dazu, über die Vergangenheit zu schreiben. Wenn ein Zeitabschnitt beendet ist, sieht man ihn, wie er ist.“ (2) Ihre Romane sind nicht nur auf einen bestimmten Zeitraum beschränkt, sondern auch auf eine bestimmte Schicht. Sie schrieb immer über Menschen, die ein müßiges Leben auf dem Lande führen, in Anspruch genommen von der Familie, ihren Tyranneien, Rivalitäten, ihren Offenbarungen und Aussöhnungen. Edwin Muir, der die Begrenztheit ihrer Romanwelt durchaus erkennt, stellt eine Beziehung her zwischen ihrem Entwurf der Welt und den Kriegen, die sie erlebte, die aber in ihrer Dichtung keinen unmittelbaren Niederschlag fanden. „Die Leidenschaften, die Elend in ihre Landhäuser bringen, haben kürzlich Kontinente verwüstet." (3) Während ihres ruhigen und relativ geschützten Lebens als Erwachsene wiederbelebte sie die psychologische Kriegsführung in der Familie, von der sie sich zurückgezogen hatte, und was sie in dieser kleinen Welt darstellt, macht die Geschichte der Nationen im Großen um so beunruhigender klar.

Sie selbst machte sich nicht die erbarmungslose Haltung ihrer Bücher zu eigen, die ihnen von vielen ihrer Kritiker, so sehr die sie auch bewundern mochten, zugeschrieben wurde. „Das Leben stellt hohe Anforderungen an den Charakter der Menschen und gibt ihnen großartige Gelegenheiten, ihre eigenen Ziele dadurch zu erreichen, daß sie andere Menschen opfern. Solches Übeltun trifft vielleicht nur selten mit Vergeltung zusammen, wird vielleicht sogar nicht einmal bemerkt, und es kann mich nicht allzusehr überraschen, wenn Menschen dieser Versuchung nachgeben." (4) Ihre Handlungen sind kaum moralisch auf eine Art, wie zum Beispiel Dickens es ist, nicht, weil sie Tyrannei und Verrat übersähe, sondern weil sie zu oft erlebt hat, daß beide nicht nur ungestraft bleiben, sondern sogar noch belohnt werden. Sie gibt zu, daß ihr das Leben zu dürftig sei für eine Romanhandlung und daher ihre Bücher ebenso Erfindung wie ihre Figuren. „Und lebendige Menschen scheinen kaum ausgeprägt genug, um gedruckt noch zu wirken. Sie sind nicht gut oder schlecht genug, nicht klug oder dumm genug, nicht komisch oder jämmerlich genug." (5) Aber wenn in ihren Büchern tatsächlich mehr geschieht als im Leben, wenn ihre Figuren besser oder schlechter sind, weiser oder närrischer als wirkliche Menschen, führen diese Übertreibungen nicht so sehr zur Verzerrung der faktischen Vorgänge in der realen Familie, in der das Haupt der Familie seine Verantwortung ernst nimmt, aber nicht ernster als sich selbst und seine eigenen Bedürfnisse, als vielmehr zu einer breiteren und genaueren Darstellung dieser Vorgänge.

In *A God and His Gifts* verdient sich Herward als Romanschriftsteller ein Vermögen, mit dem er ein verarmtes Erbe für seine Eltern, seine Frau, ihre Kinder und seine Schwester erhält; außerdem kommt er erfolgreich auf für den Unterhalt seiner illegitimen Tochter, die er von der Schwester seiner Frau hat, seines unehelichen Sohnes von der Frau seines Sohnes und für eine Geliebte auf dem Landsitz. Da den anderen das wirkliche Verhältnis zwischen ihnen nicht bekannt ist, taucht die peinliche Frage der Heirat zwischen Blutsverwandten auf, und in dieser Krise ist Herward bereit, für das Wohl der Familie alle seine Geheimnisse zu offenbaren, aber wenn er die Wahrheit gesteht, gesteht er nur die überdimensionalen Bedürfnisse, die er hat als der große Mann, der er ist. Sein betrogener Sohn bemerkt mit feiner Ironie: „Wie doch

Vaters Schwächen ihn vergrößern! Ich beteilige mich an der respektvollen Anerkennung ihres Ausmaßes. Ich schäme mich der Trivialität meiner Fehlerchen.“ (6)

In *A Family and a Fortune* verliert Edgar, das Haupt eines großen Hauses und einer Familie, seine Frau und denkt sich nichts weiter dabei, die zur zweiten Frau zu nehmen, die sein jüngerer, ihm sehr zugetaner Bruder Dudley heiraten will. Obwohl Dudley aus Schmerz darüber beinahe stirbt, versöhnt er sich letztlich doch wieder mit der Familie, weil er seine eigene Gutherzigkeit als das Ergebnis seiner machtlosen Position betrachtet. Er ist der bessere der beiden, weil er der Benachteiligte ist.

Auch Miles Mowbray verliert in *A Father and His Fate* seine Frau oder glaubt jedenfalls, er habe sie verloren und nimmt sich die Verlobte seines Neffen und Erben. Als sich herausstellt, daß Miles Frau lebt, schickt er die junge Frau, inzwischen schwanger, zu seinem Neffen zurück in der Erwartung, das junge Paar werde in der alten, wiederhergestellten Ordnung harmonisch unter seinem Dach leben. Diese Lösung erweist sich aber nicht als glücklich; darum nimmt Miles die Enkelin, die in Wirklichkeit seine Tochter ist, zu sich und arrangiert für seinen Neffen die Scheidung und dann die Ehe mit Miles ältester Tochter, die das Kind für ihn großziehen soll. Wie in den anderen Romanen leiden die Frauen entweder schweigend oder protestieren vergebens.

In *A Heritage and Its History* ist Simon mehr Erbe als Herr des Hauses. Er begeht den Fehler, die junge Frau seines alternden Onkels zu schwängern und verhilft seinem Onkel so zu einem Sohn, der erben wird, was Simon schon als sein Eigentum betrachtet hat. Er heiratet und zieht seine eigenen Kinder in Verbitterung groß, bis sich seine Tochter und der legale Sohn seines Onkels ineinander verlieben und wieder einmal die Gefahr von Inzest droht; die Fakten müssen den erstaunten und schockierten Kindern mitgeteilt werden. Der Junge, bitter vor Enttäuschung, daß er nicht heiraten kann und nicht mehr interessiert an der Erbschaft, da er sie nicht mit der Frau teilen kann, die er liebt, überschreibt sie schließlich Simon, seinem leiblichen Vater. Einer der ehelichen Söhne fragt: „Ist Vater ein ehrenhafter Mann? Oder betrügt er sich selbst und andere? Oder was ist er sonst?“ Naomi, Simons enttäuschte Tochter, antwortet: „Eine Mischung aus allem, so wie wir alle.“ (7)

Die Komplexität der Beziehungen und die Schwierigkeiten der Handlung mögen übersteigerte Erfindungen sein, um das Familienleben satirisch darzustellen, aber sie sind nicht so ganz anders als Ivy Compton-Burnetts eigenes Familienleben, wie sie es vielleicht gerne dargestellt hätte. Ivy Compton-Burnetts Vater war ein erfolgreicher Arzt; er hatte zwölf Kinder, fünf von seiner ersten Frau, die starb, sieben von seiner zweiten Frau, die ihn überlebte. Ivy war das erste Kind der zweiten Frau, eine wichtige politische Position, da ihre Mutter sich selbst als der ersten Frau Compton-Burnett sozial weit überlegen fühlte und ihren fünf Stiefkindern niemals die gleiche gesellschaftliche Position in dem gemeinsamen Haushalt einräumte wie ihren eigenen. Rivalität um die Aufmerksamkeit beider Eltern war ein nie endendes Spiel, die Waffen waren nicht nur der von der Geburt abgeleitete Anspruch, sondern auch Intelligenz, emotionale Unterstützung und Charme. Frau Compton-Burnett bediente sich offensichtlich der Manipulationen ihrer Kinder zu ihrem eigenen Nutzen, bevorzugte mal das eine, dann wieder ein anderes als offensichtlichen Favoriten. Nach Ivys eigener Beobachtung, „liebte sie uns, aber sie mochte uns nicht besonders." (8) Hinsichtlich wirklicher mütterlicher Fürsorge waren sie auf die Zuneigung von Dienstboten angewiesen. Ivys beide Brüder waren etwa in ihrem Alter, sodaß alle drei zusammen erzogen wurden. Daß sie die Erziehung eines Jungen erhalten hatte, blieb für Ivy Compton-Burnett eine Quelle des Stolzes. Sie setzte ihre Ausbildung fort und studierte Klassiker am Royal Holloway College, wo ihr eine Auszeichnung zweiter Klasse verliehen wurde, vermutlich nur deshalb, weil ihre Handschrift so furchtbar war. Mit ihren vier jüngeren Schwestern hatte sie nur wenige Berührungspunkte; sie waren alle sehr an Musik interessiert, und Ivy Compton-Burnett konnte Musik nicht ertragen. Nach dem Tod ihres Vaters, Ivy Compton-Burnett war damals siebzehn, wuchs natürlich die Feindschaft zwischen den beiden Gruppen der Kinder. Obwohl er seine Frau um Fairness bei der endgültigen Verteilung der Finanzen gebeten hatte, bevorzugte sie in ihrem Testament ihre eigenen Kinder. Mit ihrem Tod wurde Ivy Compton-Burnett, damals siebenundzwanzig Jahre alt, das Haupt der Familie. Ein Bruder war an einer Krankheit verstorben, der andere war nur selten zu Hause. Die vier jüngeren Geschwister blieben in Ivys Obhut.

Bereits während ihrer Collegezeit war Ivy Compton-Burnett von Macht fasziniert. Sie schrieb einem Freund: „Ich kann das nächste Semester kaum erwarten, wenn ich über ganze fünfzig von den jüngeren Semestern die Knute schwingen kann." (9) Als sie die Erziehungsgewalt über ihre jüngeren Schwestern erhielt, tat sie genau das, sie schwang die Knute über sie. Es muß fast bei jedem Anlaß Auseinandersetzungen gegeben haben, aber eine der heftigsten betraf die Begeisterung der Schwestern für Musik. Ivy verbot schließlich jede Art von Musikausübung im Haus. Im Protest gegen ihre Tyrannei zogen die Schwestern aus und zwangen Ivy, das Familienhaus zu verkaufen. Als sie ihren Besuch in ihrem neuen Haushalt in London für eine unbestimmte Dauer ankündigte, verwehrten ihr die Schwestern den Einlaß. Allein wollte sie nicht leben. Aus Mitleid mit ihr und Sorge um seine junge Frau, die er wegen

Kriegsdienstes allein lassen mußte, sorgte ihr Bruder dafür, daß die beiden zusammen lebten, was auch für einige Zeit geschah.

Das Jahr 1916 muß das schrecklichste in Ivy Compton-Burnetts Leben gewesen sein. Ihr Bruder fiel, und seine Frau versuchte, Selbstmord zu begehen, als sie von der Nachricht erfuhr. Ihre beiden jüngeren Schwestern, eine neunzehn, die andere Anfang zwanzig, nahmen beide eine Überdosis Veronal und wurden zusammen tot aufgefunden. Die Kinder der ersten Miss Compton-Burnett waren so schockiert von dem Skandal des doppelten Selbstmordes, daß sie eine zeitlang erwogen, ihren Namen zu ändern. Die beiden überlebenden Schwestern, die beide nie heirateten, hatten sehr wenig mit Ivy Compton-Burnett zu tun. Bei ihrer Beerdigung im Jahre 1969 kannten sie nur sehr wenige der anderen Trauergäste, und es gab niemanden, der die Rolle des Hauptleidtragenden übernehmen konnte; es war dies ein so bizarrer Nachmittag, daß ein Freund sagte, das Drehbuch dafür hätte von Ivy Compton-Burnett selbst geschrieben sein können.

Ivy Compton-Burnetts Kommentar zu ihrem eigenen Leben, das so oft in den Penguin-Ausgaben ihrer Bücher zitiert wird, entbehrt angesichts dieser familiären Details nicht der Ironie. „Ich hatte ein so wenig ereignisreiches Leben, daß es darüber kaum etwas zu sagen gibt." (10)

Als Autoritätsperson völlige Versagerin, spielte sie, freiwillig oder aus Notwendigkeit, in ihrer Beziehung zu Margaret Jourdain eine völlig andere Rolle. Älter, bereits in ihrer Karriere gefestigt, war Margaret Jourdain die dominierende Partnerin. Ihre Vorlieben regierten. Ihre Freunde bildeten ihren gesellschaftlichen Kreis. Sie redete und Ivy hörte zu. Sie wurde manchmal als „Margaret Jourdains Boswell" (11) bezeichnet. Aber die Erinnerungen Roger Kidds aus seiner Studentenzeit geben Ivy Compton-Burnetts Stellung bei Margaret Jourdain eine andere Dimension. „Ihre Rücksichtnahme Ivy gegenüber war bemerkenswert; zärtlich, selbstlos und voll Achtung. Wenn Ivy Forderungen stellte, sagte Margaret Jourdain auch einmal: ‚Sie ist wie ein Kind.' " (12) Ivy Compton-Burnetts wachsender Erfolg als Romanschriftstellerin bedrohte manchmal diese ihre Rolle als geschätztes Kind und bewundernde Zuhörerin. Jahrelang beachtete Margaret Ivys Romane wenig und nahm nur irritiert Notiz von der Anzahl der Freunde, die nun durch ihr Interesse an Ivys Arbeit angezogen wurden. Das veröffentlichte Gespräch zwischen ihnen über Ivys Werk beginnt mit einem Schlagabtausch, der ebensogut aus einem ihrer Romane stammen könnte. Margaret Jourdain: „Wir sind beide das, was unsere Vermieterinnen vom Lande ‚große Leseratten' nennen würden, und wir haben während dieses langen Vierteljahrhunderts zwischen den Kriegen oft über anderer Leute Bücher geredet, aber über *deine* Bücher niemals." Ivy Compton-Burnett: „Das scheint eine Lücke zu sein, denn ich bin sicher, daß wir über deine geredet haben. So laß uns dem abhelfen." (13) Ein derartiges Stillschweigen fünfundzwanzig Jahre lang hätte der Arbeit Ivy Compton-Burnetts eine geradezu surreale Qualität von Geheimhaltung verliehen, hätte sie nicht Freunde gehabt, mit denen sie sich darüber austauschen konnte, und es fehlte auch nicht an Lob durch gute Kritiker und andere Schriftsteller. In der Öffentlichkeit wurde sie immer ernst genommen. Da sie an Dominanzstreben so böse gescheitert war, war es ihr vielleicht lieb, auch Rivalität zu vermeiden und Margarets Karriere und Bücher die gesellschaftliche Stellung ihres gemeinsamen persönlichen Lebens bestimmen zu lassen.

Es gab keine sexuelle Beziehung zwischen ihnen. Margaret Jourdain „erzählte ihrer Freundin Hester Pinney, daß sie niemals in ihrem Leben auch nur das leiseste sexuelle Gefühl erlebt habe und sagte, sie frage sich, ob der Grund dafür wohl in unbewußter Angst vor der Krankheit liege, die ihre Familie belastete," (14) in der mehrere schwer mißgebildete Kinder geboren worden waren. Offensichtlich assoziierte sie sexuelle Gefühle nur mit Männern. Ivy Compton-Burnett sprach über Homosexualität „frei und auf akademischer Ebene mit einigen Freunden, denen gegenüber sie sich und Margaret als ‚Neutren' bezeichnete," (15) eine Bezeichnung, die sie auch auf einige Frauen in ihrem einzigen Roman anwendet, der sich mit Homosexualität beschäftigt.

More Women than Men, erstmals 1933 veröffentlicht, nur fünf Jahre nach *The Well of Loneliness*, weist nichts von Radclyffe Halls Vertiefung in Ursachensuche und Rechtfertigung auf. In diesem Buch trägt Ivy Compton-Burnett ebensowenig wie in ihren anderen Büchern religiösen Skrupeln Rechnung in der Welt, die sie gestaltet, da für sie Religion „des Menschen außergewöhnlichste Verirrung wurde und eine unwiderstehliche Versuchung zu Spott und Hohn." (16) Auch hatte sie keinerlei Interesse an psychologischen Theorien, wenn auch Adler sie mit seinen Theorien über die Macht wohl mehr interessiert haben würde als andere. Die meisten Motive bei Ivy Compton-Burnett sind ihren Figuren bewußt, wenn sie auch geheimgehalten werden, und auch die unbewußten Bestrebungen werden letztlich, gemeinsam mit den geheimgehaltenen, nicht nur denen offenbar, die ihre Träger sind, sondern auch denen, die darunter leiden oder dadurch profitieren. Dies verdankt sie zum Teil ihrem klassischen Hintergrund und ihrer Verehrung für Jane Austen, zum Teil auch ihrer eigenen Erfahrung. Die „Guten" in Ivy Compton-Burnetts Welt sind für gewöhnlich die Machtlosen, Ehefrauen, jüngere Brüder, Kinder, und da ihre Güte als Nebenprodukt ihrer Machtlosigkeit gesehen wird,

Böses zu tun, sind sie den Tyrannen sehr ähnlich, die eben nur zufällig Macht besitzen, die sie gebrauchen oder mißbrauchen, wie es ihren Bedürfnissen nützt.

Josephine Napier, die Hauptfigur in *More Women Than Men*, ist Direktorin einer Schule, die sie über Jahre hinweg aufgebaut hat, um Mann und Neffen zu unterstützen. Den Lehrerinnen der Schule gegenüber ist sie von bewundernswertem Wohlwollen, erleichtert deren Verantwortung, wo immer sie kann, auch wenn sie nicht darum gebeten wurde, betont dabei, daß Lehren eine höhere Berufung darstelle als die Leitung der Verwaltung; sie ist ihnen eine Freundin, die es nicht wagt, ihre Wohnungen aufgrund ihrer Position ohne Einladung zu betreten. Dafür wird sie bewundert, gelobt und verehrt, und sie akzeptiert diesen Tribut mit ironischem Vergnügen. Mit ihrem Neffen Gabriel geht sie ebenso großzügig und nachsichtig um; er hat seine Ausbildung abgeschlossen und beeilt sich nicht sonderlich mit der Suche nach einer Lehrerstelle für sich, sondern genießt seine freie Zeit in Gesellschaft seines Onkels und seiner Tante.

Der Tod von Josephines Mann und die Heirat des Neffen gegen ihren Willen sind Ereignisse, die sowohl ihr Wohlwollen als auch ihre Autorität in Frage stellen. Zwar gibt sie sich den Anschein von Verständnis und Vergebung, nimmt jedoch Rache, sobald sich die Gelegenheit dazu bietet, indem sie zuläßt, daß Gabriels schwerkranke, delirierende junge Frau das Bett verläßt, ein Vorgang, der zu ihrem Tode beiträgt.

Maria Rosetti, eine hochgeschätzte Lehrerin der Schule, die zeitweise Josephines Partnerin werden wollte, erscheint dabei zufällig und weiß nun, daß Josephine für den Tod verantwortlich ist. Josephines Bruder, Jonathan, gesteht kurze Zeit darauf, daß Maria Gabriels Mutter sei, die während all dieser Jahre abgelehnt hat, als Ehefrau und Mutter zu leben und die Jonathan mit ihrem Kind Gabriel verlassen hatte; er hatte es Josephine zur Erziehung anvertraut und behauptet, die Mutter sei gestorben.

Die Affäre zwischen Jonathan und Maria war offensichtlich für beide nur ein kurzer Seitensprung. Jonathan hat über Jahre mit einem jüngeren Mann zusammengelebt, Felix Bacon, der ehemals sein Schüler gewesen war und dessen reicher Vater beide mit wachsender Verwirrung unterstützt hatte. Die Beziehung wird von allen anderen akzeptiert, man geht mit amüsanter Leichtherzigkeit mit ihr um. Marias sexuelle Neigung wird ähnlich präsentiert. Anfangs ist sie allseits bekannt als besondere Freundin einer anderen Lehrerin, Miss Luke, aber Miss Luke weiß, daß Maria sich um Miss Keats bemühen wird, eine Neue an der Fakultät, und sie weiß auch, daß Maria sich von Josephine angezogen fühlt. „Ah, du bist also mit uns beiden am

Ende. Aber Miss Keats ist nur solange frischer Boden für deinen Pflug, bis du dein Endziel erreicht hast. Ich glaube, du hast eine unbewußte Neigung zu unserer Direktorin." (17)

Josephines Entschluß, Maria eine Partnerschaft anzubieten, hat den Beigeschmack von Bestechung und Erpressung, die Zementierung eines negativen Bündnisses gemeinsamen Wissens. Maria bekennt sich dazu, wenn sie sagt: „Du und ich, wir haben uns gegenseitig in unsere versteckten Karten gesehen und weggesehen, und das ist viel." (18) Marias Motivation ist dennoch weitaus positiver. Als sie darüber spricht, warum sie Jonathan und Gabriel abgelehnt hat, erklärt sie Josephine, daß sie niemals heiraten wollte. „Ich mochte Frauen, auf meine Art, und ich habe versucht, für sie zu sorgen, für eine nach der anderen; und ohne es zu versuchen und ohne es zu wissen, bin ich dazu gekommen, mich am meisten um dich zu sorgen." (19) Josephine ist ihrerseits durch das offene Bekenntnis von Marias Gefühlen bewegt und sagt: „Wir werden unsere Partnerschaft in unserem Leben leben, sie einhalten in Gedanken, Wort und Tat." (20) Der sexuelle Gehalt ihrer Beziehung wird beleuchtet, als Josephine Maria wegschicken will, um einer der jüngeren Lehrerinnen zu helfen. „‚Ich erhebe keinen Anspruch auf deine Gaben, die du jungen Frauen gegenüber besitzt.' Josephines Ton scheint unecht wie durch irgendeinen Mangel an Gefühlen dahinter. Sie fing den Blick der anderen auf, ein Schritt und sie fiel in ihre Arme, und die beiden Frauen standen gefangen in ihrer ersten Umarmung." (21)

Die Auflösung für die Männer ist nicht so erfreulich. Felix mit seiner guten Portion brüchigem Optimismus heiratet, um seinem Vater eine Freude zu machen. Jonathan ist längst nicht so niedergeschlagen deshalb, wie Felix es sich gewünscht hätte. Auf der anderen Seite kann sich Jonathan keineswegs für den Gedanken erwärmen, nun ohne finanzielle Unterstützung und mit seiner Schwester und der Mutter seines Sohnes in deren neuer Beziehung leben zu müssen. Gabriel, inzwischen Witwer, bietet seinem Vater an, bei ihm zu leben.

Josephine geht zu ihrem Kollegium, um diese veränderten Vorkehrungen zu erklären. Darüber, daß ihr Bruder nicht bei ihr lebt, sagt sie: „Mein Bruder ist, wenn Sie mich bitte nicht mißverstehen wollen, sehr weitgehend Mann." „Wir mißverstehen Sie nicht," (22) ist die Antwort. Beziehungnehmend auf ihre eigene Einsamkeit, da sie zuerst ihren Mann und dann ihren Neffen und schließlich auch die Möglichkeit verloren hat, daß ihr Bruder deren Platz einnimmt, sagt Miss Luke: „Nun sollten wir übelnehmen, daß Sie uns Miss Rosetti gestohlen haben, wenn sie nicht diese Gefühle heilt." „Wissen Sie, daß ich glaube, das könnte ihr gelingen? Ich habe selbst das

Gefühl, daß das möglich wäre." (23)

Die Bewunderung ihres Kollegiums für Josephine hat teilweise auch das ausgemacht, was als ihre „männliche Natur" bezeichnet wurde, eine Vorstellung von ihr, die Maria nie akzeptiert hat. Sie selbst hat Josephine so eingeschätzt: „Ich sehe sehr viele Fähigkeiten bei Mrs. Napier; einige davon sind gut, und nur sehr wenige sind Durchschnitt." (24) Wenn eine Frau durchsetzungsfähiger als die andere sein sollte, so ist es sicherlich Maria, aber es ist die Durchsetzungsfähigkeit beider, die für ihre aktive Sexualität verantwortlich ist und die miteinander erfüllter gelebt werden kann als mit den eher passiven Männern in ihrem Leben oder passiveren Frauen. Miss Luke scheint eher sich und andere zu beurteilen als Josephine und Maria. „Miss Munday und ich können nur den Anspruch erheben, Neutren zu sein." (25) Da das Ivy Compton Burnetts Bezeichnung für ihre eigene Beziehung ist, mag sie vielleicht auch etwas Bedauern für sich fühlen. Josephine und Maria sind keine „guten" Figuren. Maria war als Mutter völlig gleichgültig und verantwortungslos. Josephine war, wenn nicht durch kriminelle Tat, so doch sicherlich in krimineller Absicht, Mörderin, aber jede Figur des Buches hat so bemerkenswerte Mängel, wie es der Größe seines oder ihres Charakters entspricht, und ihre Vorzüge sind direkt proportional dazu.

Ivy Compton-Burnett verstand nicht, warum ihre Romane weniger verkauft wurden als andere, die weniger die Aufmerksamkeit der Kritiker auf sich zogen. Sie verschwendete keine Zeit mit Exposition und Beschreibung, konstruierte immer eine komplizierte Handlungsebene und berücksichtigte sämtliche Formen von Sexualität. Was könnte sich ein Leser mehr wünschen? Sie bemerkte traurig: „Jeder der ein Buch von Ivy Compton-Burnett in die Hand nimmt, findet es schwer, es nicht aus der Hand zu legen." (26) Die Antwort könnte sein, daß zu viele Leser viel weniger wollen als die Darstellung dessen, was eine hierarchische Welt mit den Menschen in ihr tut, die nicht so sehr be- und verurteilend angeboten wird als vielmehr mit scharfer Ironie und oftmals amüsanter Einsicht, die so genau war, daß Ivy Compton Burnett für sich selbst viel weniger wählte. Sie lebte in einer Umgebung von Freunden und war nach deren Urteil selbst eine sehr gute, weder Tyrannin noch Opfer, hatte sie doch beides so tief erfahren und verstanden.

Wenn das Alter, über das sie schrieb, vorüber ist, kämpfen die meisten von uns noch immer mit der Politik von Beziehungen, wie sie sie darstellte, wobei sie sich vieles weniger und vieles besser wünschte. Ivy Compton-Burnett entfloh ihrer Familie, wuchs über ihr eigenes Versagen an der Macht hinaus, wagte aber in ihrem eigenen Leben nicht mehr als emotionale Neigung und häusliche Gemeinschaft mit Margaret Jourdain. Ihre Junggesellinnen-Beziehung war bestimmt vom Temperament der beiden Frauen und müßte wohl lesbisch genannt werden, wenn man Beziehungen wie die zwischen Leonard und Virginia Woolf heterosexuelle nennt. Die Unterdrückung von aktiver Sexualität ist nicht ungewöhnlich in vielen tiefgehenden Beziehungen, und sie ist eine klare Möglichkeit für Frauen in einer Gesellschaft, in der „romantische Freundschaften" toleriert werden, wenn auf Sexualität verzichtet wird.

Elizabeth Bowen
1899 - 1973

Elizabeth Bowens Werke zeichnen die Muster nach, die sie im Leben zu erkennen scheint – lesbische Erfahrungen fassen wie eine Klammer heterosexuelle Erfahrungen von Heirat und Kindern ein. In ihrem ersten Roman, *The Hotel*, 1928 veröffentlicht (im gleichen Jahr, als auch *Quell der Einsamkeit* herauskam), steht die Beziehung zwischen einem Mädchen von Mitte zwanzig und einer Witwe mittleren Alters im Mittelpunkt. Obwohl auch die folgenden Romane sich auf das emotionale Leben von Frauen konzentrieren, erwacht ihr Interesse an Beziehungen zwischen Frauen erst in den späteren Jahren ihrer Karriere nach dem Tod ihres Mannes erneut. Behutsam, aber deutlich beschreibt sie die sexuellen Beziehungen zwischen Männern und Frauen, bleibt bei der Liebe zwischen Frauen aber eher zurückhaltend, schildert diese eher als emotionales Bedürfnis denn als körperliches Verlangen. Nur in *The Little Girls*, 1963 veröffentlicht, deuten sich Zeichen offener sexueller Anziehung zwischen Frauen überhaupt an, aber die Wichtigkeit ihrer Bedürfnisse füreinander in Pubertätsjahren und den ersten Jahren als junge Frau und dann wieder bei Witwen im mittleren Alter wird genau ausgelotet. Heirat ist das ebenso unglaubwürdige wie unumgängliche Zentrum des Frauenlebens, das flankiert wird durch das aussichtsreichere und weniger schicksalhaft bestimmende Sich-Einlassen von Frauen mit ihrem eigenen Geschlecht.

Miss Fitzgerald und Miss Pym, ein Paar mit Nebenrollencharakter in *The Hotel*, veranschaulichen die natürliche, wenn auch eingeschränkte Zufriedenheit, die zwischen Frauen möglich ist. Das Buch beginnt mit einem Streit zwischen ihnen und endet mit ihrer Versöhnung. "Es war herrlich, immer jemanden zu haben, mit der man die schwierigsten Phasen der Beziehung (hinterher) einfach und offen besprechen konnte... Hand in Hand saßen sie wieder vereint in vollkommener Harmonie und dachten an diesen Tag zurück." (1) Für die Hauptcharaktere Sidney Warren und Mrs. Kerr wurde dieser Tag, der in den Höhepunkt ihrer Beziehung fiel, ein ganz anderer; ihre Beziehung hatte sich in der ruhigen Atmosphäre zwischen Gästen, die den Winter in einem französischen Hotel verbringen, schnell entwickelt. Sidney ist mit einer älteren Cousine gekommen, um sich nach einer Überarbeitung zu erholen. Mrs. Kerr, eine Witwe, deren einziger Sohn bereits erwachsen ist, genießt nur ihre Freiheit von Verantwortung. Die Intensität der Gefühle Sidneys wird unmittelbar deutlich, als sie ihr Tennisspiel in dem Moment unterbricht, als Mrs. Kerr hinzukommt, um ihr zuzusehen. Mrs. Kerr wird als selbstbeherrscht, attraktiv dargestellt, von Sidneys Aufmerksamkeit mehr unterhalten und geschmeichelt als selbst sehr beteiligt. Andere Hotelgäste haben die intensive Verbundenheit der beiden Frauen bemerkt und äußern sich kritisch dazu. Für Veronica, eine junge Frau in Sidneys Alter, ist Sidney einfach unbegreiflich: "Ein merkwürdiges Mädchen... gut gekleidet, vermutlich begabt, sitzt freudlos brütend auf einem Geländer, weil eine ältere Frau sie nicht darum gebeten hat, mit ihr spazieren zu fahren." (2) Für die Damen, die ihren Tee einnehmen, ist diese Beziehung tadelnswert. "Ich habe *andere* Fälle solch ungestümer Freundschaften kennengelernt. Man kann nicht sagen, daß *diese anderen* ganz gesund waren." (3) Dennoch verstanden sie, wie so etwas zustande kam. "Und wie wenig Männer es hier draußen gibt – kann man sich da wundern, daß die Mädchen überspannt sind?" (4) Bei einem Tanz im Hotel wird dieses gesellschaftliche Problem deutlich. "Die Geschlechter waren ungleich vertreten, mehrere Mädchen haben zu zweit miteinander getanzt. Einige der älteren Damen waren auch auf die Tanzfläche gegangen und drehten sich mit hoher Geschwindigkeit in den Armen ihrer sonstigen Bridgepartnerinnen." (5) Etwas so würdeloses ereignet sich nicht zwischen Mrs. Kerr und Sidney. Mrs. Kerr geht nicht zum Tanz, und Sidney mangelt es nie an Aufmerksamkeit seitens der anwesenden Männer. Hinter dieser gesellschaftlichen Erklärung steckt eine Wahrheit, die nicht nur Sidney, sondern sogar den Damen beim Tee bewußt ist. Traurig bemerkt eine von ihnen: "Aber selbst wenn man für jemanden ein Heim herrichtet, man bleibt doch sehr einsam. Auch der beste Mann ist kein Gefährte." (6) Für Sidney, die Tag für Tag die schweigenden Paare im Eßzimmer betrachtet, "erschien es merkwürdiger denn je... daß von Männern und Frauen erwartet wurde, ein Leben lang verheiratet zu sein." (7) Mrs. Kerr ist für Sidney einfach interessanter als alle anderen, eine viel natürlichere Gefährtin. Von den Aufmerksamkeiten und dem Heiratsantrag eines erst kürzlich eingetroffenen Geistlichen bestürzt, sagt Sidney zu Mrs. Kerr: "Von dir und mir wird verlangt vorzugeben oder uns überall den Anschein davon zu geben, als bedeute dieser Mann dort unten im Garten mehr für jede von uns als wir uns gegenseitig." (8) Die Schwierigkeit besteht darin, daß Mrs. Kerrs Gefühle in keiner Weise so intensiv sind wie Sidneys. Geistesabwesend Sidneys Haar streichelnd sagt sie: "Nun, willst du nicht großzügig genug sein, mich für selbstverständlich zu halten?" (9) Für die verliebte Sidney ist das ganz offensichtlich nicht richtungsweisend. Obwohl sie behauptet, daß die Bedeutung persönlicher Beziehungen viel zu stark überschätzt wird, obwohl sie versucht, "für sich ein tiefgegründetes Leben, in dem Gefühle nicht mehr einander widerstreiten und Freunde nur wie gemalt entlang dem Rande des eigenen Friedens erscheinen" (10) zu planen, kann sie für alle unempfänglich sein, nur nicht für Mrs. Kerr.

Veronica, die beliebteste von drei Schwestern in dem Hotel, verhält sich zwar anders als Sidney, denkt aber ganz ähnlich. Für sie sind alle ihre Beziehungen zu Männern so ziemlich das gleiche und nicht sehr wichtig, aber man muß letztlich ja doch heiraten und dann kann es genauso gut der eine wie der andere sein. Das einzige Problem, das sie mit ihren Schwestern gemeinsam hat, ist, daß sie niemals echte Begeisterung für einen Mann empfindet und deswegen ihren Vater nie davon überzeugen kann, es wäre nun der richtige Zeitpunkt für eine Heirat gekommen. Sidney hat keinen solchen Schutz, als sie plötzlich zu dem Entschluß gelangt, den Geistlichen nun doch zu akzeptieren – voller Zorn und Verzweiflung, weil Mrs. Kerr sie ganz einfach fallengelassen hat, um ihre ganze Aufmerksamkeit ihrem kürzlich angekommenen Sohn zu widmen. Daß die Beziehung so wenig Bedeutung für Mrs. Kerr haben konnte, verwirrt Sidneys Urteil über das, was Realität ist und was Möglichkeit. Mrs. Kerr, damit konfrontiert, erklärt entschuldigend: "Ich beginne jetzt zu ahnen, daß du viel mehr von mir erwartet hast und daß ich von dir nahm und nahm, ohne zu ahnen oder im geringsten zu vermuten, was du von mir würdest zurückhaben wollen... Ich habe dich gern, aber..." "Ich habe furchtbare Angst, glaube ich, daß ich oder meine Freunde nicht ganz ausgewogen sind." (11) Enthusiastisch begrüßt sie Sidneys Verlobung mit Milton und sagt zu ihm: "Sidney verliebt... ich beneide Sie." (12)

Sidney macht große Anstrengungen, sich zu verlieben und ist manchmal selbst halb überzeugt davon, daß sie Teil der Konventionen werden kann, auf die sie sich zurückgezogen hat, aber sie wird "so sachlich, wie das junge Mädchen in der Geschichte, die ein Mann erzählt hat, unfähig eines Gedankens oder Gefühls, das nicht auf sie bezogen war, ohne eigene Persönlichkeit außer der drei Projektionen anderer: Miltons Verlobte, Tessas junge Cousine, Mrs. Kerrs Schützling, ehemals Freundin." (13)

Erst der Schock eines drohenden Autounfalls, der sie alle hätte das Leben kosten können und währenddessen Sidney den Tod noch als die einzige Lösung sieht, bringt sie so weit zu sich, daß sie erkennt, daß sie leben und darum die Verantwortung für ihre eigenen Gefühle übernehmen will. Sie löst die Verlobung zu Milton und befreit sich auch von Mrs. Kerr, sagt ihr, daß sie Sidney gelehrt habe, "Ekel zu fühlen und unempfänglich zu werden gegenüber Grausamkeit und Gemeinheit." (14) Wie zu Beginn des Buches steht dieser scharfe Bruch zwischen den beiden Frauen im Gegensatz zu der Zufriedenheit von Miss Fitzgerald und Miss Pym, die, obwohl leicht karikiert dargestellt, eine andere Möglichkeit von Entwicklung deutlich machen. Die Beziehung zwischen Mrs. Kerr und Sidney scheitert nicht, weil es eine Beziehung zwischen zwei Frauen ist, sondern weil Mrs. Kerr unfähig ist, überhaupt jemanden zu lieben, weil sie sich zufrieden in die Konventionen des Witwenstandes eingefügt hat und in die wenigen Pflichten als Mutter, die ihr noch verbleiben.

Der Ausgang in *The Hotel* stimmt trauriger als der in einem späteren Roman, *A World of Love*, in dem sich ein junges Mädchen von der nur in ihrer Phantasie existierenden Liebesaffaire mit einer toten Cousine langsam löst, bis sie am Ende des Buches schließlich einen fremden jungen Mann am Flughafen trifft und "sie sich nicht länger ansahen sondern sich verliebten." (15) Aber *The Hotel* ist weitaus glaubwürdiger. Elizabeth Bowens Mißtrauen gegenüber der Konvention, das sich so tiefgehend und offensichtlich in *The Hotel* zeigt, läßt sie unkonventionelle Beziehungen überzeugender beschreiben, ob heterosexuelle, wie die zwischen einer geschiedenen Frau mittleren Alters und ihres um einiges jüngeren Liebhabers in *Heat of the Day*, oder homosexuelle.

"Ich schreibe", sagt Elizabeth Bowen, "wie ich manchmal glauben möchte, als Ersatz für etwas, was mir von Geburt aus fehlt – ein sogenanntes normales Verhältnis zur Gesellschaft." (16) Das "sogenannte" macht deutlich, daß ihr Wert und Existenz des "Normalen" höchst verdächtig erschienen. Im Gespräch über Ethik in der Kunst vertritt sie die Auffassung: "Die gedankliche, vom aufgewühlten Gefühl abgelöste Stellungnahme muß spürbar sein; *das* ist die Ethik des Werkes." (17) Was sie als angeborene soziale Bindungsfreiheit erkannte, akzeptierte sie als intellektuelle und sittliche Haltung; diese war zweifellos gefördert worden durch ihre Stellung als Einzelkind und den frühen Tod ihres Vaters, durch den sie von Irland und dem Familiensitz, Bowen Court, Abschied nehmen mußte. Später erbte sie ihn und bewohnte ihn nach dem Tode ihres Mannes eine Weile. Sie wuchs auf in einer Umgebung, die einen so kritisch-sachlichen Verstand bei einer Frau mißbilligte. Ihre Mutter erlaubte ihr vor ihrem siebten Lebensjahr nicht, lesen zu lernen, weil sie glaubte, "es würde meine Augen und meinen Geist ermüden." (18) In *The Hotel* scheint Sidneys Intelligenz, ihr Bedürfnis zu lernen, sie zu erschöpfen. In *The Death of the Heart*, einem Buch, in dem die scharfsichtige Naivität eines jungen Mädchens dargestellt und zerstört wird, umreißt Elizabeth Bowen diese Situation: "das eingedämmte, bruchstückhafte Leben einer Frau, ein Leben, in dem Intelligenz nur weitere verzerrte Verhaltensmuster liefert." (19)

Clare, eine der drei Hauptpersonen in *The Little Girls*, ist die einzige offene Lesbierin unter allen Charakteren Elizabeth Bowens; sie wird beschrieben als "das absonderliche, intelligente Kind" (20), fähig, eine Geheimsprache zu erfinden, ungebunden, selbständig. Normaler sind Sheila, die schon als Kind eine begabte Tänzerin war, und Diana, die mehr Charme besitzt als intellektuelle Fähigkeit. Die differenzierte Profilierung der Beziehungen zwischen diesen Frauen zeigt auf, wie weitgehend Elizabeth Bowen außerhalb der Konvention steht.

Das Buch beginnt mit Diana, jetzt Witwe mit zwei erwachsenen Söhnen, die mit dem eigenartigen Vorhaben beschäftigt ist, zwölf Gegenstände von verschiedenen Leuten zu sammeln, die dem jeweiligen Besitzer wichtig sind und von denen er sich nicht trennen will. All diese Dinge sind in einer Höhle in ihrem Garten untergebracht, die sie später versiegeln und irgendeiner fernen Zukunft als Botschaft hinterlassen will. Ihr zur Seite steht Frank, ein pensionierter Major, der in einem nahegelegenen Haus wohnt und der ebenso stattlich und gutaussehend ist wie sie schön und jugendlich. Die Höhle dient als vielversprechender Auslöser für ihre Erinnerungen; sie erinnert sich, zusammen mit zwei Freundinnen, Clare und Sheila, eine Schachtel mit bedeutsamen Gegenständen vergraben zu haben, als sie elf Jahre alt waren. Sie hat die beiden seitdem nicht mehr gesehen, hat keine Ahnung, wo sie sind oder wie sie inzwischen heißen, aber sie hat es sich in den Kopf gesetzt, sie zu finden und es gelingt, und zwar durch das peinliche Unterfangen von Zeitungsannoncen, abgefaßt mit merkwürdigen, komisch-unheimlichen Anspielungen. Sheila, die noch immer in der Gegend wohnt und mit einem einflußreichen Mann verheiratet ist, ist aufgebracht und will anfangs nur, daß Diana ihre Versuche unterläßt; Clare, die eine erfolgreiche Kette von Geschenkartikelläden unterhält, ist eher geneigt, sie als den gutgemeinten Spaß aufzufassen, der beabsichtigt war. Diana, immer schon die Charmante, die Anführerin, erreicht, was sie sich gewünscht hat: sie wieder zusammenzubringen. Sheila, die sich eher bedroht fühlte, ist weit weniger von dem Wiedersehen angetan als Clare. Bei der Ankunft betrachtet Clare eine Schaukel im Garten, die für Dianas Enkel angebracht wurde und denkt: "Das war die Zeit vor der Liebe. Dies ist die Zeit danach." (21) Doch angesichts Dianas Schönheit, liebevoller Zuwendung und verrückten Plänen wurde es Clare "schwindelig. Im Innersten bebte und zitterte sie. Ein elektrisierendes Glück verwandelte sie." (22) Sheila ist einfach nur neidisch auf Dianas unveränderte Schönheit, ihre Kinder, Frank.

Diana ist es, die Clare verfolgt und in einem ihrer Geschäfte aufstöbert, wo Clare es ablehnt, ihr mehr als fünfzehn Minuten zu widmen, ihr schroff und abwehrend ein zwingendes, unausgesprochenes Signal vermittelt: "Rühr' mich nicht an, du machst es sonst kaputt." Aber Diana will es nicht beachten. Sie überredet sowohl Clare als auch Sheila, die vor langer Zeit vergrabene Schachtel auszugraben, in der, neben anderen Dingen, jede von ihnen einen geheimen Gegenstand, den nur jede selbst kannte, versteckt hatte. Als sie sie finden, ist die Schachtel leer. Für Diana ist es furchtbar, für die beiden anderen eher eine Erleichterung als ein Schock, weil beide die Aufdeckung der Vergangenheit fürchten. Aber Diana gibt noch nicht endgültig auf. Sie lädt Clare ein, sich einige Masken anzusehen, die von einem Künstler aus der Nachbarschaft gefertigt wurden und die unter Umständen für Clares Geschäfte in Frage kommen können. Während des Essens unterhalten sie sich und Diana zeigt die innere Erregung, die Menschen zu Beginn einer wichtigen Beziehung bewegt, während Clare zurückhaltender denn je ist. Sie will sich nicht ködern lassen. "Deine Mutter befahl mir, dir nicht zu schaden." (23) In Erinnerung an die Vergangenheit greifen sie ihre alten Spitznamen wieder auf und einen Teil ihrer früheren Vertrautheit. Diana fragt geradeheraus: "Mumbo, bist du lesbisch?" (24) Worauf Clare keine direkte Antwort gibt. In weiterer Verfolgung dieses Themas sagt Diana: "Es interessiert mich nicht, was du bist." "Das ist das Schlimmste, was du bisher gesagt hast," antwortet Clare. "Aber ich *mache* mir etwas aus dir..." (25) beteuert Diana. Clare beschuldigt Diana, das Zauberinnenspiel zu spielen, wie ihre Mutter zu sein, die sowohl von Clare als auch von ihrem Vater geliebt wurde. Diana protestiert und versucht durchzusetzen, daß Clare bei ihr übernachtet, worauf Clare entschlossen erwidert: "Nein – Circe," (26) und geht.

Bestürzt zunächst durch die symbolische Aussage der leeren Schachtel und dann durch Clares schroffe Zurückweisung wird Diana krank. Ihre Söhne werden gerufen. Sheila trifft ein, spielt die Rolle der treuen alten Freundin, die kommt, um sie zu pflegen. Diana sagt Sheila, sie wolle Clare niemals wiedersehen, nachdem sie sie so grausam beschuldigt habe, aber Clare ist bereits da und wartet nur auf den geeigneten Moment, Diana zu sehen. Und obwohl sich Clare vor dieser Begegnung fürchtet, sehnt sie sich auch danach. Während sie auf Diana wartet, gesteht sie sich ein: "Es gab wohl nichts, wovor du dich all die Jahre gefürchtet hast, oder? Ja. Ja, es war furchtbar, in diese leere Schachtel zu sehen. Ich habe dich nicht getröstet. Ich habe dich niemals getröstet. Verzeih' mir." (27) Aber dann ist sie bei Diana im Zimmer, die erwacht und fragt: "Wer ist da?" "Mumbo." "Nicht Mumbo. Clare. Clare, wo bist du gewesen?" (28) Mit dieser Frage endet das Buch – mit dem Hinweis auf eine Zukunft, in der nun beide mit einer Beziehung umgehen werden, nach der sich die eine sehnte und die die andere trotz ihrer Sehnsucht fürchtete.

The Little Girls ist ein spielerisches, phantasievolles Buch voll überraschender Wendungen, mit ebensovielen irreführenden Andeutungen wie plötzlichen Enthüllungen, mit komischen und grotesken Halbsymbolen, wie zum Beispiel den Dingen, die jede von ihnen in die Schachtel steckte: Sheila ihren sechsten Zeh, den ihre Mutter gerettet hatte, als er amputiert worden war; Clare ihre Ausgabe von Shelley und Diana eine Pistole. Weil dieses Buch so kunstvoll spritzig geschrieben ist, lenkt es die Aufmerksamkeit von den grundlegenden emotionalen Aussagen ab, während es zugleich das ideale Klima für sie schafft. Diana wird letztlich alles haben, Clare inbegriffen.

In der Verspieltheit und Eigenart von *The Little Girls* kündigt sich bereits anklangweise Elizabeth Bowens letztes Buch *Eva Trout* an, ein Buch im Sinne der absurden Literatur, furchtbar und furchtbar komisch, grotesk. Während der gesamten Zeit ihrer schriftstellerischen Laufbahn war Elizabeth Bowen fasziniert von ungewöhnlichen, sonderbaren kleinen Mädchen. Schon in *The Hotel* wirft die elfjährige Cordelia Barry lange, feurige, zynische Blicke auf Sidney und bittet darum, auf Spaziergänge mitgenommen zu werden. Und in *The World of Love* gibt es eine sehr eigenständige, fast schon unheimliche jüngere Schwester. Die erste voll durchgeführte Darstellung des eigentümlich unschuldigen Kindes findet sich in *The Death of the Heart*. Aber nur in *Eva Trout* wird einem Kind der Zutritt in die Welt der Erwachsenen erlaubt, und das Ergebnis ist katastrophal.

Eva Trout ist die Tochter eines außerordentlich wohlhabenden Mannes, der schon in der ersten Zeit seiner Ehe ein zwanghaftes Verlangen nach einem gutaussehenden Mann namens Constantine entwickelte. Evas Mutter verließ die Familie und starb bald darauf bei einem Flugzeugunglück, so daß Eva von ihrem Vater und Constantine großgezogen wurde. Zu Beginn des Buches ist Eva vierundzwanzig Jahre alt und steht bei Constantine unter Vormundschaft, bis sie mit fünfundzwanzig die Erbschaft ihres Vaters antreten kann, der Selbstmord begangen hat. Sie ist offensichtlich keineswegs im konventionellen Sinne darauf vorbereitet, mit diesem großen Reichtum umzugehen – schlecht erzogen, unschuldig, zweifelnd und verworren. Eva wird zunehmend unglücklicher, während sie als zahlender Gast im Hause der Arbles lebt. Iseult Arble war vor ihrer Ehe Evas geliebte Lehrerin, aber Eva spürt, daß Iseult, die sich einmal ganz dem Unterricht des unwissenden, aber wißbegierigen Mädchens gewidmet hat, ihr nun gleichgültig gegenübersteht. Iseult, ihrem nicht allzu intelligenten und erfolglosen Ehemann in leidenschaftlicher Liebe zugetan, versucht, ihre intellektuellen Fähigkeiten beiseite zu stellen und hat nur Interesse für Evas unvermeidliches Geld. Ohne Hilfe von anderer Seite bleibt Eva an diesen Ort des Halbwissens gebunden, in dem sich instinktive und reale Wahrnehmung nur gegenseitig verwirren können. Um Trost und Gesellschaft zu finden, wendet sie sich den Dancys zu, der Familie eines Geistlichen, dessen Kinder sie als bizarre Abwechslung betrachten, als ein Original, als komische Riesin. Eva ist einen Meter achzig groß und rast mit ihrem Jaguar in ungeheurer, ungebremster Energie übers Land, bis sie sich entscheidet, nicht länger auf ihr Erbe zu warten, sondern sofort von den Arbles zu fliehen. Sie weiht einen der Dancys, den zwölfjährigen Henry, in ihren Plan ein, nimmt alles Geld, was sie hat und mietet ein lästiges und kostspieliges Haus am Meer. Henry läßt sie zurück, der soll versuchen, ihren Jaguar zu verkaufen, damit sie über die Runden kommt. Versteckt in ihrem verfallenen Landhaus, wird sie zuerst von Iseults Mann und dann von Constantine entdeckt, aber sie weigert sich zurückzukehren. Als Iseult selbst kommt und sie bittet, wenigstens gelegentliche Besuche, zum Beispiel zu Weihnachten, in Erwägung zu ziehen, lehnt Eva mit der Begründung ab, daß sie zu Weihnachten bereits ein Kind haben wird und bringt Iseults Ehemann, zufällig oder absichtlich, damit in Zusammenhang. Daraufhin verschwindet Eva und läßt eine zerstörte Ehe hinter sich.

Als sie acht Jahre später zurückkehrt, hat sie einen kleinen Jungen bei sich, Jeremy, den sie Jahre vorher in den Vereinigten Staaten illegal erworben hat und der, wie sich dann herausstellte, taubstumm war. Sie hat versucht, Hilfe für ihn zu finden, aber er blieb widerstrebend, zog Schweigen vor. Auch Eva hat die Isolation in der Beziehung zu ihm genossen. Erst als sie unangemeldet bei den Arbles erscheint, sie nicht mehr vorfindet und daraufhin zu den Dancys geht, erfährt sie, daß Iseult ihren Mann verlassen hat und nach Frankreich gegangen ist. Henry, inzwischen Student von einundzwanzig Jahren, sagt Eva, daß sie: "in ethischer Hinsicht vielleicht . . . so etwas wie eine typhöse Maria" (29) sei, die die Menschen um sich herum so beeinflußt, daß sie unvernünftig und unmoralisch handeln.

Constantine, durch seine gerade aktuelle Liebe zu Pater Tony Claverington-Haight neuerdings moralisch geworden, sorgt sich darum, wie Eva ihr Kind behandelt. Tatsächlich ist jeder, den Eva trifft, der Auffassung, sie dürfe nicht weiterhin zulassen, daß das Kind mit dieser isolierten und nachsichtigen Liebe lebt, die sie ihm anbietet. Iseult, zurück aus Frankreich, ist neugierig auf das Kind, das sie immer noch für den Sohn ihres Mannes hält. Sie "borgt" ihn sich vom Gestaltungskursus, und bei ihr erwacht in dem Jungen erstmals, ebenso wie zuvor bei Eva schon, ein Verlangen nach Kommunikation. Eva, verängstigt durch sein mehrstündiges Fernbleiben und überzeugt davon, daß sie beide gefährdet seien durch Menschen, die sie nur stören wollten, bringt ihn nach Frankreich. Dort findet sie zwei Ärzte, die auf Fälle wie Jeremy spezialisiert sind, und schließlich ist auch er selbst nun begierig zu lernen. Nach einiger Zeit empfehlen die Ärzte, Jeremy ihnen zu überlassen und Eva kehrt allein nach England zurück. Als Eva klar wird, daß Jeremy nach und nach von ihr getrennt werden wird, richtet sie ihre Aufmerksamkeit auf Henry. In dem Bewußtsein, daß er sie wahrscheinlich gar nicht liebt – immerhin ist sie zwölf Jahre älter als er mit "ausgreifendem schweren Schritt und einer unfertigen Hübschheit" (30) – versucht sie, sich selbst davon zu überzeugen, daß sie glücklich wäre, wenn er sich auf ein gemeinsames Spiel einließe, nämlich mit ihr zusammen einen Zug zu besteigen und so zu tun, als wären sie im Begriff, auf den Kontinent zu fahren und zu heiraten. Als Publikum bei der Abfahrt wünscht sie sich die Arbles, Constantine und seinen Freund, Jeremy und Verwandte, die sie nie gesehen hat. Henry, strebsam und verwirrt, konfrontiert sich der moralischen Seite dieses Vorschlags so intensiv, daß er während einer der Predigten seines Vaters in Ohnmacht fällt. Als er sich entschließt, Evas Wunsch zu erfüllen, hat er sich tatsächlich entschlossen, sie zu heiraten. Die Ärzte äußern sich besorgt hinsichtlich Jeremys und weisen Eva warnend darauf hin, er könnte sich vielleicht gekränkt und verlassen fühlen, aber Eva glaubt nicht mehr, daß er sie braucht, außer für Urlaubsbesuche und als Vormund. Nachdem sich alle auf dem Bahnhof versammelt haben, nachdem Henry ruhig erklärt hat, daß er keinerlei Absicht habe, aus dem Zug zu steigen, was Eva erstmals in ihrem Leben zu Tränen rührt, Tränen der Freude, taucht Jeremy am Bahnhof auf, hantiert mit einer Pistole, die Iseult bei Evas Gepäck ließ, damit sie "sicher aufbewahrt würde". Er läuft auf seine Mutter zu und als sie in Schußweite kommt, erschießt er sie.

Gelegentlich unternahmen Menschen in Eva Trouts Leben kleinere Anstrengungen, sie zu verstehen oder wenigstens einzuordnen. In der ersten schrecklichen Experimentalschule, in die sie geschickt wurde, fragen sie ihre Klassenkameraden: "Trout, bist du ein Hermaphrodit?" "Ich weiß nicht," (31) ist die Antwort. Sie selbst weiß, daß sie ihre Zimmerkameradin Elsinore liebt, die sich ertränken wollte und schwer krank in ihrem Zimmer liegt, aber Elsinore wird von der Schule genommen und taucht erst Jahre später in den Vereinigten Staaten wieder auf, gerade als Eva dabei ist, Jeremy zu kaufen. Als sie in unverkennbarer Verzweiflung sagt: "Nimm mich mit, Trout!", kann Eva nur noch antworten: "Du kamst zu spät zurück, Elsinore." (33) Ihre Unterredung mit Pater Tony Claverington-Haight, der von Constantine zu ihr gebracht wird, um zu versuchen, ob wohl er ihre Unergründlichkeit ausloten könne, ist ebenso komisch wie tragisch. Als er sie nach Iseult fragt, antwortet Eva schlicht:

"Sie hat mich verlassen. Sie hat mich verraten."

"Hatten Sie ein sapphisches Verhältnis?"

"Was?"

"Haben Sie sich irgendwie umarmt?"

"Nein. Sie hatte es immer eilig." (34)

Iseult, die vielleicht am ehesten in der Lage ist, Eva zu verstehen, versucht sie zu beschreiben. " 'Mädchen' zu sein paßte Eva nie. Ihr sogenanntes Geschlecht langweilte und verletzte sie." Aber Iseults Versicherung "sie brauchte keine Frauen. Deren Verwundbarkeit stieß sie ab – wie *ich* feststellen konnte," (35) ist verdächtig, denn Iseult wollte nicht von Eva gebraucht werden. Als die Ärzte, die Jeremy behandeln wollen, mit ihr sprechen, versucht Eva, in ihren Antworten aufrichtig zu sein. Zu der Vermutung, daß sie Jeremy sowohl Vater als auch Mutter ersetzen wollte: " 'Möglich', gibt sie zu – nicht sonderlich überrascht." (36) In dieser Unterredung wird Evas Indirektheit besonders deutlich gemacht; sie beruht nicht auf dem Vorsatz, unehrlich zu sein sondern nur auf dem Bedürfnis, sich selbst vor der lieblosen Einmischung anderer zu schützen.

Iseult ist, wie Mrs. Kerr, die am stärksten negativ besetzte Figur des Romans. Zuerst erweckt sie in Eva und dann auch in Jeremy beginnende Zuversicht, übernimmt dann aber keine Verantwortung für deren Bedürfnisse, weil sie hin und hergerissen ist zwischen Verstand und Leidenschaft, ihrer Begabung als Lehrerin und ihrem Wunsch, Frau zu sein. Während der Zeit, die sie von ihrem Mann getrennt war, ist sie offensichtlich zur Prostituierten geworden in dem Versuch, auch das an Einsichtsvermögen in sich abzutöten, was ihr noch geblieben ist. Sie wird nicht nur zum emotionalen Anlaß der Tragödie sondern stellt auch faktisch die Waffe zur Verfügung. Es ist fast so, als ob die Pistole, die in *The Little Girls* erwähnt worden war, dort aber nicht losgehen durfte, nochmals hätte in Erscheinung treten müssen, um nun einen realen Zweck zu erfüllen.

Eva geht natürlich mit Jeremy genauso um wie Iseult damals mit ihr. Der Unterschied besteht darin, daß Eva ihren Fehler nicht erkennt. Stattdessen bezahlt sie dafür mit dem Leben, während Iseult Beobachterin bleibt, gestützt auf den Arm ihres kürzlich wiederentdeckten und ihr ergebenen Mannes.

Eva Trout ist Elizabeth Bowens bösester Kommentar zum Problem der Kraft derer zu Zerstörung und Selbstzerstörung, deren Unschuld mißachtet wurde und dann verraten. Es ist, als ob es für diese "Originale" keine Brücke über den Abgrund der Unwissenheit zwischen Kindheit und Reife gäbe und als müßten sie nun mit der ziellosen Kraft von Bedürfnissen leben, die unabsichtlich Leid hervorrufen. Eva ist vielleicht das große Zerrbild der Frau, der die Quelle von Liebe und Verständnis versagt wurde, die, beziehungslos zur realen Welt, die Rätsel von Mutterschaft und Ehe schauspielernd auslebt; ihr eigenes bizarres und groteskes Bild von der Welt unterstreicht nur die groteskere Verzerrtheit der realen Welt, in der sapphische Liebe unmoralisch ist, Intelligenz bei Frauen ein Fluch, der Mangel daran aber eine tödliche Gefahr. Diana, die traditionelle Charmeurin und Verführerin, kann noch bekommen was sie will, aber Eva mit ihrem überdimensionalen Verlangen nach Liebe und Wissen bekommt nichts.

Wie Ivy Compton-Burnett stellt Elizabeth Bowen die konventionelle Welt satirisch dar, aber ihre Urteile sind schroffer, weil sie auch die Opfer der Macht nicht für besser hält. Das außergewöhnliche Mädchen, das nicht in die enge Schablone paßt, überlebt oftmals keineswegs, und wenn es überlebt, muß es vielleicht über die Unterdrückung der mittleren Jahre hinweg auf eine Diana warten, oder es wird zur monströsen Karikatur, gefährlich für sich und andere. Elizabeth Bowen findet in der Liebe zwischen Frauen nichts Unnatürliches, aber viel Feindliches in der Welt, in der sie versuchen zu überleben.

COLETTE
1873 - 1954

Zuviel auf einmal von Colette zu lesen ist wie eine Orgie in ranzigem Ahornsirup. Sie selbst hätte dem wohl zugestimmt – klarsichtig wie sie war jeder Hemmungslosigkeit gegenüber, ob im Rauchen, Trinken oder im sinnlichen Genuß. Als ein Charakteristikum mancher lesbischer Beziehungen bewunderte sie die Fähigkeit von Frauen, nicht nur den sexuellen Orgasmus ekstatisch zu genießen, sondern auch eine breiter angelegte, wärmere Sinnlichkeit zu pflegen. In ihren Werken ist eine solche Wärme manchmal zu spüren, wenn sie ihre Freude in der Natur beschreibt, aber selbst dann gerät ihr diese Wärme meist in Hitze. Ihr dritter Mann stellt sie dar, wie sie, wortwörtlich, einen Garten verschlingt, Blätter zerdrückt und einsaugt, an Blumen riecht, sie zerpflückt und aufißt. Bei der Beschreibung von Menschen unterdrückt Colette, auch wenn sie mit größter Behutsamkeit beschreibt, immer auch Gier. Niemals ist sie so distanziert, wie sie oft behauptet, und diese Behauptung selbst verbirgt listig ihren Spott. Wenn sie in der Stimmung ist, die Reinheit ihrer eigenen Moral im Gegensatz zu der heuchlerischen Bescheidenheit um sie herum zu beteuern, wird sie auf hochmütige Art herausfordernd:

> Ein unwiderstehlicher Schauder der Bescheidenheit überkam dich, du bedecktest dein Gesicht mit beiden Händen, dein ganzer Körper wich soweit zurück, daß sich der Stoff deines Kleides an dich schmiegte und dich einen Augenblick lang mehr enthüllte, als wärest du nackt gewesen: deine kleinen Brüste, zusammengepreßt durch ein enges Korsett, dein länglicher und flacher Bauch, der in einer geheimnisvollen Falte auslief, deine gerundeten, eng zusammengepreßten Schenkel, deine zierlichen, leicht gebeugten Knie, jeder Teil deines anmutigen Körpers erschien mir unter dem Crepe de Chine so deutlich, daß ich verlegen wurde. . . du, wie du in Trouville aus dem Meer auftauchst, deine Brustwarzen deutlich sichtbar unter der engsitzenden Seide deines Badeanzuges, die glänzt wie ein nasser Fisch. . . (1)

Eine Figur nach der anderen, ob Mann oder Frau, werden der Begier und dem Urteil des Lesers ausgesetzt, oft beidem zugleich. Der junge Cheri, unwiderstehlich für seine alternde Geliebte, ist zugleich geistlos und dumm.

Claudine kann die Schönheit ihrer Lehrerin nicht genießen, ohne sich ins Gedächtnis zu rufen, daß Aimees Augen "weder gutherzig noch offen noch vertrauenerweckend waren". (2) Selbst eine weibliche Brust, wie ein Pfirsich in der Hand liebkost als Beispiel für einfache sinnliche Freude, verwandelt sich, in Erregung und Schuld, zum männlichen Lustobjekt.

Um sich wollte Colette die versammeln, die sie als ihresgleichen bezeichnet, die "eher die Willkür pflegen, die die Leidenschaft höher schätzen als die Güte und den Kampf höher als die Diskussion." (3) Ihr Geschmack ist unverkennbar: "Entferne mir alles, was zu süß ist! Schaffe mir für das letzte Drittel meines Lebens einen sauberen Raum, in dem ich meine liebste Roheit beherbergen kann, die Liebe." (4) Diese Brüste und Schenkel sind tatsächlich zu süß, wenn sie nicht versetzt werden mit einer menschlichen Realität, die im Äußersten tragisch sein kann, weitaus häufiger jedoch schal ist durch Zynismus. In Colettes Augen gibt es nichts, was die menschliche Kreatur erhellt, sie bei Mann oder Frau über Banalität und Grausamkeit der menschlichen Natur hebt, als die erotische Liebe, und diese Erleuchtung hält gerade nur lange genug an, um die wachsenden Unzulänglichkeiten der Liebenden zu beleuchten. "Dieses Buch," sagt sie über *Le pure et l'impure*, "wird traurig von sinnlicher Freude handeln." (5) So könnten alle ihre Bücher beschrieben werden.

Colette begann ihr Schriftstellerleben unter der Anleitung ihres ersten Mannes, Willy, der einige junge Schriftsteller in seinem Auftrag schreiben ließ und dann seinen eigenen Namen unter ihre Arbeiten setzte. Als die sehr erfolgreichen Claudine-Bücher herauskamen, wies Colettes Mann stolz darauf hin, daß sie die Hauptfigur darin sei, als Autor der Bücher aber bezeichnete er sich selbst. Sehr viel älter als Colette, nannte er sich gern den Vater Claudines, ein vielsagendes Wortspiel, das seine tatsächliche Rolle beim Schreiben der Bücher beleuchtet. Er schlug das Thema vor und ermutigte Colette, die erotischen Aspekte ihres Schulmädchenlebens breit auszuführen. Zugleich erweiterte er ihre erotische Bildung, indem er sie in die lesbischen und Homosexuellenkreise von Paris einführte, und durch seine eigenen zahlreichen Affären mit Frauen. In seinem Buch *Willy, Colette et moi* behauptet Monsieur Bonmariage, Colette habe Liebesaffären mit Polaire, der jungen Schauspielerin, die in der Bühnenversion des Romans die Claudine darstellte, mit Missy, der Frau des Marquis de Belboef und mit einigen anderen Frauen gehabt. In ihrer ersten Biographie von Colette versuchte Margaret Crosland, diese Anschuldigungen zu entkräften. "Colette wurde als Lesbierin bezeichnet, weil sie neugierig auf Frauen war und sie genauso interessant fand wie Männer, in einigen Fällen auch interessanter." (6) In ihrer späteren zweiten

Biographie mußte Margaret Crosland jedoch weiter gehen. "Wenn zwei Frauen sich außerordentlich gerne mögen oder sich zumindest zueinander hingezogen fühlen, durch eine unwiderstehliche Macht, die nur als sexuell bezeichnet werden kann...", dann kann die Beziehung zwischen Missy und Colette "vielleicht am besten beschrieben werden als *amitie amoureuse*, ein Begriff, der sehr viel mehr aussagt als 'Lesbianismus', von dem es eine klar umrissene Definition nicht gibt." (7)

Colette tat nichts, um derartige Behauptungen zu leugnen oder zu bestätigen. Später gestand sie, daß sie wenig Achtung für die Claudine-Romane habe. "Ich kann mir selbst die Tatsache nicht verzeihen, daß diese *Claudines* durch Anspielungen, karikierte, aber wiedererkennbare Szenen, plausibel klingende Geschichtchen viel Gedankenlosigkeit zeigen darin, andere zu verletzen." (8) Wenn es sie jemals belastet hat, daß sie sich selbst als frühreifes, grausames Schulmädchen dargestellt hat, das zur duldsamen Frau eines alternden Lebemannes heranwächst, so spricht sie es nicht aus.

Die lesbische Beziehung in *Claudine a l'ecole* besteht zwischen der Vorsteherin, Mademoiselle Sergent, und der jungen Lehrerin Mademoiselle Aimee Lanthenay. Sie werden mit viel Komik dargestellt, wie sie sich in der Öffentlichkeit hofieren und sich streiten über Aimees Affären mit Männern und ihre Beziehung zu Claudine. Realistischer und trauriger gestaltet sich die Beziehung zwischen Claudine und Luce, Aimees oft mißbrauchter jüngerer Schwester, die als Schülerin an der Schule ist; denn Luce ist tatsächlich ausgehungert nach Zuneigung und abgöttisch verliebt in Claudine, die ihre Zuneigung nur mit verbaler Herabsetzung und körperlicher Mißhandlung beantwortet. "Wie sie es liebt, geschlagen zu werden. Es ist verblüffend," (9) bemerkt Claudine. Sie verachtet beide Schwestern, "feige, von Natur aus pervers, egoistisch und so völlig ohne jedes sittliche Empfinden, daß es amüsant ist, sie zu beobachten." (10) Als sie erkennt, daß sie sich dennoch gleichermaßen zu Aimee hingezogen fühlt, bekennt sich Claudine zu ihrem "unvernünftigen Herzen." (11) Claudine, aufgeweckter und in einer allen anderen an der Schule überlegenen gesellschaftlichen Stellung, verbringt ihre Zeit in verächtlichem Spott. "Gott, wie dumm Frauen sind!" (12) In der Analyse ihrer eigenen Haltung kommt sie zu dem Schluß: "Ich mag die Menschen nicht, die ich beherrschen kann." (13) "Wenn mir das zusagte, dann mit jemand, der stärker und intelligenter wäre als ich selbst, jemand, der mich ein bißchen schickanierte, dem ich gehorchen müßte..." (14). Trotz dieser Passagen mit psychologischem Anspruch ist der sexuelle Stoff in diesem Buch simple erotische Farce, leicht pornographisch getönt, um eine populäre Leserschaft anzusprechen, was eindeutig auch geschehen ist.

Claudine a Paris beginnt damit, daß Claudine sich verliebt und heiratet. Mit Marcel, einem Jungen in Claudines Alter, dessen Vater ihr zukünftiger Mann ist, wird Homosexualität als Thema eingeführt. Marcel zieht Claudine in sein Vertrauen, um sich das Vergnügen zu verschaffen, über seine männlichen Liebhaber sprechen zu können, aber im Austausch will er Geschichten über Claudines lesbische Schultage hören. Im Wettstreit mit ihm ist Claudine gezwungen, Einzelheiten über ihre Beziehung mit Luce zu erfinden, und, unsicher werdend, schilt sie Marcel: "Bei Mädchen werden solche kleinen Zerstreuungen 'Schulmädchenstreiche' genannt. Aber wenn so etwas bei Jungen von siebzehn auftritt, ist es schon fast eine Krankheit. . ." (15). Sich selbst gibt sie zu: "Im Tiefsten deines Herzens, Claudine, bist du nichts weiter als ein gewöhnliches, anständiges Mädchen." (16) Als sie verliebt ist, kommt sie zu der Erkenntnis: "Wonach ich seit Monaten suche – noch viel länger – ist ganz zweifellos ein Herr und Meister. Freie Frauen sind keine Frauen." (17)

In *Claudine en menage* erforscht Colette die lesbische Beziehung sehr viel genauer als vorher. Claudines Mann, sehr besorgt über die Homosexualität seines Sohnes aus einer früheren Ehe, nimmt eine ganz andere Haltung gegenüber Beziehungen zwischen Frauen ein. Bei Frauen ist so etwas "reizend und unwichtig" (18). Er erklärt diese Haltung seiner zweifelnden jungen Frau. Lesbische Affären sind für Frauen "zumindest aber eine Entschädigung, eine sehr logische Suche nach einer vollkommeneren Gefährtin, nach einer Schönheit, die deiner eigenen ähnlicher ist, in der deine Empfindsamkeiten und Schwächen sich widerspiegeln und sich erkennen. Wenn ich es wagte (aber ich wage es nicht) würde ich bestimmten Frauen sagen, daß sie eine Frau brauchen, damit sie den Geschmack an Männern nicht verlieren." (19) Claudine ist schockiert von seinen Ansichten und überlegt, ob sie nicht Rationalisierungen seiner Neigung seien, die Verdorbenheit anderer Menschen zu beobachten und zu genießen. Aber da sie ihn auch bewundert und liebt, legt sie sich eine eher komische eigene Moral zurecht. "Laster – das ist das Unrecht, das man tut, ohne Vergnügen daran zu haben," (20) und dies erweist sich vorübergehend als guter Schutz für sie in der blasierten Welt, in die sie sich begeben.

Weil Claudine zu sehr in ihren Mann verliebt ist, um sich für andere Männer zu interessieren, nehmen die Leute an, sie müsse einen Hang zu Frauen haben. Sie redet davon, wie sie solche Frauen, solche 'Salonprofessionellen' (21), abwehren will, aber sie hat den Reizen Rezis wenig entgegenzusetzen, einer schönen Frau, die ihre Neigung zu Claudine offen zeigt, ohne sie zu rascher Intimität zu zwingen. Während Rezis Mann sie mit der Eifersucht des Besitzers beobachtet, ermutigt Claudines Mann die beiden Frauen zu einer Beziehung und empfindet sie genießerisch nach. Als auch Claudines Verlangen zunimmt, überredet Rezi sie, ihren Mann zu bitten, Räume für sie ausfindig zu machen, wo sie intim werden können. Er ist nur zu bereit. Er begleitet sie sogar zu der Wohnung, die er für sie gefunden hat und scherzt mit Rezi über die bevorstehenden Ereignisse. Claudine ist von beiden schockiert. Ihr wäre es lieber gewesen, ihr Mann hätte ihr diese Affäre von vornherein verboten. Sie ist enttäuscht "über das beiden gemeinsame Bedürfnis, sich als so unmoralisch und modern zu bestätigen. . ." (22) Claudine bedeutet diese Erfahrung etwas ganz anderes. "Die Ekstase der Liebe – meiner Liebe – hat nichts zu tun mit Flirt." (23) Sie beginnt bereits zu befürchten, daß Rezi Interesse an ihrem Mann entwickeln wird. Rezi, die jetzt nicht mehr nur als begehrenswert beschrieben wird, sondern auch als unstet und falsch, ist entzückt über das Arrangement. "Wir leben hier zu dritt eine ziemlich ungewöhnliche kleine Romanze aus." (24) Eine kurze Erkrankung Claudines gibt ihrem Mann und Rezi die Chance zu dem Intermezzo, auf das sie offensichtlich gewartet haben, und Claudine ertappt sie in der Wohnung. "Ich leide an Eifersucht und doch – ich liebe sie nicht." (25) Claudine verläßt ihren Mann und kehrt zurück aufs Land, nach Hause, was für Colette auch immer die Bedeutung einer Rückkehr zur Unschuld hat. Briefe eines reumütigen Ehemannes und die Natur selbst ermöglichen ihr, langsam etwas von den vergangenen Ereignissen zu begreifen. Als sie ihm schreibt, um ihn zu bitten, zu ihr aufs Land zu kommen, wo sie wieder zu ihrem eigentlichen Ich gefunden hat, schreibt sie: "Ich wollte Rezi, und du gabst sie mir, wie du mir ein Bonbon gegeben hättest. Du mußt mich lehren, daß manche Leckereien schädlich sind und daß man sich jedenfalls vor schlechten Sorten hüten muß." (26) Sie bittet, worum sie schon immer gebeten hat: "Mein geliebter großer Mann, ich befehle dir, mich zu beherrschen." (27)

Im realen Leben verläßt Willy Colette, und eine Zeitlang verfolgte sie eine Karriere als Schauspielerin, reiste mit Missy im Land umher und lebte mit ihr zusammen, wenn sie in Paris waren. Es gingen Gerüchte um, sie trage Armbänder mit der Gravur: "Ich gehöre Missy." (28) Gemeinsam lösten sie einen Skandal aus, als sie eine Szene spielten, in der sie einen leidenschaftlichen Kuss austauschten. Im Publikum saß Missys befremdeter Ehemann, und er uns seine Freunde verursachten beinahe einen Tumult. Diese Zeitspanne im Leben Colettes ist in *La Vagabonde* beschrieben, dem Roman, in dem Colette ihren Wunsch aufgibt, beherrscht werden zu wollen. Die Hauptfigur weist schließlich ihren Freier ab mit der Erklärung: "Du bietest mir einen Freund, der jung ist, feurig, eifersüchtig und heftig verliebt? Ich weiß:

das ist, was man 'Herr' nennt, aber ich will keinen mehr." (29) Dieses Buch enthält eine sensiblere, wenn nicht sogar sehr positive Verteidigung lesbischer Beziehungen, diesmal aus der Sicht der Frau. "Für ihn werden zwei Frauen, die sich umarmen, niemals etwas anderes sein als ein verdorbenes Paar, nie wird er in ihnen das melancholische und anrührende Bild zweier schwacher Wesen erkennen, die vielleicht gegenseitig Schutz in den Armen der anderen gesucht haben, dort zu schlafen und zu weinen in Sicherheit vor dem Mann, der so oft grausam ist, um dort, besser denn jede Lust, das bittere Glück zu kosten, sich der anderen verwandt zu fühlen, schwach und vergessen." (30) Außerdem enthält das Buch eine kurze Schilderung der Amalia Barally, die noch einmal in *Le Pure et l'Impure* als Amalia X. erwähnt wird, eine alternde Schauspielerin, die "eine feine Mütterlichkeit in ihren Gesten ausdrückt, wie man sie bei Frauen findet, die aufrichtig und leidenschaftlich Frauen geliebt haben; sie verleiht ihr einen unbestimmbaren Reiz, den ihr Männer niemals erkennen werdet." (31)

Offensichtlich stand für Colette hier ihre Beziehung zu Missy im Hintergrund. Missy kaufte und möblierte eine Villa für sie, und dort konnte sie "Zuflucht suchen bei Missy, um gescholten und umsorgt und gewärmt zu werden." (32) In der Kurzgeschichte *Nuit Blanche,* M. gewidmet. wird Geschlechtsverkehr offen beschrieben, obwohl in der Beschreibung der Liebe einer Frau zu einem Kind-Ersatz. Missy schritt offensichtlich nicht gegen einige von Colettes flüchtigen, vorübergehenden Affären mit Männern ein, aber wegen des Mannes, der Colettes zweiter Mann werden sollte, kam es zur Trennung im Zorn. Missy nahm das Mobiliar und Colette behielt das Haus, wobei sie darauf beharrte, es sei ihr über mitgespielt worden. "Weiterhin behält sie alles, was mir gehört." (33)

In ihrer zweiten Ehe bekam Colette eine Tochter, aber zu einer glücklichen Beziehung sollte sie nicht finden bis sie auf einen Mann traf, der fünfzehn Jahre jünger war als sie und der ihr dritter Mann wurde. Er blieb ihr und ihrer Arbeit bis zu ihrem Tode ergeben.

Wenn auch die meisten ihrer Romane und Kurzgeschichten von Beziehungen zwischen Männern und Frauen handeln, gibt es doch oft lesbische Figuren am Rande der Handlung. Elaine Marks beklagt in ihrem Buch *Colette*, viele der Arbeiten Colettes seien beeinträchtigt durch "die oftmals bedeutungslosen Anspielungen auf Lesbianismus, die das Buch in ziemlich unglücklicher Weise zeitlich festlegen." (34) Colette teilte ihre Annahme gewiß nicht, lesbische Beziehungen seien eine Nachkriegserscheinung gewesen wie der Kurzhaarschnitt, obwohl sie auch diesen Aspekt beleuchten konnte, wie sie es in der Kurzgeschichte *Habit* tut, in der zwei Frauen sich gerade getrennt haben. “Sie überwarfen sich, wie sie einander verbunden gewesen waren, ohne zu wissen, warum.“ (35) Beide sind überzeichnet dargestellt, Andree derb maskulin, Jeannine ausdruckslos feminin. Freundinnen klatschen darüber, was wohl geschehen sein mag, stellen Überlegungen an über den Wahrheitsgehalt von Jeannines Klagen, Andree habe sie genauso herbeibefohlen wie die Hunde. “Man kann nicht mit Sicherheit behaupten, Andree hätte nach Jeannine gepfiffen, aber solche Lastwagenfahrermanieren sähen ihr sehr ähnlich.“ (36) Als Jeannine eines Nachmittags im Park spazierengeht, entdeckt sie Andree, hört den vertrauten Pfiff und sieht die Hunde gelaufen kommen. Wehmütige Erinnerung erfüllt sie, bezieht sich aber nicht eigentlich auf ihre Liebhaberin. Sie seufzt: “Ich wünschte das letzte Jahr. . .“ (37). Diese Frauen sind nicht närrischer, nicht unerfüllter als Männer und Frauen und werden mit derselben, spottversetzten Zärtlichkeit geschildert. In dem traurigen Roman *La Fin de Cheri* findet Cheri vorübergehend Trost in der Gesellschaft einer alternden Lesbierin. “Eine Frau, die mit sexueller Abnormität belastet ist, kann sie nicht ohne Tapferkeit und eine gewisse Seelengröße tragen, so wie Männer sie manchmal angesichts des Todes zeigen.“ (38) Sie sind manchmal töricht, manchmal tapfer, aber fast immer anziehend. In der Geschichte *My Friend Valentine* erklärt eine Figur des Namens Colette: “Es macht mir Vergnügen . . . Frauen zu betrachten, die sich in den Armen halten und gut Walzer tanzen.“ (39)

In *Le pure et l'impure*, dem Buch, von dem Colette annahm, man werde es später als ihr bestes bezeichnen, drückt sie ihre Haltung zu einer Skala sexueller Erfahrungen wohl am deutlichsten aus. Obwohl sie das Stilmittel langer, anekdotischer Erzählungen benutzt, ist dieses Buch doch nicht reine dichterische Erfindung. Sie beschreibt darin Menschen, die sie selbst gekannt oder von denen sie gehört hat und nimmt manchmal Stellung zu der Beziehung, die sie selbst zu ihnen gehabt hat. In ihrer Einleitung zu dem Buch greift Janet Flanner das gleiche Vokabularium auf, das auch Colette selbst benutzt und versucht so, wie viele andere auch, mit dem weiten Spektrum an Sinnlichkeit umzugehen. “Im Begreifen des männlichen Geschlechts erreichte Colette eine verblüffende Identifikation mit dem Mann per se, zu der sich ihr eigenes uterines Verständnis der Frau eher objektiv als feminin hinzugesellte.“ (40) “In ihrer Fähigkeit, zu verstehen, schien sie von hermaphroditischer Dualität und doppelter Loyalität.“ (41)

In dem Teil des Buches, in dem sich Colette mit ihrem Konzept des Don Juan als Weiberfeind beschäftigt, stellt der Mann, dem sie zuhört, ein deutliches Beispiel für diesen Typus dar. Er führt bitterlich Klage darüber, bis zu welchem Ausmaß Frauen sexuelle Aufmerksamkeit von ihm fordern und zählt seine Eroberungen auf. Mit Colette kann er sein Sexualleben besprechen, weil er sie nicht als Frau betrachtet. Sie versteht und akzeptiert auch teilweise seine gelegentlich auftretende Grausamkeit, weil sie an die Existenz echten Hermaphroditismus glaubt, eine Zwiespältigkeit, der sie selbst zu entfliehen versuchte. Eine solche doppelte Sexualität scheint sie eher mit Intelligenz als mit sexueller Neigung in Verbindung zu bringen, einer Intelligenz, die Männer abschreckt. "Wer," so fragt sie, "wird merken, daß wir Frauen sind?" Eine andere Frau antwortet: "Die Frauen. Nur die Frauen, die sich durch unsere geistige Männlichkeit nicht beleidigt oder getäuscht fühlen." (42) Colette, wie so viele andere begabte Frauen, hätte sich gewünscht, dieser Gabe ledig zu sein, wenn sie gekonnt hätte, hätte "einfältig, ganz und gar Frau sein" wollen (43). Sie erinnert sich einer Zeit, als sie die andere vereinfachte Möglichkeit versuchte – Männer nachzuahmen. Doch in männlicher Verkleidung fühlte sie sich immer aufs eingeschüchtertste weiblich. Wenn sie sich auch schließlich in der Beziehung zu einem jüngeren, sie sehr verehrenden Mann in die ersehnte weibliche Rolle einfand, wenn sie sich die große Verehrung und Beliebtheit, die sie als Schriftstellerin nicht nur in Frankreich, sondern auch im Ausland genoß, auch nie voll eingestand, so wurde sie doch niemals "einfältig, ganz und gar Frau". Aus dem Wissen um die erotische Macht ambivalenter Sexualität wuchs sie niemals heraus. Vielleicht weil sie die wie sie sie nannte "maskuline" Seite ihres Wesens verwerfen wollte, romantisierte sie die Beziehungen zwischen Frauen und empfand sie zugleich als grotesker als die zwischen Männern und Frauen. Für Colette hatte der androgyne Mensch nur ein Recht und eine Pflicht: unglücklich zu sein.

Einige ihrer Schilderungen solcher zum Leiden Privilegierter sind sehr überzeugend. Da gibt es La Chevaliere – es ist Missy, Colettes ehemalige Geliebte, wenn auch Colette es nicht offen ausspricht. Ihre Haltung Missy gegenüber ist im Lauf der Jahre milder geworden. La Chevaliere wird als außerordentlich maskulin und sehr scheu beschrieben, Vorbild und Mentorin einer großen Gruppe von Lesbierinnen in Paris; sie hat ihr ganzes Leben lang aufrichtig nach einer dauerhaften und liebevollen Beziehung zu einer anderen Frau gesucht und hat sie nicht gefunden. Der Jagd der anderen nach sexuellen Abenteuern mit jüngeren Frauen, Schauspielerinnen und Modellen steht sie distanziert und überlegen gegenüber, denn sie selbst ist an solchen Affären nicht interessiert. Von der sinnlichen Gier der Frauen, die sie anzieht, fühlt sie sich eindeutig abgestoßen und beklagt sich über deren Forderungen in ganz ähnlicher Weise wie Don Juan, wenn auch aus ganz anderen Gründen. Sie wünscht sich eine eher zärtliche als leidenschaftliche Beziehung.

Im Gegensatz zu ihr steht Amalia X., die komische Schauspielerin, die alles bekommt: Glück, Leid, Männer, Frauen. Von Maskulinität fühlt sie sich in keiner Weise angezogen. "Was ist lächerlicher und trauriger als ein – nachgemachter Mann?" (44) Es ist nicht nur überflüssig, sondern auch ein ernster Fehler. "Siehst du, wenn eine Frau eine Frau bleibt, ist sie ein vollständiges menschliches Wesen. Nichts fehlt ihr, nicht einmal in Hinsicht auf ihre *amie*. Aber wenn sie sich jemals in den Kopf setzt, ein Mann zu sein, dann wird sie grotesk." Sie erzählt Colette Geschichten über die berüchtigte Lucienne, die sich wie ein Mann kleidete und zahlreiche Frauen anzog, von denen sie kaum eine mochte. Sie zerstörte Ehen, verursachte Selbstmorde, aber Loulou, die Frau, die sie wirklich wollte, entschied sich, zu ihrem Mann zurückzukehren, denn obwohl Lucienne aussah wie ein Mann, hätte es Loulou doch allzusehr geniert, mit einem Mann auszugehen, der sein "Pipi" nicht gegen die Wand machen konnte. Colette findet diese Geschichte komisch; Amalia nicht, weil sie in ihren Augen symbolisch für den Fehler steht, zu versuchen, ein Mann zu sein. Colette fragt Amalia, ob sie jemals treu gewesen sei. Sie antwortet mit der Leichtherzigkeit einer Frau, die ihr Leben auf Reisen verbracht hat, man könne jemandem, der nicht da sei, auch nicht treu sein. Amalias Fröhlichkeit entschuldigt sie in Colettes Augen irgendwie, aber nach ihrem generellen Urteil ist "sapphische Liederlichkeit die einzige unannehmbare." (45) Eine Begründung dafür gibt sie nicht. Vielleicht, weil leichtverschaffte Lust dem Anrecht auf ein unglückliches Leben im Wege steht.

Die Darstellung der Renee Vivien, der sehr begabten Dichterin, die im Alter von dreißig Jahren an Alkoholismus und Unterernährung starb, ist breiter und vielschichtiger, weil Colette nicht nur das Wesen dieser Frau beschreibt, sondern auch die Freundschaft zwischen ihnen. Ebenso, wie Colette sich zurückhielt, ihre schriftstellerische Arbeit mit ihr zu erörtern, fand auch Renee Viviens Schweigen über ihre eigene Arbeit Colettes Zustimmung. Sie nahm nie Bezug darauf. In ihrem Appartement fand sich kein Hinweis auf das Bestehen eines Schreibplatzes, und als sie einmal dabei überrascht wurde, wie sie etwas auf ein Stück Papier kritzelte, schob sie es rasch beiseite und betonte, damit habe es nichts auf sich. Wenn sie eines ihrer Bücher an Colette schickte, war es immer versteckt, in einem Obstkorb, in einem Stück Seide. Colette verstand das sehr wohl als Versuch, eine weibliche Identität zu wahren. Renee Vivien war schön, heiter, manchmal aber selbst in Colettes Augen erschreckend vulgär. Einmal, als Renee ihre vorsichtige Zurückhaltung Colette gegenüber fallen ließ und ihr sexuelle Details über ihre Beziehung mit einer Frau erzählte, wobei sie sie mit einer früheren Affäre unvorteilhaft vergleich, mißfiel Colette ihre Roheit und sie sprach das auch aus. Zu einem anderen Zeitpunkt, als Renee offensichtlich krank war, gestand sie, sie befürchte, ihre derzeitige Liebhaberin wolle sie umbringen. Wie, wollte Colette wissen – mit Gift, mit einer Pistole? Colette hat Renees Antwort nicht wiedergegeben, aber Renee hat offensichtlich recht derb erklärt, sie fürchte, zu Tode gefickt zu werden. Niemand hat jemals Renees Licbhaberin kennengelernt. Colette vermutete sogar, sie hätte niemals existiert, denn sie war hinsichtlich der Existenz solcher Vampire, wie Renee sie beschrieben hat, sehr skeptisch; aber mehrmals, als Colette gerade bei ihr war, wurde Renee zu ihrer Liebhaberin gerufen und sie ging, gehorsam, plötzlich Tränen in den Augen. Colette fand Renee auf kindische Art zynisch und verübelte ihr, wie sehr sie sich abhängig machte und ausbrannte. Aber sie mochte sie ehrlich und bemitleidete sie.

Keine dieser Frauen veranschaulicht die lesbische Erfahrung, die Colette faszinierte und der sie die meisten ihrer allgemeinen Ansichten über Lesbianismus entnahm. Nur mit Vorbehalten wagt sie sich an die Darstellung eines so sensiblen Themas wie das einer lebenslangen lesbischen Beziehung, aber sie hält sich für emotional erfahren und distanziert genug, auch eine "empfindsame Betrachtung" anzustellen (46). "Ja, ich will mit Würde, und das heißt, mit Feuer, über das sprechen, was ich die edle Zeit einer Leidenschaft zwischen Frauen nenne." (47) Erst ein mit der Lektüre von Colette einigermaßen erfahrener Leser macht sich auf diese Ankündigung hin gefaßt auf ein unvermeidliches Aufeinanderprallen von Stimmungen, denn Colette ist niemals emotional unberührt oder unparteiisch, und nichts in ihrer Welt bleibt lange edel. In diesem Fall überdauert die "edle Zeit" kaum den einen Satz, in dem sie sie mit der Verlobungszeit vergleicht. "Es ist die Periode, in der, gräßlich, . . . ein Leben etabliert wird, dessen Regelmäßigkeit normale Liebe ersticken würde." (48)

Dieses gräßliche Leben sind hier die fünfzig Jahre ab 1778, während derer die beiden berühmten Damen von Llangollen, Lady Eleanor Butler und Sarah Ponsonby, zusammenlebten – in idyllischer Abgeschiedenheit, wie sie es gern nannten. Colette erzählt ihr Leben anhand des Tagebuches, das Eleanor Butler führte, vom melodramatischen Beginn bis zum heiter-ruhigen Ende ihres gemeinsamen Lebens. Eleanor und Sarah verliebten sich ineinander und planten, ihrem jeweiligen Zuhause in Irland zu entfliehen. Erst nach mehreren gescheiterten Fluchtversuchen gaben ihre Familien auf, die Lösung darin zu suchen, sie einzusperren und erlaubten ihnen, das Land zu verlassen und nach Wales zu gehen, um ihrer Liebe zu leben. Dort lebten sie, ihre einzige Sorge die Armut, geschätzt von den Dorfbewohnern, geehrt durch gelegentliche Besuche der Großen und Berühmten der Welt. Nichts in dem

Tagebuch bis auf die ständige Erwähnung Sarahs als "meiner Geliebten" weist auf eine sexuelle Beziehung zwischen ihnen hin außer vielleicht einer einzigen Bemerkung über ihr Bett, aber in Betrachtung ihrer Beziehung stellt Colette zahlreiche allgemeine Behauptungen auf über die Natur der Liebe zwischen Frauen. Niemals ist es Leidenschaft, eher die Verwandtschaft durch ihr Geschlecht, die diese Zuneigung zwischen Frauen hervorruft, ein sexueller Narzißmus, der die Liebe und das Mitleid nährt, die sie füreinander fühlen, "die Wunder der Schwäche und scheuen Kenntnis." (49)

Nach Colette herrscht zwischen Frauen ein so subtiles Vertrauen, daß andere es nicht verstehen, sondern sie nur beneiden können. Da keine ihrer sonstigen Charakterschilderungen von Lesbierinnen diese hauptsächlichen Wesensmerkmale aufweist und da es keine zuverlässigen Informationen über die Sexualität der Ladies von Llangollen gibt, muß sich Colette entweder auf vertrauliche Mitteilungen von Menschen stützen, die sie in ihren Romanen nicht darstellt, oder auf ihre eigene Beziehung zu Missy, wenn sie eine derartige Beziehung zugleich romantisiert und verharmlost.

Die Ladies scheinen weder schwach noch schüchtern gewesen zu sein, und sollten sie sich gegenseitig bemitleidet haben, so gibt es dafür keinen Beweis. Ihr Vertrauen und ihre Zuneigung zueinander waren offensichtlich. Obwohl Colette daran nicht zweifelt, steht sie doch entsetzt vor dem, was sie als Preis für eine solche Beziehung vermutet; nicht so sehr für die ältere Eleanor, sondern vielmehr für die schweigsame Sarah, die in Eleanors Tagebüchern sogar ihres Namens beraubt und zu "meiner Geliebten" reduziert wird. Colette versucht, ein dramatisches Element einzuführen. "Die alltäglichste Störung schon kann die gleichmäßige Treibhauswärme, in der zwei Frauen sich selbstgeschaffener Täuschung hingaben, tödlich verändern." (50) Nichts dergleichen geschah, weil, wie Colette annimmt, Eleanor es nicht zuließ. Nach Colettes Vorstellung war sie die Gefängniswärterin einer Sarah, die in ihren Armen trauernd unter Einsamkeit und Armut litt. Für eine solche Interpretation führt Colette nur eine Begründung an: Frauen bauten Heim und Herd aus Mutterinstinkt, nicht aus Liebe zueinander und dem Wunsch nach gemeinsamem Leben. Ihre Feindseligkeit Eleanor gegenüber kann Colette nicht unmittelbar ausdrücken, weil sie das Leben der beiden zu sehr zu einer altmodischen Romanze aus der Vergangenheit stilisiert hat. Aber sie kann vermuten, was wäre, wenn sie 1930 lebten: "Eleanor Butler würde fluchen beim Hochkurbeln ihres Wagenhebers und ließe sich die Brüste amputieren." (51) Soweit zu Colettes "leidenschaftlichem Umgang" mit ihrer "empfindsamen Betrachtung".

Le pure et l'impure endet mit einer Kurzgeschichte, in der zwei Frauen von einem Mann aus dessen eigenen sexuellen Motiven heraus zusammengebracht werden. Sie fühlen sich zueinander hingezogen und er wird ihnen gleichgültig. Zwischen ihnen entsteht eine Beziehung, die nicht als Mutter-Tochterbeziehung bezeichnet werden kann, weil in mütterlichen Gefühlen immer auch ein Hauch Aversion existiert. Sie können nicht als Liebespaar bezeichnet werden, weil sie sich gegenseitig so sehr akzeptieren, daß sie die Schönheit der anderen vergessen haben. Diese Darstellung erinnert an eine frühere von Frauen in einem kleinen Nachtclub: die Kommunikation zwischen Frauen ist intensiver, weil Männer verbannt sind. Aber eigentlich glaubt Colette nicht, daß Frauen eine solche Isolation von Männern ertragen können. Nach ihrer Erfahrung sind selbst die maskulin geprägten Frauen bitter genug von ihren Gedanken über Männer in Anspruch genommen, brauchen sie in ihrer Vorstellung als Prügelknaben wie als Vorbilder. Nur Männer scheinen fähig, die Existenz von Frauen zu ignorieren. Die männlichen Homosexuellen, die Colette kannte, sprachen nur sehr selten überhaupt von Frauen und wenn, dann mit distanzierter Herablassung. Vielleicht waren sie es, von denen eine junge und unglückliche Colette lernte, sich zu Frauen herabzulassen. Und ebenso von ihnen – sie nannte sie ihre "Phantome" – und von ihren ersten beiden Ehemännern lernte sie, Männer zynisch zu betrachten, sie darzustellen, wie sie auch sich selbst dargestellt hätte, "rastlose Geister, kaum genesen von früheren Wunden, als sie mit Kopf oder Flanke gegen das taube und unbegreifliche Riff geschleudert wurden, den menschlichen Körper. . ." (52).

Bis sie dann, in hohem Alter, wegen Arthritis bettlägerig, als meisterhafte Künstlerin, deren Mann zu ihrem ergebenen Diener geworden war, den ungeheuer erfolgreichen Roman *Gigi* schrieb, die Geschichte eines jungen Mädchens, das von Kurtisanen zur Kurtisane erzogen wird und stattdessen den reichen Mann heiratet. Eine wahre Geschichte anscheinend, erzählt wie ein erotisches Märchen, hinterläßt es den Geschmack ranzigen Ahornsirups, zu süß und zu bitter. Das Ehebett, wenn auch respektabler als das Bett einer Mätresse, flößt nicht weniger Platzangst ein, außer eine ist wie Gigi "einfältig, ganz und gar Frau".

Das einzige Bett, das wirklich groß genug war für Colette, war ihr eigenes, das Floß ihrer alten Tage, auf dem sie fortfuhr, den Wert ihrer großen Begabung zu leugnen zugunsten des Frau-Seins. Das ist der Konflikt vieler großer Frauen, die mit ähnlicher Begabung belastet sind.

Violette Leduc
1907-1972

La Batarde, das Buch, das Violette Leduc endlich den ersehnten Durchbruch zum Erfolg brachte, greift in kondensierter Form noch einmal den Inhalt ihrer früheren Romane auf und überträgt ihn wieder in die autobiographische Darstellungsform. *La Folie en Tete*, das auf *La Batarde* folgte, ist im Grunde die Fortsetzung dieser Autobiographie. Darin erklärt sie: "Schreiben heißt, andere denunzieren" (1) und "Schreiben bedeutet, sich selbst zu prostituieren." (2) Ihre eigene bestürzende Offenheit in diesen beiden Büchern entspricht zwar einerseits dieser Definition, geht aber andererseits auch weit darüber hinaus. Wären ihre Bücher nichts weiter als Verrat an anderen und Prostitution ihrer selbst, dann könnten sie zwar sicher kurzfristig die Sensationsgier des Publikums auf sich ziehen, nicht aber das ernsthafte Interesse, das ihnen überall zuteil wird. Violette Leduc stellt sich selbst die Frage: "Würdest du Deine Sexualität verraten, um besser schreiben zu können?" und sie gibt sich selbst die Antwort: "Alles würde ich verraten um einer präziseren Darstellung willen." (3) Der Preis, den sie dafür bezahlt hat, war immens, aber sie hat die präziseste, sinnlichste, emotionalste und psychologisch stimmigste Darstellung einer Frau geliefert, deren ganzes Wesen durch ihre Sexualität bestimmt und reduziert ist. Mit Hilfe dieses Darstellungsprozesses kann sie auch in der tiefsten Erniedrigung noch als realen Vorgang reflektieren, was sich bei den meisten von uns nur in den geheimsten und angstbesetztesten Phantasien abspielt. In der Darstellung ihrer Lebensgeschichte finden wir einen Teil unsres eigenen Ichs wieder: unsre eigene Prostitution, unsre Angst, unsre geheimen Selbstbezichtigungen, unsre Selbstrechtfertigungen und unser verbohrtes Sträuben gegen das Offenbarwerden unseres Frauseins.

Violette Leduc wurde als uneheliche Tochter eines Dienstmädchens geboren. Sie war gleichzeitig der lebende Beweis für das Unrecht, das ihrer Mutter angetan worden war und die sichtbare Strafe für deren Geschlechtsleben. Deshalb wurden ihr die Männer nicht nur als verlogen und herzlos hingestellt, sondern ihre Mutter ließ sie auch spüren, daß sie sie mit diesem Feind identifizierte. Arm und isoliert, wie sie beide lebten, ergriff Violette von ihrer Mutter Besitz wie ein Liebhaber. Diese Haltung der Mutter gegenüber behielt sie ihr ganzes Leben lang bei, war aber gleichzeitig unzufrieden mit ihr und wütend auf sie. Die gleiche Mutter, die ihr beigebracht hatte, die Männer zu fürchten, verriet sie schließlich um eines Mannes willen, indem sie heiratete und Violette auf ein Internat schickte. In *Therese et Isabelle*, das ebenfalls anerkanntermaßen autobiographisch ist, reagiert Therese auf die Ankündigung der bevorstehenden Heirat ihrer Mutter mit den Worten: "Ich sagte ihr, daß ich doch selbst mit ihr verlobt sei." (4) Ihre Mutter versucht, sie zu beruhigen. "Für mich gibt es doch nur dich auf der Welt, ich liebe doch keinen andern Menschen außer dir, sagte sie zu mir, aber nun hatte sie doch jemand anderen." (5) Therese findet umgehend eine Möglichkeit, auf den Treuebruch ihrer Mutter zu reagieren: "Ich hatte Isabelle getroffen, und jetzt hatte ich auch jemand anderen." "Ich gehörte jetzt Isabelle und nicht mehr meiner Mutter." (6)

Für Violette Leduc steht jedoch in *Therese et Isabelle* nicht diese Interpretation der Bereitschaft Thereses, sich von ihrer Schulfreundin Isabelle verführen zu lassen, im Vordergrund. In *La Folie en Tete* interpretiert sie diesen Roman später selbst mit der ihr eigenen schockierenden Prägnanz als "einen Haufen klebrigen Sirup, von dem sich zwei junge Mädchen betören lassen." (7) Ihre Schreibweise will keine psychologische Analyse lesbischer Schulmädchenerlebnisse liefern. "Ich schrieb mit der einen Hand, und mit der anderen ...... befriedigte ich mich selbst, um sie besser lieben zu können." (8) Violette Leduc beschwört die sexuelle Atmosphäre ihrer Jugenderlebnisse noch einmal herauf, indem sie darüber schreibt und jeden einzelnen Augenblick in seiner sexuellen Spannung nachzeichnet. Gleichzeitig erlebt sie sich selbst als reife Frau, die sich selbst befriedigt, während sie über ihre Pubertätserlebnisse schreibt. Therese und Isabelle sind keine liebenden Freundinnen, eher zwei junge, von ihrer Sexualität bestimmte Tiere, die so völlig in ihrer Erfahrung aufgehen, daß sie nichts anderes mehr wahrnehmen. Sie halten sich in Isabelles Verschlag die ganze Nacht lang gegenseitig wach, und jede neue Entdeckung auf erotischem Gebiet berauscht und erschöpft sie tiefer, bis sie schließlich lernen, sich miteinander körperlich so stark zu identifizieren, daß sie kaum noch zwischen Berühren und Berührtwerden unterscheiden können. "Um sich hingeben zu können, muß man aufhören, man selbst zu sein," (9) erklärt Therese, und diese Entdeckung gilt nicht nur für den sexuellen Bereich, obgleich sie aus der körperlichen Ekstase hervorgeht. Therese ist nur noch ein erschöpfter und sehnsüchtiger Körper, sie verschläft den Unterricht und schleppt sich wie eine Schlafwandlerin durch den Tag, bis sie wieder mit Isabelle zusammensein kann, mit der sie im Waschraum, in der Halle oder im leeren Klassenzimmer rasche Umarmungen, Berührungen und Spötteleien wechselt. Alles, was von der Außenwelt sonst noch in Thereses Wahrnehmung eindringt, ist die Angst, entdeckt zu werden, sei es in der Schule oder in dem Zimmer, das sie stundenweise in der Stadt mieten. Isabelle ist so versunken, daß sie sich selbst über diese Gefahr keine Gedanken mehr macht, sie zieht sich sogar am hellichten Mittag in einem leeren Klassenzimmer aus, um Therese zu zeigen, wie sie sie mit der Zunge erregen kann. Isabelle hat nur eine Angst, die Angst, Therese zu verlieren, die Angst vor der unausweichlichen Trennung, da sie beide noch Kinder sind, die nicht über ihr eigenes Schicksal bestimmen dürfen. Therese und Isabelle sprechen nie miteinander, es sei denn als eine Form der Zärtlichkeit. Gegenseitiges Verständnis oder Mitgefühl für ihre jeweiligen Ängste können sie kaum aufbringen.

Da das Buch aus der Sicht Thereses geschrieben ist, stehen deren sexuelle Erfahrungen im Vordergrund, und da Therese wiederum die Verkörperung Violette Leducs in der Phase ihrer ersten längeren sexuellen Erfahrungen ist, steht alles, was Therese erlebt, in unmittelbarem Zusammenhang mit dem persönlichen Entwicklungsprozeß Violette Leducs. Therese befriedigt Isabelle auf deren Anweisung und unter ihrer Anleitung mit ihrer Zunge und interpretiert dieses Erlebnis später offensichtlich unter Freud'schem Einfluß: "Ihre Perle wollte das, was ich wollte. Ich entdeckte damals dieses kleine männliche Organ, das wir alle besitzen, und fühlte mich wie ein Eunuch, der wieder Mut bekommt." (10)

Das Buch endet damit, daß Therese von ihrer Mutter von der Schule genommen wird, aber Violette Leduc führt die Geschichte in *La Batarde* weiter, wo sie selbst als Hauptfigur an die Stelle Thereses tritt. Nachdem Violette und Isabelle erst einmal getrennt worden sind, was in der Realität dadurch geschah, daß Isabelle die Schule verließ, denkt Violette kaum noch an sie und konzentriert sich stattdessen auf Hermine, eine junge Musiklehrerin. Sie verbringen eine Nacht gemeinsam in Hermines Zimmer. Danach erst vermißt Violette Isabelle, da das sexuelle Erlebnis mit Hermine ihre hochgesteckten Erwartungen nicht erfüllte. Wegen dieser gemeinsam verbrachten Nacht wird Hermine der Schule verwiesen, aber die beiden wechseln heimliche Briefe und treffen sich schließlich außerhalb der Schule. Violette möchte sie draußen im Freien lieben, aber Hermine hat dazu zuviele Hemmungen. Violette vergleicht sie verächtlich mit Isabelle, die in ihrer Lust keine Skrupel und keine Hemmungen kannte. Violettes heimlicher Briefwechsel mit Hermine wird aufgedeckt und sie wird der Schule verwiesen. "Aus moralischen Gründen, wie es in den Zeitungen so schön heißt". (11) "Überall Fäulnis und Gift" (12).

Violette lebt nun mit ihrer Mutter und ihrem Stiefvater zusammen in Paris. Beide stellen sie weder wegen ihres Verweises von der Schule zur Rede, noch kümmern sie sich um ihren immer noch andauernden Briefwechsel mit Hermine oder deren gelegentliche Besuche. Auf der Schule in Paris, die sie jetzt besucht, hat Violette Komplexe wegen ihrer Dummheit, da sie es nie für nötig hielt, etwas zu lernen, und wegen ihrer Häßlichkeit, weil sie ihre Nase als zu groß empfindet. Deshalb behält sie das Einzige, was sie vor den anderen Schülerinnen auszeichnet, für sich: ihre größere sinnliche Erfahrung. "Das mußte ich vor allen verheimlichen." Violette Leduc konnte sich jedoch auf die Dauer dieses Gefühl der Überlegenheit, das Moral als etwas betrachtete, das nur in den Zeitschriften oder im Büro der Direktorin existierte, das aber von der Erfahrung völlig losgelöst war, nicht erhalten. Als sie später über diese Phase ihres Lebens schreibt, macht sie sich Gedanken darüber, was die Nachbarn über sie denken könnten, und zu ihrer eigenen Mutter sagt sie, daß sie sich bei dem Gedanken, diese könnte ihre Aufzeichnungen lesen, schäme. "Wozu soll man die Leute aufregen?" "Wozu die Menschen schockieren?" (13) "Ich hatte immer Hemmungen bei dem Gedanken daran, was die Leute sagen würden, und ich werde diese Hemmungen immer haben." (14) "Etwas, das die Menschen immer abgestoßen hat, und das sie auch immer abstoßen wird: Homosexualität." (15)

Vielleicht fühlen sich manche Leser wirklich durch die sexuellen Einzelheiten in Violette Leducs Büchern schockiert, aber selbst zu der Zeit, als sie ihre Bücher schrieb, regten sich viele Leute nicht wegen ihrer unverhüllten Darstellung sexueller Szenen auf, sondern wegen der Art der Beziehungen, die sie einging und beschrieb. Violette und Isabelle benutzen einander als Fünfzehnjährige dazu, sexuelle Erfahrungen zu machen, etwas anderes interessiert sie nicht. Zwischen zwei Mädchen ist diese Beziehungsebene sicherlich ungewöhnlicher als etwa zwischen zwei Jungen oder zwischen einem Jungen und einem Mädchen, dennoch kommt sie sicherlich häufig genug vor, wenn man die egoistischen Bedürfnisse und die Isolation der Pubertät bedenkt. Violettes Beziehung zu Hermine ist noch viel schwerer zu rechtfertigen, nicht etwa, weil sie sich liebten, sondern weil Violette Hermines Liebe auf so habgierige und schamlose Weise mißbraucht. Ehe Hermine zu Violette nach Paris kommen kann, läßt diese sich auf eine widersprüchliche Beziehung zu einem jungen Mann namens Gabriel ein. Sie erzählt Hermine nichts von Gabriel, ihm dagegen sowohl von ihr als auch von Isabelle. Gabriel zeigt Verständnis für sie, offensichtlich ist er bereit, seine Zeit und sein bißchen Geld in Violette zu investieren, ohne daß sie eine sexuelle Beziehung zu ihm eingeht. Als Violettes Mutter sie vor Gabriel, wie vor allen anderen Männern auch, warnt, versichert sie ihr, daß Gabriel anders als andere Männer sei. Er nennt sie: "mein kleines Bürschchen", ermutigt sie dazu, sich wie ein Mann zu kleiden und zu benehmen und bedrängt sie nie sexuell. Als Hermine nach Paris kommt, folgt er den beiden Frauen, macht Violette ostentativ auf seine Anwesenheit aufmerksam und scheint wirklich Vergnügen daran zu haben, die beiden Frauen zusammen zu sehen. Während dieser Heimlichkeiten hat Violette Schuldgefühle. Ihr ganzes Leben lang fühlte sie sich immer dann schuldig, wenn sie sich mehreren Menschen gleichzeitig widmete, so als bedeute ihr Interesse an einer Person Verrat an einer anderen. Dieses Schuldgefühl war gänzlich unabhängig davon, ob es sich um sexuelle Beziehungen handelte oder nicht. Anscheinend ist die Beziehung, die sie selbst als Einzelkind zu ihrer Mutter vor deren Heirat hatte, das Beziehungsmodell geblieben, an dem sich Zeit ihres Lebens ihre Vorstellung von einer Liebesbeziehung ausrichtete.

Nachdem Hermine in Paris ist und bereits mit Violette zusammenlebt, entdeckt sie Gabriels Existenz. Sie scheint sein Vorhandensein zu akzeptieren, ja manchmal sogar bei ihm Trost zu suchen, wenn Violette ihre Liebe allzuhart auf die Probe stellt. In Violettes Augen rivalisieren die beiden jedoch ausser um ihre Zuwendung auch um ihre Identität. Gabriel unterstützt sie in ihrer männlichen Rolle, Hermine dagegen nicht. Sie sagt Violette sogar, daß sie auch dann nicht wie ein Mann aussehe, wenn sie die Männer imitiere. "Hermine verwandelte mich in eine Frau, und das machte ihn rasend". (16) "In unsrer Freundschaftsbeziehung war ich für ihn der Mann und er für mich die Frau". (17) Hermines Einfluß erweist sich als stärker, was teilweise daher rührt, daß Violette ihre Stellung bei einem Verlag aus gesundheitlichen Gründen aufgibt und jetzt völlig von Hermine abhängig ist, die an einer Schule unterrichtet und außerdem noch Privatstunden gibt, um genug Geld für sie beide zu verdienen.

Violette, die den ganzen Tag nichts zu tun hat und sich langweilt, spornt Hermine an, immer mehr Schüler anzunehmen, damit sie selbst mehr Geld zur Verfügung hat. "Je mehr ich nach außen hin in die männliche Rolle hineinglitt, desto stärker nagte in mir der Wunsch nach nutzlosen Luxusgegenständen, nach schönen Wagen und kostbaren Pelzen." (18)

Hermine spart ihr Geld, um Violette elegante Kleider zu kaufen, aber je mehr Geschenke sie ihr macht, desto mehr will Violette haben. Violette stromert durch die Straßen und läßt sich von Wildfremden im Auto mitnehmen, aber ihre Angst vor Männern läßt sie doch jedes Mal davonlaufen. Sie berichtet Hermine von diesen Abenteuern, und es beunruhigt sie, daß Hermine überhaupt nicht eifersüchtig ist. Gabriel hingegen ist eifersüchtig, zumindest scheint es so, und sein Widerwille gegen dieses Verhalten führt schließlich dazu, daß er sich von Violette trennt. Violette mißbraucht Hermines Großzügigkeit und Toleranz immer mehr und bricht schließlich in die Worte aus: "Sie bringt mich um, und es gibt nichts, was ich ihr vorwerfen könnte". (19) Hermines Vergehen besteht jedoch darin, daß sie Violette immer mehr in die weibliche Rolle drängt: die einer nutzlosen, abhängigen, gelangweilten und habgierigen Frau. Als Violette schließlich einen sehr teuren Tisch entdeckt, den sie unbedingt haben möchte, gelingt es ihr nicht, Hermine einzureden, daß genug Geld dafür vorhanden sei. Es folgt eine Begegnung mit einem sonderbaren Mann, den Violette von ihrer beider Beziehung in Kenntnis setzt und der ihr Geld dafür anbietet, wenn er einer Liebesszene zwischen ihr und Hermine zuschauen darf. Zunächst gelingt es ihr nicht, Hermine dazu zu überreden, aber schließlich ist diese sogar dazu bereit, um Violettes Wunsch nach dem teuren Tisch zu erfüllen. Innerlich hält Hermine dieser Belastungsprobe ihrer Liebe jedoch nicht stand. Sie sucht die Beziehung zu einer Kollegin, um sich von Violette freimachen zu können und läßt sie schließlich elend und rasend vor Wut allein. Violette hält ihr noch entgegen: "Wer von uns hat denn letztlich der anderen mehr gegeben? Ich!" (20)

Ihre Opfer bestanden darin, daß sie die Schule verlassen mußte, ihre Arbeit aufgab und ihre Gesundheit ruinierte. Geben bedeutete für Violette Leduc immer nur Opfer bringen, sich selbst aufgeben, so wie sie es von Isabelle gelernt hatte. Hermine ist für sie eine gestrauchelte Heilige, weil sie sie zunächst vergöttert hatte, aber schließlich den Glauben an sie verlor.

Violette scheint Hermines Ablehnung überwunden zu haben, indem sie Zuflucht bei der Masturbation suchte, in der Hermine sie unterwiesen hatte. Hermine wiederum hatte ihr erzählt, "daß sie es aus einem Buch von Freud gelernt hatte". (21) "Zunächst dachte ich, daß ich mich dabei versündigte. Ich kam nicht auf den Gedanken, daß Enthaltsamkeit und Unterdrückung einen verrückt machen, sondern sagte mir: das ist eine üble Angewohnheit, die du entweder loswerden oder aber für dich behalten mußt." (22) Später sagt sie zu diesem Thema: "Ich begehre im Grunde nur mich selbst, und ich kann auch nur mich selbst begehren." (23)

Falls sie später noch weitere Beziehungen zu Frauen einging, so schreibt sie nichts mehr darüber. Sie hätte von sich aus wohl gerne eine sexuelle Beziehung zu Simone de Beauvoir gehabt, die ihr immer eine gute Freundin war und sie in ihrer Arbeit bestärkte, als sie lange Jahre hindurch zwar in literarischen Kreisen bereits ein gewisses Ansehen genoß, ihre Bücher sich aber noch nicht verkauften. Simone de Beauvoir war jedoch an einer sexuellen Beziehung nicht interessiert, und Violette war ihr für ihre loyale und hilfreiche Unterstützung in ihrer Arbeit so dankbar, daß sie es ihr nicht nachtrug. An sich ein ganz normales Verhalten, aber dennoch bemerkenswert vor dem Hintergrund, daß Violette in ihren Beziehungen zu homosexuellen Männern nie in erster Linie Interesse an ihrer Arbeit, sondern sexuelles Interesse an ihrer Person erwecken wollte, was ihr jedoch nie gelang.

Außer Gabriel, mit dem sie schließlich eine kurze und unglückliche Ehe einging, waren alle Männer, für die sie sich je interessierte, homosexuell. Und selbst ihre Beziehung zu Gabriel war sexuell äußerst kompliziert. Auch nachdem sie sich einmal entschlossen hatte, ihre alte Angst vor dem Sperma zu überwinden, weigerte sie sich immer noch, Gabriel gegenüber die weibliche Rolle einzunehmen. Sie bat ihn, sie so zu lieben, wie ein Mann einen anderen Mann lieben würde. Gabriel selbst hatte noch einen einfacheren Lösungsvorschlag parat: in ihrer Hochzeitsnacht schlug er vor, sie sollten einander lieben wie Bruder und Schwester. Obgleich sie immer wieder versuchte, ihn zu verführen, was ihr auch manchmal gelang, war er sexuell nie wirklich an ihr interessiert, und er konnte wenig Mitgefühl dafür aufbringen, daß sie darunter litt, da er ihr seinerseits nachtrug, daß sie ihn jahrelang schlecht behandelt hatte. "Warum habe ich bloß geheiratet?", fragte sie sich. Die Antwort, die sie sich selbst gibt, ist banal und deprimierend: "Ich hatte Angst davor, eine alte Jungfer zu werden, von der die Leute sagen könnten, sie hat keinen abgekriegt, weil sie zu häßlich war." (24) Aus einigen ihrer Bemerkungen läßt sich leicht herausinterpretieren, daß sie lieber ein Mann gewesen wäre. "Frauen sind eben keine Männer, sagte ich mir, wobei mir innerlich elend war." (25) Frauen sind für sie minderwertige Geschöpfe. Als sie ihre Beziehungen noch einmal Revue passieren läßt, sagt sie, daß sie mit Isabelle (wie auch mit Hermine und Gabriel) zusammen ein Kind geblieben sei, auf das man aufpassen müsse, "eine idiotische Frau, völlig blockiert in ihrem Leerlauf" (26). Sie beklagt sich nicht nur über ihre eigene Häßlichkeit, sondern auch über den weiblichen Schwung ihrer Hüften. Während der Zeit, in der sie um die Zuneigung Genets warb, verhielt sie sich bis zur Selbsterniedrigung schmeichlerisch und servil und duldete, daß er sie übel behandelte. Schließlich sah sie sich selbst in ihrer Phantasie mit einem dünnen Body-Stocking bekleidet und mit einem künstlichen Penis versehen, um seine Aufmerksamkeit auf sich zu ziehen. Als Gast im Hause Cocteaus zerquält sie sich selbst, weil sie "nur eine Frau" ist. Zweimal im Laufe ihres Lebens fanden sich homosexuelle Männer bereit, für sie zu sorgen, aber in ihrer Gegenwart mußte sie ihre sexuellen Wünsche unterdrükken und zwangsläufig, wie sie sich spöttisch selbst bezeichnet, "zu einer Art Blaustrumpf, der hauptsächlich aus Laufmaschen besteht" (27) werden.

Als ihre Mutter sie auffordert, doch endlich nach einem Mann Ausschau zu halten, der wirklich bereit sei, die Verantwortung für eine Frau zu tragen, erscheint ihr ein solches Verhalten unlauter, was für ihre Person ganz ungewöhnliche moralische Bedenken sind, wenn man bedenkt, wie sie sich sonst selbst in den intimsten Beziehungen verhält. In einer ihrer arroganten Launen, die ihr immer wieder als Mittel dazu dienen, sich aus Depressionen und Selbstmitleid zu befreien, sagt sie, daß sie sich bereits bei ihrer Geburt geschworen habe, stets voller Leidenschaft das Unmögliche zu wollen. Besteht das Unmögliche darin, ein Mann sein zu wollen? Oder vielleicht lieber ein hübscher Knabe? Immer wieder sucht Violette unmögliche Beziehungen um eben dieser Unmöglichkeit willen, und das nicht nur, um ihr paranoides Selbstmitleid und ihr rasendes Verlangen ausleben zu können. Wie schmerzlich das sexuelle Desinteresse der anderen auch für sie sein mag, es bewahrt sie doch vor der Selbstaufgabe, als die sie die sexuelle Leidenschaft erfahren hat. Nur in Beziehungen, die unmöglich sind, findet sie den Raum, den sie braucht, um zu schreiben, um sich selbst zu lieben und um sich immer aufs Neue als das wiederherstellen zu können, was sie war und was sie geblieben ist: "unversehrt, beladen mit meinen Fehlern, unter denen ich fürchterlich gelitten habe."(28)

Es gibt wenige Menschen, die mit sich und anderen so unablässig und wütend Mißbrauch getrieben haben wie sie, die trotz einer derart labilen seelischen Verfassung in die erbärmlichsten Bereiche der menschlichen Emotionen, wo sich keine Selbstachtung mehr aufrechterhalten läßt, hinein – und mühsam durch sie hindurchgekommen sind. Violette Leduc hat das alles durchgemacht, und am Ende bleibt ihr nur ein unerfüllter Traum: "das unmögliche Wort auf den Regenbogen zu schreiben". (29) Sie findet schließlich zu einem versöhnten Zustand: "Ich schreite ohne zurückzuweichen durch den brennenden Dom des Sommers. Mein wildes Gras ist herrlich und voller Musik. Feuer, das die Einsamkeit auf meine Lippen preßt." (30) Die Onanistin, die sich endlich in ihren Büchern der Welt preisgibt, nicht das Genie, als das Gertrude Stein gelten mochte, nicht die gemarterte Heilige, als die Radclyffe Hall gelten wollte, nur eine häßliche Bastardin, die das Wort ergreift.

Margaret Anderson
1893 - 1973

Margaret Anderson entstammte, wie soviele andere außergewöhnliche und besondere Menschen ihrer Zeit, dem Bürgertum des Mittleren Westens. Mit einundzwanzig löste sie sich von ihrer Familie und begann, sich mit Charme den Weg der Musik und Literatur Chicagos zu eröffnen. Obwohl sie Artikel für Zeitungen verfaßte und Klavier spielte, verstand sie sich selbst weder als Schriftstellerin noch als Musikerin, sondern als eine, die sich mit der Kunst prüfend, kritisch und einschätzend beschäftigte. Ohne über Erfahrung oder Geld zu verfügen, beschloß sie, ein Magazin zu gründen, in dem alles veröffentlicht werden sollte, was auf dem Gebiet von Romanliteratur und Lyrik neu und gut war, die wichtigsten Diskussionen darüber und über andere Bereiche der Kunst. Von Anfang an antiintellektuell da antitheoretisch, fesselte Margaret Anderson nicht nur einige der interessantesten Schriftsteller Amerikas, sondern später auch Ezra Pound und James Joyce. Pound wurde Herausgeber von *The Little Review* diesseits des Ozeans und veranlaßte, daß *Ulysses* fortlaufend darin veröffentlicht wurde. Fünfzehn Jahre lang, von 1914 bis 1929, überlebte und wuchs *The Little Review*, obwohl die Zeitung immer finanzielle Engpässe zu überwinden hatte und die Ausgaben manchmal von den Behörden der amerikanischen Post beschlagnahmt und verbrannt wurden.

1930 veröffentlichte Margaret Anderson den ersten Band ihrer Autobiographie, *My Thirty Years' War*, in dem sie ihre Probleme und Triumphe als Herausgeberin des, wie sie wußte, besten Literaturmagazins seiner Zeit beschrieb. Das Buch ist eine außerordentlich faszinierende Lektüre, denn es enthält nicht nur sehr viel an literarischer und musikalischer Geschichte, sondern es zeigt auch den Mut, die Anmaßung und die freudige Intensität der Autorin, die oft genug hätte verbittern müssen und kaum je verbittert ist. Sie behauptet, außer Atem zu sein und läßt doch meist viel eher kräftige Böen frischen Windes herein. Von rigoroser Kritik gegenüber Menschen wie etwa Intellektuellen, Sozialisten, schlechten Dichtern und Millionären ist sie in ihren Portraits Einzelner fast immer großmütig und einfühlsam. Da wird die großartige Amy Lowell beschrieben, wie sie im Büro der *Little Review* erscheint, entschlossen, die Zeitschrift zu kaufen, um sich an Pound zu rächen, der es abgelehnt hatte, sie in seine Schriftstellergruppe aufzunehmen. Pounds Briefe an Margaret Anderson sind ausführlich zitiert, voller Energie, persönlichem Witz und kritischem Scharfsinn. Emma Goldman, die unbestechliche Anarchistin, wird zum Besuch in Margaret Andersons Wohnung überredet – mit der wiederholten Versicherung, es gäbe dort keine Möbel, sondern nur einen großen Flügel. Der freche Einfallsreichtum, mit dem Margaret Anderson Flügel beschaffte, ob für ein Chicagoer Appartement oder ein kalifornisches Landhaus, bewährte sich ebenso bemerkenswert beim Hervorzaubern von Weihnachtsbäumen in der schwierigsten Jahreszeit und einer gerade für die nächste Ausgabe von *The Little Review* ausreichenden Geldsumme. Margaret Anderson war zu sehr Freigeist, um Gönner für das Magazin zu werben und zu halten, zu sehr von sich selbst überzeugt, um so arm zu erscheinen wie sie war, und zu sicher, Wunder willentlich erzwingen zu können, um sich übermäßig große Sorgen zu machen.

Ihre größte Begabung, bereits in ihrer Autobiographie ersichtlich und sehr viel mehr noch Thema ihres zweiten Buches *The Fiery Fountains*, lag in der Freundschaft. In der Kunst der Freundschaft lag für Margaret Anderson genausoviel Größe wie in der Kunst von Musik und Literatur. Ihre kritischen Einsichten in ihrem letzten Buch *The Strange Necessity* sind oftmals abwehrend, oberflächlich und eigensinnig, aber wie sie die wichtigen Beziehungen ihres Lebens beschreibt, wie sie die Erfordernisse einer menschlichen Beziehung begreift, bewegt und macht nachdenklich.

Margaret Anderson ließ Konventionen so früh in ihrem Leben hinter sich, daß ihr anscheinend die so offensichtlichen Entscheidungskonflikte vieler anderer Frauen erspart blieben. Radclyffe Halls Empfindung ihrer eigenen Abnormalität und Violette Leducs Paranoia zum Beispiel stehen im direkten Gegensatz zu Margaret Andersons Haltung sich selbst gegenüber: "Meine Unwirklichkeit ist hauptsächlich die: ich habe mich niemals so sehr als menschliches Wesen gefühlt. Es ist ein herrliches Gefühl." (1) In einem Interview gesteht sie: "Ich werde eine 'liebenswerte Laune der Natur' genannt." (2) Als schöne Frau (ein Attribut, das sie absolut nicht leugnete) wehrte sie zahlreiche Männer ab, die *The Little Review* unterstützt hätten, wenn ihnen auf der persönlichen Ebene Hoffnungen gemacht worden wären. Sie hatte keinerlei Interesse an einer der konventionellen Rollen und verkündete stolz: "Ich bin keines Mannes Frau, keines Mannes entzückende Geliebte und werde nie, nie, niemals Mutter sein." (3) Nach dem frühen Tode ihres Vaters brach sie mit ihrer Mutter völlig. Und obwohl sie mit ihren beiden Schwestern länger in Verbindung blieb, gab sie zu, daß sie sie für völlig verrückt hielten und ihr eigentlich niemals schwesterliche Gefühle einflößen konnten. "Ich habe mich selbst ziemlich konsequent den natürlichen Gesetzen ferngehalten ..." (4) Abnorm zu sein, Außenseiterin, nicht nur in Hinsicht auf Konventionen, sondern auch Außenseiterin der Natur, bedeutete ihr eher Freude als Kummer, denn Margaret Anderson war immer nur am Außergewöhnlichen und Seltenen interessiert, an Menschen, die in Kunst und im Leben die Gabe sensibler Wahrnehmung hatten, die für ihr eigenes und das Wesen anderer Menschen tieferes Begreifen entwickeln konnten. Vieles in *The Fiery Fountains* bezieht sich auf ihren Kampf, ihre eigene innere Wahrnehmung in langem und oftmals schmerzlichem Lernprozeß mit Gurdjieff in Frankreich zu vertiefen, einem Lehrer, dessen Sichtweise auch die beeinflußte, die Margaret Anderson am nächsten standen. Wenn sie auch nicht den Schmerz des Andersseins erfahren hat, der bei so vielen anderen ersichtlich ist, die aus den Konventionen eher herausgefallen sind, weil sie sie nicht erfüllten, als weil sie sie arrogant zurückgewiesen hätten, blieben Margaret Anderson doch die Schmerzen seelischen Wachstums nicht erspart, durch die sie begann, das Wesen von Liebe und von Freiheit verstehen zu lernen.

Die Erste von "all meinen lieblichen Gefährtinnen" (5), wie sie sie nannte, war Jane Heap; sie trat in ihr Leben, kurz nachdem Margaret Anderson *The Little Review* gegründet hatte und wurde schon bald Mitherausgeberin der Zeitschrift. Auf Fotos hätte sie leicht als hübscher junger Mann verkannt werden können; intelligente und schwermütige Augen, Kinn und Nase kräftig modelliert, ein voller Mund. Ihre Anziehungskraft bestand für Margaret Anderson in ihrer großen Begabung für Gespräche, in denen sie sich originell, gut informiert und bescheiden zeigte. Margaret Anderson drängte sie, ihre Ansichten in *The Little Review* zu veröffentlichen, und sie tat es, wenn auch stets widerstrebend, immer mit tiefliegendem Argwohn über den Wert eines solchen Unterfangens, denn sie teilte nicht Margaret Andersons Begeisterung dafür, die lesende Öffentlichkeit zu informieren und zu beeinflussen. Gutmütig beklagte sie sich darüber, Margaret Anderson trüge sie wie einen Kampfhahn unter dem Arm herum, um sie in jede geeignete Runde zu werfen. Offensichtlich gefiel Jane diese Rolle entschieden besser als die Schreiberei für *The Little Review*. Sie und Margaret begannen bald, zusammenzuleben. Intensive Monate verbrachten sie auf einer Farm in Kalifornien, redeten nächtelang über alles, worüber man reden kann; immer wieder aber wandten sich ihre Gespräche der Natur und Psychologie der Kunst zu und der menschlichen Motivierung, über die Jane ein "unheimliches Wissen" und eine "untrügliche Hellsichtigkeit" (6) hatte. Nachdem sie die Kontakte nicht knüpfen konnten, die sie sich in Kalifornien erhofft hatten, faßte Margaret den Entschluß, die Zeitschrift von Chicago nach New York zu verpflanzen. Ihre häusliche Gemeinschaft dauerte neun Jahre an; gegen Ende dieser Zeit war Margaret der Zeitschrift überdrüssig und in der Beziehung selbst bis zum Zerreißen gespannt. Jane Heap wollte *The Little Review* nicht aufgeben und verlegte sie noch über mehrere Jahre hinweg alleine, nachdem Margaret nach Frankreich übergesiedelt war mit Georgette Leblanc, der ehemaligen Frau von Maeterlinck, einer Sängerin, die zwanzig Jahre älter war als Margaret und mit der sie einundzwanzig Jahre lang, bis zu Georgettes Tod, zusammenleben sollte. Später zog Jane Heap nach London und erfuhr dort Gurdjieff, gemeinsam mit Margaret und Georgette, zu deren intimsten Freundeskreis sie gehörte. In den letzten Monaten ihres Lebens unterhielt Georgette einen Briefwechsel mit Jane, deren Briefe zeigen, daß Jane Georgette in ganz ähnlicher Weise lieben und bewundern gelernt hatte wie Margaret. Die Ironie in ihren Grüßen an Margaret ist eine zärtliche, nicht bittere. "Grüße mir herzlich Florence Nightingale Anderson. Ich hatte immer Angst, ich könnte einmal krank werden und sie würde mich pflegen." (7) Janes Brief an Margaret, als Georgette starb, drückt große Achtung Georgette gegenüber aus und zeugt von liebevollem Beistand für Margaret.

Es ist schwierig, eine genaue Beschreibung der Qualitäten und Schwierigkeiten in der Beziehung Margarets zu Jane zu finden, weil Margaret meistens verallgemeinerte, so daß oftmals nicht feststellbar ist, über wen sie sich äußerte. Natürlich war das auch ein Mittel, die Menschen zu schützen, die sie gern hatte. Außerdem lebte sie zu einer Zeit, in der man sich in Hinsicht auf sexuelle Liebe nur behutsam äußern durfte, eine Beschränkung, gegen die sie nicht nur nichts einzuwenden hatte, sondern die sie sogar gegen die "Derbheit" eines Schriftstellers wie D.H. Lawrence kultivierte. Daß sie Joyce veröffentlichte und ihn verteidigte, scheint im Hinblick auf ihren sonstigen Geschmack und ihre Moralvorstellungen eine Ausnahme gewesen zu sein. Gegen Ende ihres Lebens erschienen ihr selbst Bücher, die als "feinfühlig" galten, brutal und grausam. "In Wahrheit fühle ich so 'rein' ... und ich schäme mich dessen nicht, und es ist mir gleichgültig, wer es weiß." (8) Es ist schwer zu sagen, was sie mit 'rein' gemeint haben mag, persönlich vielleicht, sicherlich nicht asexuell, denn sie sagt: "Ich weiß nichts über Sex nur um seiner selbst willen. Ich bedaure das. Ich bin sicher, daß ich etwas vom Brot und Wein des Lebens versäumt habe. Ich habe Sex nur als romantische Liebe gekannt." (9) Und über romantische Liebe sagt sie: "Ich fand romantische Liebe da, wo allein sie – für mich – existieren kann, bei Menschen, deren Natur es ist, Sexualität als ein Geheimnis und ein Geschenk zu betrachten." (10)

Die Spannung zwischen Jane und Margaret entstand wahrscheinlich aus ihren unterschiedlichen Temperamenten und Gefühlsbedürfnissen. Jane war geselliger und vielseitiger in ihren sozialen Neigungen, aber sie war auch schwermütiger, ohne Margarets eigensinnigen Optimismus. Mit ihren

Stimmungen übte sie eine gewisse Macht über Margaret aus, und Margaret litt darunter. "Diese Ausbrüche und Versöhnungen, in denen Liebende aufzublühen scheinen, sind mir ein Greuel" (11), sagte Margaret später, aber eine ähnliche, wenn auch weniger eindeutige Bemerkung machte sie schon während ihres Zusammenlebens mit Jane. "Das ist es – das menschliche Drama -- das für mich immer überflüssig gewesen ist." (12) "Ich hatte immer noch etwas zu leben außer einem privaten Leben." (13) Und dies war ihre Leidenschaft für und ihr Glaube an die Kunst, die für Jane keine so zentrale Bedeutung hatten und daher nicht an die Stelle eines intensiven persönlichen Lebens rücken konnten.

Jane besaß eine Pistole und drohte mit Selbstmord. Sie leistete Änderungsvorschlägen Widerstand, teilte wohl Margarets Freude daran, ein gemütliches Heim einzurichten, aber nicht die Fähigkeit, es zu verlassen. Wenn Jane nachgeben mußte, was bei ihrem Umzug nach New York der Fall war, lag sie tagelang zu Bett, das Gesicht auf dem Laken und mochte sich nicht rühren. Margaret, die unter neuen Anforderungen aufblühte, verlegte sich darauf, lange und wahrscheinlich nicht zum Absenden gedachte Briefe zu schreiben über ihr eigenes Leiden unter der Tyrannei solcher Bedürfnisse; sie wünschte sich eine Art von Freiheit, die Jane offensichtlich nicht verstand, da sie niemals das Bedürfnis nach Alleinsein hatte und fähig war, die vereinbarten drei Stunden am Tag zu schreiben. Allmählich empfand Margaret, daß sie ihr eigenes Leben mehr und mehr aufgab um der Liebe willen, ihr eigenes "wunderbares Leben", und das konnte sie nicht ertragen. Sie begehrte auf, das Leben müsse Ekstase sein, worauf Jane lakonisch antwortete: "Warum mich auf Ekstase begrenzen?" (14) Eine schlagfertige Antwort, die Margaret würdigte und niemals vergaß, aber zur Versöhnung führte sie nicht. Später schrieb Margaret: "Ich wußte nicht, was ich mit dem Leben anfangen sollte - also fing ich mit einem Nervenzusammenbruch an, der viele Monate anhielt." (15)

Als sie dem entfloh, was zu einem unerträglichen Gefängnis dieser Liebe geworden war, setzte sie den Anfang zu einer ganz anderen Art von Beziehung, der mit Georgette Leblanc, die keine der Forderungen stellte, die das Leben mit Jane begrenzt und damit letztlich unmöglich gemacht hatten. Die Freiheit, nach der Margaret sich sehnte und von der sie gehofft hatte, sie würde sich im Lauf der Zeit mit Jane entwickeln, bestand in der Beziehung zu Georgette von Anfang an, und "Freiheit ist das einzige Band, das mich jemals vollständig an ein anderes Menschenwesen binden konnte." (16) "Während der einundzwanzig Jahre, die Georgette und ich zusammenlebten, habe ich von ihr nicht einmal eine herausfordernde Bemerkung gehört, nicht auch nur eine Spur schlechter Laune erlebt; nicht einmal ist sie in meine persönliche

Sphäre und Freiheit eingedrungen, nicht einmal hat sie mich wegen meines Verhaltens ermahnt, Ungeduld mit mir gezeigt oder auch nur ein Wort des Vorwurfs geäußert." (17) Es ist eine erstaunliche Aussage, die in den letzten beiden Bänden ihrer Autobiographie immer wieder auftaucht, in denen Margaret die vollkommene Beziehung beschreibt, die zwischen ihnen möglich war, weil Georgette eine so besondere und wunderbare Frau war. Margaret verstand Freiheit in der Liebe nicht als Freiheit von gern übernommenen Pflichten und Verantwortungen, sondern als Freiheit von Konflikten, von Inbesitznahme und Neid. "In der wirklichen Liebe will man das Gute des anderen Menschen. In der romantischen Liebe will man den anderen Menschen." (18) Ihre Liebe zu Georgette war eher wirkliche als romantische Liebe, obwohl möglicherweise die eine langsam die andere durchdrang. "Ich erinnere mich, wie ich einmal ein Feuer im Wohnzimmer angemacht habe, das war in der Rue Casimir Perier. Ich erinnere mich, wie Georgette kam und sich davor setzte und ihre Hände den wärmenden Strahlen entgegenhielt. Ich dachte: 'Feuer ist ein immer wiederkehrendes Wunder für sie; ihre Antwort darauf ist Strahlen; es gibt nichts, was ich nicht tun würde, um dieses Strahlen herauszulocken und mich darin zu sonnen.' " (19) Das Ideal, das diese Liebe für Margaret bedeutete, wäre weniger glaubwürdig und überzeugend, wären die Einzelheiten ihres Zusammenlebens nicht oftmals als ebenso schwierig und belustigend beschrieben worden wie besessen von "Wunder und Entzücken" (20).

Georgette reiste mit Margaret als Klavierbegleiterin voller hochgesteckter Hoffnungen nach Frankreich, da sie die Zusage ständiger Unterstützung für Konzerttourneen erhalten hatten. Zwei Monate später wurde diese Unterstützung zurückgezogen und die beiden Frauen standen ohne finanzielle Mittel da. Eine zeitlang mußten sie bei Georgettes reichen und knauserigen französischen Verwandten leben, in großen, unbeheizten und unbeleuchteten Häusern, wo selbst das Baden eingeteilt wurde. Als Georgette ernstlich an einer Lungenentzündung erkrankte, konnte ihr reicher Bruder nur an die Kosten des Sauerstoffes denken. Aber solche schrecklichen Erfahrungen entmutigten die beiden Frauen in keiner Weise. Sie fanden einen verlassenen Leuchtturm, in dem sie leben konnten und zogen mit einer dritten Gefährtin, Monique, dort ein; Monique hatte zunächst nur Georgettes Stimme bewundert, wurde aber dann mehr und mehr eine Mischung aus Krankenschwester und Freundin und diente ihr und Margaret ihr ganzes Leben lang. Vielleicht trug ihre ständige Anwesenheit zu der gegenseitigen Hochachtung und Unabhängigkeit in ihrer Beziehung bei. Sicherlich jedenfalls bedeutete sie keinerlei Einschränkung für ihre gemeinsame Zufriedenheit. Georgette und Margaret schrieben beide Bücher, die ihnen den Lebensunterhalt einbrachten, aber kaum mehr. Georgettes Konzerttourneen blieben erfolglos. Aber ihr Leben war erfüllt von Musik, Literatur und Freunden und in seinem Wesentlichen durch das Lernen von Gurdjieff bereichert. Margaret verließ Georgette oft und unternahm Reisen mit anderen Freunden. Sie kehrte zurück "in diese totale Anwesenheit, die immer auf mich zukam, als trüge sie ihr Leben in den Armen, stellte es mir zur Verfügung, befreite mich von allen fremden Mächten der Welt." (21) Wenn sie gemeinsam reisten, veranlaßte Georgettes geniale Unordnung Margaret dazu, einen Vertrag aufzustellen, den alle drei unterzeichneten, über das, was toleriert und was nicht toleriert werden könne. Er ist ein Dokument gutmütigen Ärgers über all die Unannehmlichkeiten wegen verlorener Gegenstände und Tieren im Auto. Georgette und Monique unterzeichneten diesen Vertrag gehorsam, und "alles entwickelte sich wie gewöhnlich. Es machte mir natürlich nichts aus. Ich konnte physische Katastrophen ertragen, weil ich mit Georgette niemals geistige oder emotionale Katastrophen zu ertragen hatte." (22)

Im Kontrast zu der klaren Freude ihrer wichtigsten Beziehung stehen ihre Erwägungen über die romantische Liebe, über die Margaret alles zu wissen behauptet, was es darüber zu wissen gäbe. Sie stellte eine Liste von vierunddreißig Verboten auf für die, die "unsterblich verliebt" sein will; es tauchen Befehle auf wie: "Du darfst keine Angst haben vor einem tragischen Ende - romantische Liebe ist eine Tragödie, um es gleich zu sagen" und "Du darfst Liebe nicht mit Moral in Zusammenhang bringen - Chemie ist jenseits aller Moral." (23) "Das 'dieser Welt verloren sein' war für mich immer die Grundlage romantischer Liebe" (24), gibt sie zu. Verliebte sie sich in andere Frauen während ihres Lebens mit Georgette, verlor sie sich in solchen "Tragödien" und kehrte zu Georgette zurück, wenn diese Beziehungen ausgelebt waren? Sie sprach nur im Allgemeinen. "Wenn ich verliebt bin - fürchterlich verliebt bin - und versucht, meiner Vernarrtheit bis ans Ende der Welt zu folgen, habe ich es nie getan." (25) In einem Brief, in dem Georgette an einen jungen Menschen über Liebe schreibt, scheint sie weiser und auch realistischer. "Wenn unsere Liebe sowohl den Körper als auch den Geist erfaßt, dann ist sie ausgewogen. Wenn die 'Offenbarung' fehlt, ist der Körper eine Hilfe. Er ist aber auch eine Ursache für Qualen ..." (26)

Als 1939 der Krieg drohte, träumten Margaret und Georgette immer noch von einer erfolgreichen Konzerttournee, aber Georgette war über sechzig und war bereits an Krebs erkrankt. Ihre letzten beiden Jahre verbrachte sie im Kampf gegen diese Krankheit und im Kampf gegen die Schwierigkeiten eines Lebens im besetzten Frankreich. Erst nach Georgettes Tod konnte Margaret von Monique dazu überredet werden, in die Staaten zurückzukehren, da den Amerikanern in Frankreich ein Verbringen in Konzentrationslagern drohte. Ernest Hemingway bezahlte ihr die Überfahrt.

Auf dem Schiff nach Amerika traf sie Dorothy Caruso, die Witwe des Sängers, die ihre Kinder in Sicherheit brachte. Margaret sprach mit ihr über die Lehren Gurdjieffs, mahnte sie, nicht die Witwe eines berühmten Mannes zu spielen, sondern als eigenständiger Mensch zu leben und ermutigte sie zum Schreiben. Margaret äußerte sich nicht ausführlich über diese Freundschaft, außer in allgemeinen Formulierungen von Zufriedenheit. Sie lebte mit Dorothy Caruso bis zu deren Tod im Jahre 1955, auch sie starb an Krebs. Dann kehrte Margaret nach Frankreich zurück, zu dem Haus, in dem Georgette gestorben war und lebte dort mit Monique, die inzwischen etwa neunzig Jahre alt war, bis Monique starb.

Margaret Anderson schrieb eine Menge über den Tod. Vielleicht war sie dazu fähig, weil sie eigentlich das Leben liebte. Trotz all ihrer Behauptungen, sie lebe "unwirklich", war sie doch Realistin, in Verlust wie in Freude, und stellte sich darin in Gegensatz zu Alice B.Toklas, die nicht einmal am Ende ihres Buches *What Is Remembered* aussprechen kann, daß Gertrude Stein tot sei, sondern nur "ich sah sie niemals wieder". (27) Margaret Anderson sah Georgette immer und immer wieder, wenn sie über ihr gemeinsames Leben schrieb, wenn sie etwas von Georgettes Schönheit und Charme und Weisheit in anderen entdeckte, wie zum Beispiel in Dorothy Caruso, wenn sie ihren Freunden zuhörte, die sich Georgettes in Liebe und Verehrung erinnerten.

Keine "geborene" Schriftstellerin und ohne die Disziplin, Pianistin zu sein, lebte Margaret Anderson ihr Leben nach den Jahren als Herausgeberin von *The Little Review* zu ihrer eigenen Freude. Gertrude Stein lehnte sie als Leichtgewicht ab. Sie lehnte Gertrude Stein als eine Frau mit übermäßigem Ego ab, deren Besessenheit von Wiederholung alles verderbe, was an ihren Werken gut sei. Sie lehnte auch Isadora Duncans Tanz ab, da "völlig uninteressiert an ihm als Sex." (28) Isadora Duncan hatte nicht dieses "zerbrechliche machtvolle Etwas." (29) "Seele" war es, was Margaret Anderson suchte, sowohl bei Menschen als auch in der Kunst, was den Atem gefangen hält, das Herz schneller schlagen läßt, das den Augenblick mit leuchtender Ekstase füllt. Sie liebte Verszeilen, die wegen ihres süßen Klanges in Erinnerung bleiben, wegen ihrer Inspiration. Sie mochte Salonmusik. Die Liste ihrer Lieblingslieder war darauf berechnet, den Geschmack Intellektueller zu schockieren. Als Dilettantin bezeichnet, griff sie das Stichwort auf und legte es sich als Titel bei. Sie beginnt *My Thirty Years' War* mit der Erklärung: "Ich war niemals fähig, die beiden großen Gesetze der Menschheit zu akzeptieren - daß man immer unterdrückt wird, wenn man begeistert ist und immer in eine Ekke gedrängt wird, wenn man außergewöhnlich ist. Ich will mich nicht in die Ecke drängen lassen und nicht unterdrückt bleiben." (30) Sie beendet ihr letztes Buch mit "Die Gnaden, die ich gesucht habe, waren Liebe und Musik, Bücher und große Ideen und Schönheit um mich herum. Ich fand alles und in einem Maß, das über mein Suchen hinausging, ja sogar meine Vorstellungen überstieg." (31) Anscheinend lebte sie das Leben, das Colette sich vorstellte, zwischen zwei Frauen, ohne die von Colette gefürchtete schreckliche, einengende Isolation, sondern in Freiheit und Freude, reich in einer außerordentlichen Schar von Freunden, nur der Tragik des Todes konfrontiert, nicht aber dem Vergehen der Liebe, fähig, zu überleben und wieder zu lieben, die neue Beziehung mit allem zu füllen, was sie aus der alten gelernt hatte. Sie hat anscheinend nicht nur die Anmaßung, sondern auch die Fähigkeit besessen, "inspiriert" und "außergewöhnlich" in der Liebe zu sein, wofür ihre Autobiographie freudig umfassend Zeugnis ablegt.

Als Jane Heap gefragt wurde: "Wovon handeln Margarets Bücher?", antwortete sie lachend: "Von ihr selbst - Erfindung!" (32) Aber sie sind zu hartnäckig, um Erfindung zu sein. In einem Roman hätte Jane Heap niemals die Fortdauer der Handlung überdauert, wäre nie mit dieser ironischen und doch liebevollen Stimme in Unterbrechung und Herausforderung nachgezeichnet worden, und die unglaubliche Georgette hätte zu einer glaubwürdigeren werden müssen. Und schließlich hätte eine Figur wie Margaret Anderson niemals so belohnt werden können, wie ihr Leben sie belohnte. Keine "reale" Person hätte das verdient, und sie ist die erste, das zuzugeben, aber "ich wußte, daß ich niemals eine andere Geschichte kennen würde als meine eigene." (33) Und diese Begrenzung ist, wie sich zeigte, auch eine große Gnade gewesen.

Dorothy Baker
1907 - 1968

Ich kenne nur die Fakten über Dorothy Bakers Leben: sie war verheiratet, hatte Kinder, liebte Musik; sie schrieb vier Romane, von denen zwei hier von Interesse sind. Und noch etwas ist mir bekannt: sie ging in die Defensive, als sie von der Herausgeberin eines lesbischen Magazins, *The Ladder*, wegen eines Artikels oder einer Geschichte angesprochen wurde. Sie leugnete sogar, daß eines dieser beiden Bücher, die hier besprochen werden sollen, überhaupt irgend etwas mit Lesbianismus zu tun hätte. Auch ich hatte mich so verhalten, als erstmals 1964 die Herausgeberin von *The Ladder* an mich herantrat, ebenso wie andere Schriftstellerinnen vor mir und seitdem, aus Furcht, abgestempelt und in ein Ghetto gedrängt zu werden. Da dies ein Kapitel ist, das sich mit der Veränderung von Wahrnehmung beschäftigt, sollte vielleicht auch gerade hier hervorgehoben werden, daß sich die inneren Haltungen von Schriftstellern verändern können und tatsächlich verändern, nicht nur durch persönliche Erfahrungen, sondern auch durch die Entwicklungen und Ereignisse der Welt, die sie umgibt. Lebte Dorothy Baker heute, würde sie es vielleicht angenehm berühren, in welch guter Gesellschaft sie sich in diesem Buch befindet.

Hätte Dorothy Baker nur *Trio* geschrieben (1945 veröffentlicht), könnte ihr Werk leicht den zahlreichen, schlecht stereotypisierenden moralischen Melodramen über die böse Verführung der Unschuld zugeordnet werden, wenn auch *Trio* besser geschrieben ist als die meisten Bücher dieses Genres; aber sie blieb da nicht stehen, sondern schrieb 1962 *Cassandra at the Wedding* (1962 erschienen), ein ungewöhnlich sensibles und subtiles Porträt von eineiigen Zwillingsschwestern, deren gegenseitige Beziehung für die eine das Ideal der Vollkommenheit darstellt, für die andere ein einengendes Gefängnis. Die moralischen Vereinfachungen, die *Trio* zu einem rachsüchtigen und ziemlich dummen Buch gemacht haben, sind in *Cassandra at the Wedding* weggefallen und die psychologischen Wahrheiten, die an ihre Stelle getreten sind, bedrohen manchmal, zerstören aber niemals die Gültigkeit menschlicher Erfahrung.

Trio ist nicht nur ein Angriff auf die lesbische Beziehung, sondern auch auf akademischen Ehrgeiz, korrupte, vernichtende Prinzipien, auf das Lehren, wenn es zur Perversion von Seele und Körper führt.

Pauline Maury, die negative Hauptfigur des Buches, ist Professorin für französische Literatur und hat gerade ein Buch veröffentlicht, das die Gedichte von Baudelaire, Rimbaud und Valery zwar mit bemerkenswert scharfsichtiger Kenntnis behandelt, jedoch die These vertritt, das Leben dieser Männer als Drogensüchtige, Homosexuelle und Sadisten sei die Quelle ihrer großen Begabung. Ihre Auffassung dieser Gedichte hat ihr die Achtung der akademischen Gemeinschaft eingebracht. Daß sie das Leben dieser Dichter verteidigt, lenkt die Aufmerksamkeit der Presse auf sie.

Janet Logan, Doktorandin, ist Pauline Maurys Lehrassistentin, die auch einige Jahre mit ihr gelebt hat. Auf einer Cocktailparty, mit der das Buch beginnt, verteidigt sie die Theorien ihrer Mentorin hitzig gegen die freundschaftlichen Angriffe des Dekans, der ihr gegenüber erklärt: "Die Dichter, über die Miss Maury schreibt, waren so, wie sie sagt, sie hatten diese Probleme, Schwächen oder Sünden, oder wie immer man sie nennen will; und sie schrieben großartige Gedichte. Nun, es ist sehr einfach zu behaupten, sie schrieben diese großartigen Gedichte, weil sie diese Schwächen hatten." (1) Der Dekan macht klar, daß moralische und psychologische Begriffe für ihn und seinen Standpunkt hier austauschbar sind. "Es ist viel zu einfach. Wir könnten heute eine große Rundreise durch alle Gefängnisse machen und tausend Drogensüchtige und Homosexuelle finden, die in ihrem Leben keine einzige Gedichtzeile geschrieben haben und das auch nie tun werden. Nicht deswegen ist ihre Lyrik großartig, sondern trotzdem." (2) Janet Logan ist durch dieses Argument in ihrer Überzeugung erschüttert, aber nicht darauf vorbereitet, sich ihm zu stellen.

Im weiteren Verlauf der Handlung stellt sich heraus, daß Janet Logan Pauline Maurys persönliches Mittel ist, ihren literarischen Theorien Ausdruck zu geben. Szenen offener Sexualität oder drogenbedingter Halluzination finden sich nicht. Jedoch gibt es eingestreute Hinweise darauf: eine deplazierte Reitpeitsche neben dem Bild der jungen Ballerina im Schlafzimmer, eine Anspielung auf Janet Logans kürzlichen "Zusammenbruch" und Pauline Maurys beharrliches Bestehen darauf, sie solle starke Schlaftabletten nehmen. Über den größten Teil des Buches werden die tatsächlichen Umstände der Beziehung zurückgehalten, bis gegen Ende Janet Logan Ray MacKenzie, mit dem sie eine geheimgehaltene Affäre gehabt hatte, Einzelheiten über ihre eigenen Verhältnisse erklären muß. Sie hat schon seit längerer Zeit versucht, mit ihm darüber zu sprechen, weil sie ihn liebt, aber sie ist überzeugt davon, daß es ihre Beziehung zerstören wird, wenn er Genaueres erfährt. Als er tatsächlich so heftig reagiert, wie sie vorausgesehen hat, versucht sie eine Erklärung. "Hast du nie jemanden gekannt, der älter war und alles zu verkörpern schien, was du gerne gewesen wärst? . . . Ich begann, mit ihr zu leben, weil sie mich darum bat. Und die ganze Geschichte war so mit allem anderen vermischt, was ich mochte und womit ich mich gerade anfing auseinanderzusetzen, Gedichten, Musik und Malerei." (3) Ray MacKenzies Antwort ist: "Hast du jemals von einem Homosexuellen gehört, der nicht kunstbeflissen war? Das Schlimmste an der Kunst ist, daß sie so viele Degenerierte anzieht." (4) Aber selbst bei dieser Auseinandersetzung, die damit endet, daß Ray MacKenzie sie zurückweist, wird mit anschaulichen Einzelheiten zurückgehalten. Erst im letzten Gespräch mit Pauline spricht Janet aus, womit sie abgeschlossen hat.

> Und du hast versucht, mich glauben zu machen, wir stellten etwas dar, was wir nicht waren, und wir lebten auf einer höheren Ebene und sähen alles klarer und freier als alle anderen. Wir wären Künstlerinnen, und ich glaubte eine zeitlang daran. Du hattest mich soweit, daß ich glaubte, wenn ich lange genug betrunken bliebe und mich selbst weit genug von meinem Innersten entfernt hielte und erführe, was es bedeutet, mich solange von einer Peitsche schlagen zu lassen, bis meine Nerven bloßlagen, nur dann könnte ich irgendwo hinkommen, in so etwas wie einen erhabenen Zustand irgendeiner Art.
>
> Nun gut, das habe ich jetzt alles hinter mir. Ich habe alles gelernt, was ich deinen Wünschen entsprechend lernen sollte. Ich bin Spezialistin für einen sehr kleinen Teilbereich der Literatur, und außerdem weiß ich inzwischen, wie das ist, zwei Wochen lang betrunken zu sein und drei Tage lang wie in einem riesigen roten Nebel zu schlafen und eine Straße herunterzugehen, und ein Baum rast auf mich zu und versucht, auf mich zu fallen. Und ich weiß, wie es ist, wenn man alles aus dem Griff verliert und in ein nasses Laken eingewickelt liegt, bis sie bereit sind, mich auszuwickeln und gehen zu lassen. Ich habe mit der ganzen Sache abgeschlossen. Ich weiß, wie die höhere Moral aussieht und kein anständiger Mensch würde sich je mit mir blicken lassen. (5)

Pauline Maurys Bestrafung für diesen Verrat an dem heiligsten Grundsatz des Lehrens, der vertrauenswürdigen Integrität des Lehrers, muß vollkommen sein. Sie hat nicht nur Janet Logans Gesundheit und Leben ruiniert sondern auch, wie erst jetzt entdeckt wird, ihr Buch plagiiert. Der Teil des Buches, der ihr die aufrichtige Bewunderung der wissenschaftlichen Gesellschaft und einen neuen, eigens eingerichteten Lehrstuhl an der Universität einbrachte, wurde von einer ihrer Studentinnen geschrieben, von Claire Blanchard, die ihren Ehemann verließ, um zwei Jahre lang mit Pauline Maury zu leben. Kurz nach der Rückkehr zu ihrem Ehemann starb sie. Auch wenn Pauline Maury es nicht deutlich mitteilt, muß stillschweigend gefolgert werden, daß Claire

Blanchard Selbstmord beging. Nun ist der Ehemann erschienen, um seine Frau zu rächen. Pauline Maury befürchtet außerdem, Ray MacKenzie könnte versuchen, sie umzubringen. Er erscheint tatsächlich, immer noch unter Schock stehend, aber hauptsächlich entschlossen, Janet zur Flucht zu verhelfen. Zu Pauline sagt er – zusammengefaßt:

> Alles, was sie versucht habe, hätte zum Ziel gehabt, sie zu einem bestimmten Leben zu bringen und sie dann dort sitzen zu lassen. Denn die Art Leben, zu der sie sie habe bringen wollen, sei nicht gut, und sie habe es gewußt. Es sei leer und hohl, und es sei kein Grund zum Gehen und keine Luft zum Atmen darin, und alles, was darin geschehen könnte, wäre, daß jeder erstickt würde, der sich darin verfinge. Es sei eine Sackgasse, eine ausweglose und erdrückende Art Leben. (6)

Nicht wissend, daß sie gerade als Betrügerin entlarvt worden ist, begeht er den Fehler zu sagen: "Unter allem, was Sie je getan haben, gibt es nur eins, wovor sie Achtung empfindet, und das ist das Buch, das Sie geschrieben haben. Sie bewundert Sie dafür, und das ist das einzige, die einzige verdammte Sache." (7) Für Janet, die bereits entschlossen war, sie zu verlassen, ist dies zu grausam. Sie ändert ihren Entschluß, aus Mitleid, wie schon bei früheren Versuchen, sie zu verlassen. "Sie ist krank. Ich kann sie nicht verlassen. Nicht jetzt." (8) Pauline wird dargestellt erfüllt von Dankbarkeit und Verwunderung und vielleicht auch Reue. "Es tut mir leid. Es tut mir leid, wenn ich schlecht war für Janet. Vielleicht kann ich . . ." (9) Aber sie beendet diesen Satz nicht. Sie verläßt den Raum und die beiden jungen Leute, geht ins Schlafzimmer und erschießt sich mit einem Revolver, der bereits im ersten Kapitel des Buches sorgfältig aufgeführt worden ist. Janet versucht, die Polizei anzurufen, kann sich aber nicht fassen. Die letzte Zeile des Buches ist von Ray MacKenzie: "Schau, warum läßt du mich das nicht machen?" (10) Pauline Maury ist ihr eigenes Moment wirklicher Menschlichkeit gegeben – Selbstmord, sodaß nun die natürliche Ordnung der Dinge wiederhergestellt werden kann. Ray MacKenzie ist auch Künstler, aber einer von der rechten Art, erfüllt mit gesundem Skeptizismus gegenüber akademischen Grundsätzen, Geringschätzung Kritikern gegenüber und der anständigen Gesinnung, daß "Zauberinnen" der Kunst nur einen schlechten Ruf verschaffen können. Er kann nun die Fürsorge für Janet Logan übernehmen, dieses Stück Löschpapier, das jetzt seine tugendhaften Urteile über ihre Erlösung durch ihn ebenso bereitwillig aufsaugen wird, wie sie die Laster der französischen Literatur aufgesogen hat.

Cassandra at the Wedding ist ein völlig anderes Buch. Es einen lesbischen Roman zu nennen, würde seine Autorin berechtigterweise ziemlich irritieren, denn obwohl Cassandra eindeutig sexuelle Beziehungen zu anderen

Frauen unterhält, liegt die Hauptthematik in ihrer Beziehung zu ihrem eineiigen Zwilling, Judith, die nach einem Jahr in New York mit einem jungen Doktor nach Hause zurückgekehrt ist, den sie heiraten will. Der größte Teil des Romans ist aus der Sicht Cassandras geschrieben, wie sie von Berkeley nach Hause auf die Familienranch zur Hochzeit fährt, Besuche bei ihrer Schwester, bei dem Vater, Alkoholiker und Philosoph, und der praktischen, sentimentalen Großmutter. Zum Zeitpunkt des Selbstmordversuchs von Cassandra wendet sich das Buch vorübergehend der Sicht Judiths zu. Aber als sich Cassandra wieder erholt, gehört das Buch wieder ihr.

Cassandra ist ein ebenso abhängiger Charakter wie Janet Logan, genauso "verkehrt" wie Pauline Maury und teilt sogar deren akademische Bestrebungen, aber da ihr möglich ist, für sich selbst zu sprechen, wird sie verstehbar in ihrem furchtbaren Bedürfnis nach ihrer Schwester, die sie braucht, um sich selbst als vollständig empfinden zu können, ihren Wunschvorstellungen über das Leben, das sie gemeinsam führen könnten als besondere Menschen, Künstler und Ästheten, und ihren Rechtfertigungsversuchen vor sich selbst, wirkt darin manchmal komisch, manchmal rührend. Auch als Judith die Chance hat, für sich selbst zu sprechen und sowohl die Fiktion von Cassandras Vergangenheit als auch ihre Hoffnungen aus ihrer eigenen Sicht darstellt, auch als Judith ihre Erleichterung eingesteht, ihrer Schwester entfliehen zu können durch eine stabile und glückliche Ehe, weit weg von der verrückten und dünkelhaften Familie, verliert Cassandra nicht an Sympathie. Cassandras Traum von psychischer Vereinigung mit ihrer Schwester, wie widersinnig und undurchführbar auch immer, könnte Wirklichkeit werden, nicht in Form einer Partnerschaft, aber in der Kunst, wenn sie einmal die Hoffnung auf Rettung von außen, durch eine idyllische Beziehung zu ihrer Schwester oder zu einem Schwesterersatz, aufgeben kann. Dann wird ihr versuchter Selbstmord, als die Schwester sie verläßt, zu einem Tod für die Wiedergeburt in ihre eigene Freiheit. Wieder zurück in der Gegend um San Francisco, allein, ist Cassandra fähig, über die Brücke zu gehen ohne Angst davor, herunterspringen zu müssen. Sie kann eine Socke über das Geländer fallen lassen, die sie gestört hatte. Es ist eine bezeichnende Geste, komisch, ohne hohen Anspruch. Ihre Analytikerin hat gesagt: "Nachdem ich alles aussortiert habe, ist immer noch genug für drei oder vier Frauen wie Ihre Schwester übrig. Sie sind ein bemerkenswertes Mädchen." (11)

Der extreme Narzißmus, an dem Cassandra leidet in Hinblick auf die eineiige Zwillingsschwester, bei der sie sich alle Eigenschaften vorstellt, die ihr bei sich selbst fehlen, mit der sie eins werden will, wird auch in der Beziehung zu ihrer Mutter deutlich, die kurz zuvor an Krebs gestorben ist; aber hier kämpft Cassandra gegen eine Beziehung oder Identifikation, sie geht sogar so weit, daß sie sich weigert, schriftstellerisch tätig zu werden, weil ihre Mutter eine erfolgreiche Schriftstellerin war. Judith empfindet ihre Mutter und ihre Schwester nahezu als eine Person, sie spricht von ihrer Mutter wie von einem Bruder und Kameraden, tapfer und voller Verehrung dem Vater gegenüber, dem sie die Zigaretten anzündete, die Türen aufhielt und teure Geschenke kaufte, die sie sich dann selbst aneignete. Gegen Ende des Buches sagt Cassandra: "Konnte nichts von all diesen Dingen schreiben, bis ich den Pfandschein auf den Geist meiner Mutter zerrissen hatte... Lehn dich nicht an. Steh auf. Such einen Weg." (12)

Judiths Sicht von Cassandra und ihrem versuchten Selbstmord – „weil sie sich selbst nicht aufraffen konnte, irgendetwas anderes zu versuchen" – ist offensichtlich unvollständig. Und ihre Bewertung von Cassandras Leben ist, wenn auch vielleicht realistischer als Cassandras Fehleinschätzung ihres Verhaltens als "Rimbaud-Periode", auch nicht treffend: "Sie konnte nicht glauben, sie gehörte irgendwo anders hin als auf die Couch des Psychiaters oder zu Gefährtinnen, um sie mal so zu nennen, Mädchen wie Kerle, die ihr so unterlegen waren, daß sie nicht einmal als menschliche Wesen überhaupt zählen, höchstens als Beschäftigungstherapie ohne therapeutischen Wert. Sie verschwendet sich selbst, sie läßt sich treiben, alles, was sie mit ihrem Leben anstellen will ist, es irgendwo zu verlieren." (13)

Als sie einen erfolglosen Versuch unternimmt, erotische Zuwendung von ihrer Psychiaterin zu erbitten, wird ihr gesagt: "Alle haben Triebe. Auch ich habe alle möglichen. Ganz ähnliche wie Sie. Aber ich habe immer gehofft, daß ich Sie dazu bringen könnte, zu verstehen, daß es so etwas gibt wie ein umfassendes Leben – eine Art zu leben – und eine Begründung in der eigenen Existenz, die stark genug ist, uns vor jedem leisen, lockenden Pfiff der Wildnis schützen zu können." (14) Diese Frau, im Unterschied zu Pauline Maury in *Trio*, kennt die Regeln. Cassandra antwortet auf diese Weigerung, das Berufsethos zu durchbrechen: "Immer das gleiche, wohin ich auch sehe. Ganze Berge von Sicherheit, kaum Risiken. Nur nicht die richtige Partie gefährden oder die schicke Karriere oder die beruhigende These von 'Nichts Neues und nichts Wahres' ". (15) Oh, die anderen haben recht. Judith wird glücklicher sein, wenn sie ihre musikalische Karriere aufgibt und ihren Doktor heiratet, fern den einengenden Vorstellungen ihrer Schwester. Die Psychiaterin wäre ziemlich dumm und verantwortungslos gewesen, hätte sie Cassandras emotionaler Erpressung nachgegeben, gleichgültig, was sie selbst gefühlt haben mag. Und dennoch ist diese junge Frau, die eine Socke in den Pazifik wirft, gegen Ende des Buches *die* Person des ganzen Romans, niemals von Schwester oder

Psychiaterin auf deren Sicht von ihr reduziert. Sie hat begonnen zu schreiben und schreibt sehr gut. Vermutlich ist sie frei von ihren idealisierenden, unschuldigen Fantasievorstellungen über eine Gemeinschaft mit ihrer Zwillingsschwester, und vielleicht auch von selbstzerstörerischem ziellosem Trieb. Ihr wird nicht mehr als das versprochen.

Dorothy Baker läßt die lesbischen Episoden im Leben von Cassandra ohne Analyse, so als wären sie eher Nebensymptome ihrer zentralen und unschuldigen Liebe zu ihrer Schwester, als Hinweis auf ihre eigentliche Identität. Für Dorothy Baker ist das Wesentliche, Cassandra zur Freiheit kommen zu lassen, sie selbst zu sein mit dem Willen zum Leben.

Ohne Frage hat Dorothy Bakers Wechsel von der moralischen zur psychologischen Aussage ihre Sicht vertieft und humanisiert. Die rechtschaffene Entrüstung über Pauline Maurys Verhalten, die sie zum Stereotyp einer Schurkin macht, wird ersetzt durch das leidenschaftslose Portrait einer Psychiaterin, die, obwohl sie die richtige Entscheidung trifft, ein wenig kühl ist in ihrer beruflichen Integrität. Wichtiger ist aber, daß Cassandras Abhängigkeiten nicht durch eine Hochzeit mit einem besseren Beschützer gelöst werden müssen, sondern daß sie ihr Leben in die eigene Hand nimmt, und dieser Entschluß wird als ebenso gut und als sehr viel attraktiver angeboten, als Judiths Flucht in die Ehe. Die Stärke von *Cassandra at the Wedding* liegt darin, daß der Roman nicht nur einfach eine Übersetzung von moralischer in psychologische Sprache ist, und die Beurteilung unverändert bliebe. Das Buch widersteht dem Versuch, es zu einer Abhandlung über Inzest und Lesbianismus zu machen. Dorothy Baker hat ihre Sicht nicht vom moralischen Märchen in wissenschaftliche Propaganda umgegossen sondern in Literatur, dieses besondere und wahre Bild der Erfahrung.

May Sarton
1912 -

"Ich weiß genau, daß meine nicht die beste aller menschlichen Lösungsmöglichkeiten darstellt. Ich habe sie auch nie dafür gehalten", da sie "einen hohen Preis an emotionaler Reife und an Glück" (1) koste, bekennt May Sarton in ihrem *Journal of a Solitude*, das sie teilweise schrieb, um ihren Lesern einen Mythos zu nehmen, den sie in ihren früheren Büchern selbst geschaffen haben mag – dem Bild May Sartons als glücklicher und heitergelassener alleinstehender Frau. Durch Mrs. Stevens, Hauptfigur in *Mrs. Stevens hears the mermaids singing* und ebenfalls Schriftstellerin, äußert sich May Sarton noch eindeutiger. "Gib es doch zu, schließlich soll eine Frau doch Kinder bekommen und nicht Kunstwerke hervorbringen. ... Die Frau, die das tut, ist anomal." (2) "Wir müssen Buße tun für dieses verfluchte Talent, das uns irgendjemand versehentlich auferlegte im dunklen Geheimnis der Vererbung." (3) "Ich glaube, ich wäre gern eine Frau geworden, eine einfache und fruchtbare Frau, eine Frau mit vielen Kindern, einem netten Ehemann . . . und ohne Begabung." (4) Obwohl sie dies gegen Ende des Buches bekennt, stellt es kein wirksames Gegengewicht dar gegenüber Mrs. Stevens selbstbewußtem Ausruf weiter vorn: "Aber ich bereue nichts." (5) Das hat May Sarton auch nicht vor.

Ihre Behauptung, die sie hier und an anderen Stellen aufstellt, die begabte Frau, ob Intellektuelle oder Künstlerin, sei ein Monstrum, ist nicht nur List, denn die damit verbundenen Probleme sind sehr realer Art und das dadurch entstandene Leiden ist echt, aber ebenso echt ist das Glück einer derartigen Existenz, und das weiß May Sarton sehr gut. Eine künstlerisch tätige Frau als genetische Mißgeburt darzustellen, hat romantische Züge, bedeutet aber auch Selbstschutz, denn eine solche Erklärung kann ihr als Entschuldigung dienen für alle Schwächen, die ihr Temperament, ihre Selbstversunkenheit, ihr Stolz und ihr Begehren mit sich bringen und die in dieser Kultur noch ausschließlicher männliches Territorium sind als der Börsenmarkt. Von Frauen, und nur von Frauen, wird erwartet, daß sie erwachsen werden, was heißt, daß Frauen ihr Empfinden für die Einzigartigkeit ihrer Persönlichkeit, ihre Träume von persönlicher Größe, von Selbsterfüllung beiseite stellen und diesen Freiraum in Zukunft Männern und Kindern schaffen sollen. Begabung kann, wenn sie (sehr dürftig) als eine Art

Klumpfuß verkleidet wird, immer noch annehmbarer und eher bemitleidenswert wirken als die selbstsichere Arroganz, die zum Make-up jeder Frau gehört, die lieber ihre eigenen Begabungen entwickeln als die anderer fördern möchte, die lieber selber anerkannt werden möchte, als andere anzuerkennen.

Als sie sich über eine junge Frau beklagt, von der sie mit Briefen und Gedichten bombardiert wird, gibt May Sarton zu: "Auch zu meinen Fehlern gehörte die Maßlosigkeit; auch ich habe Gefühle gefordert, ohne zu merken, was ich da verlangte; auch ich habe mir eingebildet, ich gäbe, wenn ich auf jemanden eintrommelte, damit er mich beachtete." (6) Dennoch kann sie mit der Verantwortung nicht umgehen. "Ist das ein Mangel in mir, der leidenschaftliche Zuneigung anzieht, mit der ich nicht umgehen kann und die ich nicht will?" (7) Die seltsame Wirkung all dieser 'Liebenden' auf mich ist die, daß ich mich nicht reicher fühle, sondern verarmt und gemein." (8) Es ist eine doppelte Schuld, denn sie will nicht nur in Ruhe gelassen werden, um mit dem Schreiben voranzukommen, sondern sie möchte auch gerne einem anderen die Rolle des Zuhörers zuteilen, die sie für sich so leidenschaftlich ablehnt, und deshalb kennt sie von sich selbst den Schmerz dieser Ablehnung. "Dieses Ich sagt mir, daß ich alleine leben muß, bestimmt dafür, Gedichte für andere zu schreiben – Gedichte, die kaum jemals den einen Menschen erreicht haben, für den sie gedacht waren." (9)

Die Behauptung, ihre Begabung sei ein Erbfehler, gewährt May Sarton auch sexuellen Schutz. Die Muse ist unwiderruflich weiblichen Geschlechts; deshalb hat ein Dichter keine andere Wahl, als sich von Frauen inspirieren zu lassen. Wenn nun dieser Dichter zufällig eine Frau ist, sind lesbische Neigungen ein wesentlicher Bestandteil ihrer Kunst. So betrachtet ist May Sartons Liebe zu anderen Frauen eher ein Nebenerzeugnis ihrer "unnatürlichen" Begabung, Teil ihres hohen Preises eher denn eine emotionale Unreife oder Krankheit oder Unangepaßtheit an sich. Es ist einfach eine verrückte und liebenswerte Art Verteidigung, wahrscheinlich nicht ausreichend den antiromantischen Vorurteilen unserer Zeit gegenüber, aber ausreichend als Metapher für May Sarton, ihre leidenschaftlichen Gefühle in Worte zu kleiden, die den der Zeit geläufigen psychologischen Sprachstil überschreiten.

Immer noch hegt sie Befürchtungen, die auch andere Schriftstellerinnen haben. "Die Gefahr liegt darin, daß die Menschen das Werk eines Schriftstellers nur noch aus einem verzerrten Blickwinkel betrachten, wenn man erst in einen bestimmten sexuellen Zusammenhang gestellt worden ist." (10) Alle Schriftsteller werden in einen sexuellen Zusammenhang gebracht. Die "Verzerrung", die May Sarton befürchtet, ist ein gesellschaftliches Urteil. Es ist schon schwer genug, als Künstler Geringschätzung zu erfahren, weil man eine

Frau ist. Auch noch Lesbierin zu sein ist gleichbedeutend damit, vollkommen abgeschrieben zu werden.

"Die Angst vor Homosexualität ist derart groß, daß es Mut brauchte, *Mrs. Stevens hears the mermaids singing* zu schreiben, einen Roman über eine homosexuelle Frau, die weder eine von Sexualität Besessene noch Trinkerin, Drogenabhängige oder ein in irgendeiner anderen Hinsicht abstoßender Mensch ist, ohne Sentimentalität eine Homosexuelle zu beschreiben, die weder bemitleidenswert noch verächtlich ist; und der Wahrheit ins Gesicht zu sehen, daß ein derartiges Leben selten glücklich verläuft, ein Leben, in dem die Kunst zum wichtigsten Antrieb wird, da die Liebe sich nie im üblichen Sinne erfüllt." (11) Sie glaubt auch nicht, daß sie sich angepaßt hätte, wenn ihre Eltern noch am Leben gewesen wären oder wenn sie nicht vorher einige andere Romane geschrieben hätte, damit sie nicht automatisch abgestempelt würde. Aber sie ist sich sehr wohl eines sich wandelnden Klimas bewußt. "Wir alle unternehmen manchen Versuch, den privaten und den öffentlichen Menschen im Kunstwerk zu verschmelzen. Das ist heute auf eine Art möglich, wie das früher nicht der Fall war." (12) Willa Cather mußte ihren Privatbereich in höchstem Maß schützen. Von W.H. Auden glaubt May Sarton, "daß er selten ehrlich war, und ehrlich sein ist härter als es scheint, wenn das Ich eingesteht, Homosexueller zu sein." (13) Daß eine Muse erforderlich sei, ist nicht ihre einzige Erklärung. Sie hat sich Freuds Vorstellung von der Androgynität verschrieben. "Ich möchte behaupten, daß in allen großen, genialen Werken maskuline und feminine Persönlichkeitsmerkmale ihren Ausdruck finden, ob diese androgyne Wesensart nun sexuell ausgelebt wird oder nicht." (14)

May Sartons Auffassung psychologischer Erkenntnis und der Gebrauch, den sie davon macht, wird noch leichter in einem früheren Roman erkennbar, *The Small Room*, der in einem kleinen Frauencollege in New England spielt, wo Lucy Winter ihre erste Arbeitsstelle als Lehrerin angenommen hat nach der Auflösung ihrer Verlobung mit einem jungen Arzt. Die stärkste Persönlichkeit im Buch ist Carryl Cope, eine international bekannte Gelehrte, die sich dafür entschieden hat, am College zu bleiben, weil "Frauen zu unterrichten eine besondere Art von Herausforderung darstellt. Meistens sind alle Karten gegen einen." (15) Das College war gegründet worden in einer Art Vergeltungsakt von einer Frau, deren Vater ihr keine höhere Schulbildung zugestanden hat, und dieser Geist ist innerhalb der Gemeinschaft noch sehr lebendig. Carryl Cope hat die extremsten Ansichten über Erziehung, aber dafür wird sie bewundert. "Wir haben kein spezielles Interesse daran, heiratsfähige junge Damen hervorzubringen." (16) "Das College wurde nicht gegründet, um gesellschaftlichen Bedürfnissen zu entsprechen. Ganz im Gegenteil." (17) Carryl Cope ist interessiert am Außerordentlichen und ist auch gewillt zu akzeptieren, was sie als den Preis dafür betrachtet: "Überspanntheit, mangelndes Anpassungsvermögen, Engstirnigkeit. Außerordentlichkeit kostet sehr viel. Es wird höchste Zeit, daß einige von uns dem ins Auge zu sehen beginnen." (18) Dieses Argument bewegt das Lehrerkollegium dazu, einer brillianten Mathematikstudentin zu gestatten, sich in einem Einzelproblem zu verlieren und ihre sonstigen Kurse zu vernachlässigen. Es verzögert ebenfalls die Anstellung einer Psychiaterin am College, denn Carryl Copes Meinung nach würde die Psychiatrie genau das heilen, was sie selbst fördert. In diesem Widerstand gegen eine psychiatrische Stelle wird sie stark von Olive Hunt unterstützt, einer Treuhänderin, die dem College ihre Millionen nur dann hinterlassen will, wenn kein Psychiater eingestellt wird. Carryl Cope und Olive Hunt hatten zwanzig Jahre lang eine Liebesbeziehung miteinander.

Obwohl sich die junge Lucy Winter zu Carryl Cope hingezogen fühlt, sie als Gelehrte und Lehrerin bewundert und sich von ihrer Charakterstärke angezogen fühlt, akzeptiert sie die Wertvorstellungen, die Carryl äußert, nicht ganz. Lucy möchte nicht unmittelbar in die persönlichen Probleme ihrer Studentinnen hineingezogen werden. Sie liebt das Gefühl, wenn sie vor der Klasse steht, daß sie "etwas von sich geben kann, das sie einem einzelnen Menschen niemals fähig wäre zu geben," (19) aber die Studentinnen stellen tatsächlich persönliche Anforderungen an sie, und wenn sie nicht bereit ist, sich selbst zu engagieren, muß es jemand anders tun. Jane Seaman, eine ausgezeichnete Studentin und Schützling von Carryl Cope, besucht auch Lucys Klasse, und Lucy entdeckt, daß Jane ein wichtiges Papier, das von Carry Cope unterzeichnet ist, abgeschrieben hat. Da Jane des Colleges verwiesen würde, wenn dies der Leitung bekannt würde, beschließt Carryl Cope, sie sowohl um ihrer selbst als auch um Janes Sicherheit willen zu decken. Obwohl sie das praktische Problem auf diese Weise zu lösen versucht, ist sie unfähig, mit dem eigentlichen Problem umzugehen, das ihr Jane stellt, denn Jane war in Carryl verliebt und haßt sie jetzt um des intellektuellen Drucks willen, den sie als Ersatz für menschliche Zuwendung in ihr hervorgerufen hat. Lucy ist es, die mit Jane spricht und mit ihr zu einem Psychiater nach New York fährt. In der Zwischenzeit muß Carryl sich angesichts aufkommender Gerüchte und Proteste eingestehen, daß sie das Problem keineswegs gelöst hat. Die Frage, was mit Jane geschehen solle, hat Studentinnen und Fakultät gespalten, eine Ehe bis zur Trennung getrieben und zeigt die unüberschreitbare Beschränkung intellektueller Bildung auf, wenn sie menschliches Bedürfnis ignoriert. Jane wird in ein Sanatorium geschickt, und im College wird beschlossen, eine Psychiaterin anzustellen. Obwohl Carryl von der Notwendigkeit dieser Entscheidung noch nicht überzeugt ist, kann sie Olive Hunts Entscheidung, ihr Testament zu ändern, nicht zustimmen, und ihre langdauernde und seit langem schwächer werdende Beziehung findet ein Ende. Lucy erklärt Carryl, was Jane durch psychiatrische Hilfe herausgefunden hat, daß sie nämlich Schmerz und Ärger wegen eines gleichgültigen Vaters auf Carryl übertragen hat. Das kann Carryl verstehen. "Ich habe sicherlich versucht, mein eigener Vater zu sein." (21) Sie gibt zu, daß sie Jane keine Hoffnung in Bezug auf Liebe machte, weil sie Angst hatte, weil sie die notwendige Unabhängigkeit noch nicht erreicht hatte, um Liebe geben zu können.

Lucy hat, wie es scheint, die Lösung für sich gefunden. Sie lehnt leidenschaftliche Liebe für sich ab, wie sie sie mit ihrem jungen Arzt und in ihrer Umgebung kennengelernt hat, weil sie augenscheinlich immer Spannungen, wenn nicht gar Haß mit sich bringt. Dennoch aber bleibt sie fähig, sich Gefühle und Bedürfnisse zuzugestehen. Sie liebt Carryl, "erstaunt über die Intensität des Gefühls," (22) aber sie ist unabhängig genug, Carryl wie eine alte Freundin küssen zu können, bevor sie in die Sommerferien fährt und ist lediglich bereit zuzugeben, daß sie sich in einen Beruf verliebt haben könnte. Ihr Vorbild wird nicht Carryl sein, sondern jene stillen Lehrerinnen, die zwar nicht Carryls Genius besitzen, aber gelernt haben, Leidenschaften zu sublimieren und mit menschlicher Betroffenheit und Selbstzweifeln umzugehen. Freuds puritanische Lösung für Frauen hat die Oberhand gewonnen, und May Sarton scheint mit diesem Sieg keinerlei Schwierigkeiten zu haben. Sogar Olive Hunt, zu dickköpfig, um ihre Meinung über das Geld zu ändern, könnte vielleicht Ruhe gefunden haben in der Lektüre Freuds.

In *Mrs. Stevens hears the mermaids singing* stellen sich weder die Probleme noch deren Lösung so einfach, und obwohl May Sarton nicht versucht, eine Autobiographie zu schreiben, ist sie hier dem Umgang mit den Möglichkeiten näher, die sie selbst erwogen hat. Mrs. Stevens ist eine alte Frau, die ihr ganzes Leben lang Schriftstellerin war, aber erst zu diesem sehr späten Zeitpunkt einen Ruhm genießt, der ihr all die Jahre versagt war. Zu Beginn des Buches wartet sie auf ein paar junge Leute, die sie über ihr vergangenes Leben als Künstlerin interviewen wollen. Schon bevor sie eintreffen und während sie bei ihr sind, ist sie damit beschäftigt, sich mit sich selbst einig darüber zu werden, wer sie ist. Diese Erfahrung wird von ihrer Beziehung zu Mar eingerahmt, einem jungen Mann, der das College verließ, um eine zeitlang bei seinem Großvater zu leben, um dort über sein persönliches Problem Klarheit zu finden, welches, wie er Mrs. Stevens bekennt, die Liebesaffäre mit einem jungen Tutor ist, der ihn abgewiesen hat. Mar hatte begonnen, Gedichte zu schreiben, um herauszufinden, wer er sei, und ihr gegenseitiger Austausch von Gedichten und ihre Gespräche eröffnen Mrs. Stevens eine neue Dimension für ihre Haltung zum Wesen von Kunst und Liebe, denn "auf einmal erkannte sie ihr eigenes Wesen, konfliktbeladen, nervös, gehetzt, liebevoll. . . ." (23) Ihr Verhalten Mar gegenüber ist von Anfang an eine behutsame Vorbereitung auf die Haltung, die sie später sich selbst und ihren eigenen Erfahrungen gegenüber einnehmen wird. Sie sagt zu Mar: "Es ist der Mensch, der zählt, Mar, nicht Geschlecht oder Alter." (24) Mitfühlend bemerkt sie: "Es ist hart, in einem Klima aufwachsen zu müssen, wo der grausamste und kälteste Sex als in der Ordnung betrachtet wird, Gefühle aber irgendwie unanständig sind. Monster sind die, die brünstig wie Affen herumlaufen, nicht diejenigen, die sich dafür entschieden haben, menschlich zu sein, was es auch kosten möge." (25) Sie versteht, daß er am College keine Hilfe gefunden haben kann. "Leute in Autoritätspositionen konnten noch nie gut damit umgehen, als hätten sie mit Treue und Liebe nichts zu tun!" (26) Mit seinem Selbstmitleid und Selbsthaß kann sie sehr ungeduldig werden: "Man muß schon etwas mehr aushalten können als das Gespött von Collegejungen, bevor man da durch ist." (27)

Mrs. Stevens erste eigene Erfahrung mit öffentlichem Aufsehen war nicht so negativ gewesen. Sie hatte einen ersten Roman geschrieben, der den Erfolg eines Skandales nach sich zog. Wie einer der jungen Interviewer es darstellt: "Ich glaube, daß die Leute deshalb so schockiert waren, weil Sie über solche Dinge geschrieben haben wie, daß Frauen sich ineinander verlieben, es noch dazu ganz normal finden, so wie es war; und die Liebesaffäre mit dem jungen Mann ist schrecklich gut." (28) Obwohl sie diese Aufmerksamkeit genoß, war sie sich ihres Buches nicht so ganz sicher und vermutete bereits, wie sie es später beurteilen würde – daß es oberflächlich wäre. "Ich habe Medusa nie ins Gesicht gesehen." (29) Sie flüchtete sich in die Ehe mit einem jungen Engländer namens Adrian, die auf ihre Weise als glücklich und in sexueller Hinsicht als vollkommen befriedigend beschrieben wird, aber sie lebten in der Zeit nach dem ersten Weltkrieg, wo viel getrunken und hektisch gelebt wurde, und Adrian hatte keine wirklichen Interessen außer Reiten. Seine Frau beginnt, das Schreiben zu vermissen, "aber was ihr vorschwebte, hatte etwas Ironisches, das Adrian sicherlich verletzen würde. Sie *war* gefangen, gefangen durch ihre Liebe und ihre Ehe mit einem Mann, dessen Lebensinhalt ihr trivial und beschränkt erschien. . . ." (30) Ihre Schwiegermutter erkannte, welches Problem die Ehe für sie darstellte. "Ich hab mich damit abgefunden, Frau zu sein. Ich frage mich, ob du das auch kannst." (31) Als Adrian bei einem Reitunfall den Tod findet, erübrigt sich dieses Problem. Ihr seelischer Zusammenbruch danach wird allmählich von ihr überwunden durch das Schreiben von Gedichten.

Da die jungen Interviewer gern über jedes ihrer Bücher sprechen möchten, wird ihnen Mrs. Stevens Leben als Hintergrund zu ihnen enthüllt. Sie erzählt den Interviewern nicht allzuviele Einzelheiten. "Können wir uns darauf einigen, daß das Privatleben unwichtig ist? Es ist mannigfaltig, durcheinander, bestenfalls mehrdeutig – aus ihm versuchen wir das Kristallklare, das Einzigartige, das Absolute zu formen, und *das* ist das Wichtige; das ist es, was zählt." (32) Ihnen erzählt sie eher theoretisch von der Natur der Muse. "Graves nennt sie, Sie werden sich erinnern, 'Schwester von Illusion und Echo'." (33) "Als ich sagte, daß alle Gedichte Liebesgedichte sind, meinte ich, daß die bewegende Kraft, der elektrische Strom, Liebe ist, Liebe der einen oder anderen Art." (34) Um hinsichtlich Sexualität unmißverständlich zu sein, spricht sie offen über Schriftstellerinnen. "Denjenigen Frauen, die versucht haben, Männer zu sein, hat immer etwas gefehlt; wir müssen uns auf Sappho, Jane Austen, Colette beziehen... wir müssen wir *selbst* sein," (35) das heißt, vor allem weiblich. "Der springende Punkt ist die Durchdringung der Sinne." (36) Frauen sollten keine Romane oder Gedichte über Ideen schreiben. Ihr Werk "ist niemals einzuordnen, nichts ist vom anderen trennbar – Intellekt, die Sinne, die Phantasie... Etwas wie eine umfassende Sammlung, in der sich das Realistischste und das Mystischste im Freudenfest des Lebens vereinen. Das Werk von Frauen zielt immer aufs Ganze." (37) Glücklicherweise wird sie ihren eigenen Einsichten gegenüber ungeduldig, als sie langsam immer mehr zu Plattheiten werden, und während sie kaum eine der lebendigen Erinnerungen, die vor ihrem inneren Auge auftauchen, den Interviewern mitteilt, sind sie doch da, für den Leser.

Da ist die junge Hilary, lange bevor sie einmal zur jungen Mrs. Stevens wird, mit ihrer Erzieherin auf einem Hügel in Wales, und protestiert: "Warum bin ich nicht als Junge auf die Welt gekommen, Miss Munn? Das ist so ungerecht." "Wäre ich ein Junge, würde ich berühmt werden – ein großer Dichter." (38) Und sie fängt damit an, leidenschaftliche Liebesgedichte an diese verwirrte erste Muse zu richten. Dahinter verbirgt sich immer noch das Kind Hilary, in Distanz gehalten von einer Mutter, die allen Gefühlen gegenüber mißtrauisch ist. "Sie warf mich Gouvernanten, Lehrerinnen, Fremden in die Arme. . . ." (39) Nach dem Tod ihres Mannes wird Hilary in ein Sanatorium gesperrt und verliebt sich dort in eine Krankenschwester. Als ihr vom Arzt gesagt wird, sie solle in erzwungener Ruhe lernen, ihre

Emotionen unter Kontrolle zu bringen, antwortet sie: "Der Herr ist nicht mein Hirte. Es wird mir mangeln." (40)

Die Muse eines jeden ihrer Bücher ist eine Frau, aber "vielleicht ein einziges Mal . . . für ganz kurze Zeit war die Muse ein Mensch, der verstehen konnte, ein so seltenes Ereignis wie die Verbindung zweier Planeten, die einander einmal in tausend Jahren kreuzen." (41) War das Willa, die die Gedichte zwar sehr mochte, aber sagte: "Ich bin einfach keine von diesen beidhändigen Menschen, die Frauen wie Männer lieben können. Du mußt mich schon so akzeptieren, wie ich bin." (42) Als Hilary nicht akzeptierte, als sie nach Monaten des Wartens einen günstigen Augenblick nutzte, "existierte in diesen leidenschaftlichen Küssen kaum Sexualität oder war vollkommen zersplittert im Feuer von Zärtlichkeit." (43) Willa erkrankte daraufhin und erholte sich niemals mehr ganz. Sicherlich waren dies nicht die Ängste einer Opernsängerin, die ein anderes Buch inspirierte, aber sie inspirierte es, mit ihrer wunderschönen Stimme. Oh, Mrs. Steven merkt sehr wohl, "da ist irgendetwas Drolliges an Frauen, die solche flehentlich bittenden Gedichte schreiben." (44) "Wir sind alle Monster, wenn es darum geht, wir Frauen, die wir uns dazu entschieden haben, etwas mehr und etwas weniger zu sein als Frauen." (45)

Die fordernste von allen war Dorothea. "Ihrer äußeren Erscheinung nach gab es da nichts Maskulines, aber ihr Verstand war maskulin, und der überragte." (46) Sie war Soziologin, Dichtung und Subjektivität gegenüber mißtrauisch, sehr erfolgreich auf ihrem Gebiet, endlich eine Ebenbürtige für Hilary, aber nicht so sehr als Gleiche, eher als Gegensatz. "Was ist los?" fragte Dorothea. "Die Sache ist die, daß ich dich am liebsten umbringen würde, weil du meine Feindin bis. Die Sache ist die, daß ich verliebt bin, verdammt nochmal!" (47) Dorotheas Erfolg bedroht Hilary, macht sie neidisch, erfüllt sie mit Selbstzweifeln. Der "Junge" in ihr, den sie als die Quelle ihrer Dichtergabe betrachtet, wird besiegt. "Hilary hatte den Jungen in sich zurückweichen gefühlt, er verschwand wie eine Erscheinung, wie ein Geist, der vielleicht nicht mehr zurückkommen würde, und die solange vergrabene Frau übernahm die Macht." (48) Den Interviewern gegenüber verallgemeinert sie: "Starke Frauen können soweit kommen, daß sie dazu getrieben werden, gegenseitig nach dem Maskulinen zu suchen. Die Männer sind vorher abgeschreckt worden." (49) Aber sie und Dorothea haben nur das "Maskuline" ineinander gesucht, um es zu besiegen. Dorotheas Sieg ist für Hilarys Kunst eine schwere Bedrohung. "Der Junge in mir war tot. Ich mußte als Frau weiterleben." (50)

So, wie sie mit Mar umgehen kann, stellen sich auch ihre sonstigen

Beziehungen zu Männern dar, ohne die heftige Spannung in ihren Beziehungen zu Frauen. Sie hat immer gute Freunde unter ihnen gefunden. "Frauen bewegten und schüttelten mich, aber unterstützt wurde ich von Männern." (51) Sie hat aber nie mehr erwogen zu heiraten. Als Judy, eine der jungen Interviewer, gegen das Prinzip protestiert, daß Musen stets weiblich sein müssen und von ihrem eigenen Wunsch spricht, zu schreiben und zu heiraten, ihre Liebe nicht der Kunst zu opfern, antwortet Mrs. Stevens: "Liebe als Erweckerin der Toten, Liebe als Konflikt, Liebe als Illusion. Nicht Liebe als Friede oder Erfüllung oder andauerndes, treues Geben. Nein, diese Treue, dieses Geben ist es, das die Kunst fordert, die Kunst selber zu Lasten jedes Menschen. . ." (52)

Der letzte kurze Abschnitt des Buches gilt wieder Mar, der ausgegangen ist, einen Matrosen aufgegabelt, die Nacht mit ihm verbracht hat und sich am anderen Morgen beraubt sah. Er will diese Erfahrung dazu benutzen, Gefühle verwerfen zu lernen, sich von ihnen zu befreien, nur der körperlichen Lust nachzugeben. Hilary ärgert sich über ihn, ist sich aber auch unsicher, ob es Ähnlichkeiten mit ihren Erfahrungen geben könnte. Er ist Mann; sie ist Frau. Für sie kann Lust nicht einfach nur Lust sein, als er aber wissen will, was Lust denn mit Dichtung (und insofern auch mit Gefühlen) zu tun habe, sagt sie: "Vielleicht sehr viel. Mehr als wir wissen. Mehr als die meisten von uns zugeben würden." (53) Sie besteht darauf, daß "echtes Gefühl alles rechtfertigt, was es auch kosten mag." (54) Aber Mar, als Mann, braucht vielleicht den Jungen in sich nicht lebendig zu erhalten, so wie Hilary versuchte, den "Jungen" in sich am Leben zu erhalten, um schreiben zu können. Er hat die Möglichkeit, Mann, Ehemann und Vater zu werden. Sie hätte nur Frau werden können, eine Wahl, die sie nur hätte treffen können, wenn sie zugleich hätte wählen können, nicht begabt zu sein. In Wirklichkeit gibt es da keine Wahl. Sie ist eine Frau, eine begabte Frau, die der Medusa offen genug ins Gesicht gesehen hat, um zu wissen, daß eine Begegnung mit der Muse eigentlich eine Begegnung mit sich selbst ist, eine Öffnung zum Wagnis der Intensität, was Wunder und Disziplin der Kunst ausmacht, auch wenn die Muse sich keineswegs dafür interessiert.

Was May Sartons Sichtweise einschränkt und verwirrt, ist das kulturelle Erbe Freuds; so bezeichnet sie viele eigentlich schlicht menschliche Bedürfnisse und Fähigkeiten als speziell männliche und weibliche. Manchmal durchschaut sie die kulturell bedingten Schwierigkeiten. "Woher kommt es, daß weibliche Schriftsteller nicht mit Sexualität umgehen und sich davon frei machen können?" "Natürlich, Colette, aber sie ist unübersetzbar ins Englische. . . Die Sprache der Sexualität ist männlich. Frauen würden eine neue Sprache erfinden müssen." (55) Aber dann wird Colette beschrieben als "nicht in ihren Sinnen gefangen. Den meisten Frauen geht das so. An dieser Stelle bewies sich die maskuline Seite ihres Genius." (56) An dieser Stelle beweist May Sarton, daß sie dem gleichen Klischee aufgesessen ist, welches auch Colette dazu zwang, in sich zu verachten, was sie eigentlich hätte anerkennen sollen.

May Sarton verwandelte sich nicht in einen Pseudo-Mann, um das Problem zu lösen, wie es Radclyffe Hall und Gertrude Stein taten, und obwohl sie manchmal in der biologischen Argumentation steckengeblieben zu sein scheint, hat sie zu viel echten Respekt vor Frauen, um sich selber so sehr von ihnen abgrenzen zu können. Sie kann das Bedürfnis der berufstätigen Frauen nach einer (Ehe)"Frau" nachvollziehen, aber sie sieht dabei nur zu gut die Probleme für diese Frau, wie z.B. für eine Alice B. Toklas. May Sarton selbst kann sich mit ihren Gefühlen auf keine einlassen, die bereit wäre, diese Rolle zu übernehmen, denn wo die Muse Fleisch geworden ist, gibt es keine Anwärterin auf Funktionen wie Beantwortung der lästigen Post, das langweilige Bett machen oder den Abwasch in der Küche. Trotz ihrer Nachsicht "maskuliner" Arroganz gegenüber, das heißt, sich selbst und die eigene Arbeit ernst zu nehmen, war sie – abgesehen von einigen fehlgeleiteten Gemeinplätzen – nie fähig, Frauen herabzusetzen, und sogar in ihren Gemeinplätzen liegt eher ironische Selbstverteidigung als von ihr akzeptierte Wahrheit. In Hilary Stevens gab es nie einen "Jungen". Es gab einen Dichter. Es ist einfach ein groteskes Zeugnis mehr gegen diese Gesellschaft, daß eine intelligente Frau nicht weiß, daß in beiden Geschlechtern Dichter geboren werden, obwohl sie Sappho liest und bewundert.

Wenn es auch nicht gerade die beste aller Lösungen sein mag, Dichterin zu sein, wenn es auch einen hohen emotionalen Preis fordert – Frau eines großen Mannes und Mutter vieler Kinder zu sein, hat auch ohne anderweitige Begabungen ebenfalls seinen Preis. Das weiß May Sarton. In *Kinds of Love* hat sie die Ehe warmherzig und realistisch beschrieben, ihre guten und ihre schlechten Zeiten. Obwohl Christina Chapman eine reizvolle Frau ist und in ihrer Ehe mit Kindern und Enkeln reich gesegnet wurde, ist ihr Beispiel keins, das für alle Frauen Gültigkeit hätte. Olivia, ihre unverheiratete Tochter, die in der Sozialarbeit aufgeht, ist den jungen Leuten in diesem Roman eher Vorbild. Christina könnte für unsere Mutter oder Großmutter ein passendes Vorbild abgeben – denn wessen Leben wird nicht glücklicher durch diejenigen, an denen man hängt? –, aber eine feurige, kluge, zweifelnde Hilary spricht viel unmittelbarer zum Herzen der anderen. Es kann keine beste Lösung geben. Hilary Stevens wie Christina Chapman haben jede auf ihre Art gute Lösungen gefunden. Es ist die soziale Tradition, die Hilary in die Selbstverteidigung treibt und Christina in ein wenig Selbstzufriedenheit.

Maureen Duffy
1933 -

Maureen Duffy ist die jüngste der in diesem Buch berücksichtigten Schriftstellerinnen; ihr erster Roman wurde 1962 veröffentlicht, und obwohl sie seitdem weitere Romane und Stücke geschrieben hat, liegt der bedeutendere Teil ihres Werkes wahrscheinlich noch vor ihr. Dennoch hat sie schon heute fast ebensoviele Porträts lesbischer Frauen entworfen wie Colette in ihrem gesamten schriftstellerischen Leben. Colette war brilliante Psychologin aus Intuition. Maureen Duffy ist eher mit analysierender Intelligenz begabt. In einem Interview sagte sie: "Die Ursache der Homosexualität? Ich bin Freudianerin. Wenn man glaubt, daß sie angeboren ist, kann man sagen: 'Ich bin nicht schuldig, nicht verantwortlich.' Ausflüchte." (1) Begehren, Schuld und Verantwortlichkeit sind die Hauptthemen aller ihrer Romane, ob sie von Homosexualität handeln oder nicht. Obwohl sie in psychologischen Zusammenhängen denkt, ist doch ihre Betrachtungsweise eine eher moralische; Mutterfixierung, Penisneid und Gebärangst sind Sünden, die bekannt werden müssen, aber ähnlich wie Freud scheint Maureen Duffy keine Absolution dafür zu erteilen. Ihre Figuren bleiben schuldig.

The Microcosm beginnt in einer lesbischen Bar des Namens "Das Haus der Schatten". Hier ist jeder Gast eine personifizierte Krankengeschichte von Unterdrückung und Leiden. Matt, überlegen und melancholisch, Philosophin und Psychologin der Bar, beobachtet, erteilt Ratschläge, predigt und tröstet. Rae, die Frau, mit der sie lebt, teilt weder Wunsch noch Bedürfnis mit ihr, weiterhin ins "Haus der Schatten" zu gehen, sie ist frei von Schuldgefühlen und reformierendem Eifer, der Matt zu der Äußerung bewegt: "Wir alle müssen uns am Ende erheben, nicht nur eine oder zwei von uns, die klug oder charakterstark genug waren, sich zu retten, sondern auch alle Lahmen, Krüppel und Blinden unter uns, und dazu gehören die meisten." (2) Ihr Bedürfnis, sich mit den Frauen in der Bar zu identifizieren, bringt nicht nur Spannungen in ihre Beziehung zu Rae, sondern hält sie auch in ihrem Job als Tankstellenwärterin, nicht bereit oder vielleicht auch nicht fähig, ihr Archäologie-Studium fortzusetzen. Im Versuch, sich selbst zu erklären, sagt sie: "Ich glaube, da liegt mein Problem, Viktorianerin der Moderne, die an den Fortschritt des Herzens glaubt. Anfängerin im Gutes-Tun, die gerne alle Menschen ausgefüllt und kreativ sehen möchte ..." (3) Sie betrachtet die Bar hartnäckig als Mikrokosmos, dem zu entfliehen für nur eine oder zwei sinnlos sei, ist aber ebenso von ihr gefangen wie jede andere dort. Langsam, Schritt für Schritt, kommt Matt zu der Erkenntnis, daß die Bar eher einem Tümpel bei Ebbe gleicht, aus dem sie fliehen muß, um wachsen zu können. "Ich nehme meine gesamte Persönlichkeit und wandere ruhig hinaus in die Welt damit." (4), und zwar zu einer Arbeit an archäologischen Ausgrabungsstellen, zu denen sie Rae mitnimmt.

Matt ist so maskulin identifiziert, daß sie während der gesamten Romanhandlung nur unter männlichen Pronomina erwähnt wird. Von den anderen wird sie als eine der wenigen Lesbierinnen betrachtet, die tatsächlich geborene Homosexuelle sein könnten. "Du bist gut dran, Matt. Du bist anders als wir anderen. Du bist echt." (5) In ihrer Beziehung zu Rae suchen ihre Bedürfnisse nach männlicher In-Besitznahme und ständiger Bestätigung ihres Selbstwertgefühls. Ihre Unsicherheit drückt sich auf der sexuellen Ebene aus. Matt ist "gescheitert in seinem Kampf darum, sie zu unterwerfen und zu binden, in sie hineinzugreifen und sie in ihrem Kern zu packen und die volle Befriedigung vorbehaltlosen Besitzes zu empfinden." (6) Sie kann Rae nicht begreifen, dieses Geheimnis der sich ihrer selbst bewußten Frau. Im Bemühen, sich zu verstehen, stellt Matt sich Fragen, sucht sich Erklärungen. "Wie kannst du Frauen dermaßen lieben und dich selbst nicht als eine akzeptieren. Aber du liebst dich selbst nicht - außer, wenn du wie Judy bist, du liebst, wonach du suchst, dein Gegenteil, deine Ergänzung. Warum sollte ich mich lieben, den Verstand, der ungerührt bleiben kann, den Ehrgeiz, die Unbarmherzigkeit, die Gewalt ..." (7) Judy ist eine Figur, die als absolute Narzißtin dargestellt wird. Sie rettet sich über die Woche und verbringt den ganzen Tag damit, sich auf Samstagabend vorzubereiten, an dem sie sich eine neue Liebhaberin nur für diese eine Nacht sucht. Alle anderen Frauen werden in ähnlichen Rollen dargestellt wie Matt und Rae.

Da ist zum Beispiel Steve. Sportlehrerin an einer Mädchenschule, die sich in der Bar abseits hält. In der Schule macht sie sich Gedanken über ihre Schülerinnen, den Prozentsatz an Lesbierinnen unter ihnen, über die Gründe, "es ist zu einfach, das nur als aufgehaltene Entwicklung abzutun." (8) Sie beginnt einen Flirt mit der neuen Französischlehrerin, die sie als "das kleine französische Stück" bezeichnet.

Jonny und Sadie sind Fabrikarbeiterinnen. Sadie verliert sich in Tagträumen über ihre Beziehung, um sich die Monotonie der Arbeit zu vertreiben, unterwirft sie einer Betrachtungsweise, wie sie auch für jedes andere Paar der Arbeiterklasse gültig sein könnte, abgesehen von der Kinderlosigkeit. Matt hat Sadie erklärt, sie liebe Jonny deshalb, weil sie in der Beziehung zu Jonny keine Angst vor Schwangerschaften zu haben brauche. Sadie erinnert sich einer Szene aus ihrer Kindheit, in der sie eine beängstigende und schmerzhafte Geburt miterlebte.

Nicht alle Figuren des Romans haben etwas mit der Bar zu tun. Marie Pacey ist die Mutter einer Schülerin von Steve und war einmal Matts Jugendfreundin. Sie hatte sich damals in Matt verliebt, ohne es zu begreifen, und wird am Ende der Schulzeit von Matt getrennt. Sie heiratet, spürt, daß sie Geschlechtsverkehr mit ihrem Mann haßt; sie weiß nur: "Irgendwann habe ich meine Chance verspielt, als ich noch nicht einmal gewußt habe, welche das war.“ (10) Als sie schwanger wurde, erklärt sich ihr Ehemann damit einverstanden, sie nie wieder zu berühren, solange sie ihn nicht danach fragt, was er an den Abenden außer Haus tut. Als sie ein Mädchen zur Welt bringt, erkennt Marie Pacey das "verdorrte Bildnis deines eigenen Zornes, das auf dich zurückblicken wird.“ (11) Die Reaktion ihres Mannes: "wette du mußtest ein Mädchen kriegen weil du weißt, daß ich einen Jungen wollte. Welchen Nutzen haben Mädchen, sieh dich doch an.“ (12) Marie Pacey lebt durch ihr Kind, liebt es, aber sie bleibt ruhelos. Nachdem sie Steve auf einer Elternversammlung erlebt hat, ist sie schließlich so verwirrt, daß sie versucht, sich das Leben zu nehmen. Während ihres Aufenthaltes in einem Erholungsheim beobachtet sie eine Gärtnerin und fühlt sich bestärkt, ohne sich jedoch die sexuelle Identität zuzugeben, mit der sie sich auseinandersetzen müssen wird.

Diese Gärtnerin ist Bill, die ein isoliertes Leben gemeinsam mit Feathers führt, einer ehemaligen Schauspielerin, und mit ihr zusammen eine Hundezucht betreibt.

Stag, Raes Freundin und Liebhaberin während des Krieges, ist eine reiche Frau, Hotelbesitzerin. An einem Wochenende, als Matt und Rae sie besuchen, beginnt Matt, sich mit ihrem Klassenneid und ihrem eigentlichen Ehrgeiz auseinanderzusetzen. Die Beziehung zwischen Stag und Matt wird zu einem Spiel wetteifernder Macht. Matt stellt ihre Intelligenz gegen Stags Geld. Um der vergangenen Intimität zwischen Stag und Rae etwas entgegenzusetzen, flirtete Matt mit der Frau, mit der Stag jetzt zusammenlebt. Das Ausmaß, bis zu dem jede von ihnen kämpft, ihre feindselige Konkurrenz zu beherrschen, ist kein Maß für latente Weiblichkeit, sondern für Zivilisation.

Ein Abschnitt des Buches spielt nicht nur außerhalb des Barmilieus, sondern geht zurück ins 18. Jahrhundert und erzählt in Nachahmung des sprachlichen Stils jener Zeit die Geschichte von Charlotte, aus der Charles wird, und ihrer Mrs. Brown.

Die große Vielfalt der Stile und Figuren erweckt oberflächlich den Eindruck einer weitaus größeren Komplexität, als dieses Buch sie tatsächlich bietet. Die Welt außerhalb des "Hauses der Schatten" scheint der gesamten Persönlichkeit einer Figur wie Matt nicht mehr Entfaltungsmöglichkeiten zu gewährleisten, als die Bar selbst. Denn das dargestellte Selbstmitleid entsteht nicht dort, sondern wird einfach nur dort ausgedrückt. Die Tragödie Carls, einer engen Freundin von Matt, die bei einem Motorradunfall ums Leben kam, ereignet sich unabhängig von der Existenz oder Nichtexistenz einer solchen Bar. Chris, Carls Liebhaberin, erklärt Matt: „Und das war das letzte, was ich noch für sie tun konnte, aufpassen, daß niemand es herausbekommt. Also packte ich ihre Klamotten, ihre Fotos und Papiere zusammen, und Sandie schaffte sie weg. Und weißt du, Matt, was mich am meisten verletzt hat? Ich durfte sie nicht einmal identifizieren. Sie haben jemanden von der Familie geschickt. Und das alles hat mir einfach klargemacht, welche Außenseiter wir sind." (13) Die Selbstverachtung und der Mangel an Mitgefühl, die sich in der Bar ausdrücken – „Die dumme Sau hat sich auf dem Klo die Pulsadern aufgeschnitten. Manchmal glaube ich, wir sind es gar nicht wert, gerettet zu werden" – sind nicht dort entstanden, sondern von außen hereingetragen worden als psychologischer Schmutz an den Schuhen von draußen.

In einem anderen Mikrokosmos von Maureen Duffy ergeht es der männlich identifizierten Frau noch schlechter. *Rites* ist ein Einakter, der in einer öffentlichen Damentoilette spielt. Sie wird von einer Prostituierten geführt, die ihre freie Zeit mit der Lektüre der Börsenkurse verbringt, und einer ihr ergebenen, geschlechtslosen alternden Putzfrau, die nur davon träumt, daß ihre Chefin zur Leitung einer noch größeren Toilette aufsteigt; der Raum füllt sich schnell mit Mädchen, die auf dem Weg zum Büro sind, einer alten Landstreicherin, die in einer der Kabinen ihr Frühstück verzehrt, zwei Witwen und einem Paar gutgekleideter Frauen mit einer lebensgroßen männlichen Puppe, gegen deren Anwesenheit die Waschraumaufsicht Einspruch erhebt. Der herausfordernde und feindselige Wortwechsel, der schon vorher zwischen den Frauen stattgefunden hat, konzentriert sich plötzlich auf den Puppenjungen und dann auf seinen Penis, ein Ritual, das unterbrochen wird durch den Selbstmordversuch einer Frau in einer der Kabinen, die augenscheinlich sitzengelassen wurde. Die Wut all dieser Frauen gegen die Männer steigert sich zum Wahnsinn, auf dessen Höhepunkt ein Mann in ihrer Mitte erscheint, den sie töten. Erst danach wird entdeckt, daß es sich in Wahrheit um eine Frau in Männerkleidung gehandelt hat.

Ihr eigenes moralisches Urteil stellt Maureen Duffy in der Einleitung des Stückes dar: „Jede Degradierung von Menschen zu Objekten, jedes Anheften von Etiketten und Schablonen, denen sie sich unterwerfen müssen, jede Isolierung kann nur zur Zerstörung führen. In dem Augenblick, in dem Frauen ihre Wut auf Männer wegen deren Rollenverteilung in einer Raserei der Gewalt austoben, werden sie feststellen, daß sie sich selbst zerstört haben, und im Tod gibt es wahrhaftig keinen Unterschied." (15) Nachdem die Frauen die Leiche in die Verbrennungsanlage geschoben haben, rationalisiert eins der Büromädchen: „Sie kann nicht glücklich gewesen sein", worauf eine andere heftig antwortet: „ Warum nicht? Sie lebte." (16) Maureen Duffy hätte erreichen können, daß wir uns im Erleben unserer eigenen verborgenen Feindseligkeit, wie sie auf der Bühne dargestellt wird, zugleich von ihr läutern, ohne fähig zu sein, uns davon zu distanzieren, indem wir das Stück ablehnen als „lediglich schockierendes Ereignis auf dem Damenklo, hat mit mir nichts zu tun, nein danke." (17) Aber das Stück selbst degradiert Menschen zu Objekten, zu Stereotypen der gesammelten Abscheulichkeit heterosexueller Frauen, deren Rache letztlich in Selbstzerstörung endet, aber mit einem Unterschied: die einzige wirklich Zerstörte ist diejenige, die versucht, der Weiblichkeit überhaupt zu entkommen, zu leben in der Verkleidung dessen, das die anderen zugleich hassen und verehren. Man ist eher geneigt, die Frauen zu verurteilen als die Schablonen. Verglichen mit der Damentoilette ist „Das Haus der Schatten" ein menschlicher und menschenfreundlicher Ort.

Das Ideal, die heterosexuelle Liebe, wird in *Wounds* dargestellt, ebenfalls ein kaleidoskopartiger Roman mit vielen, lose miteinander in Beziehung stehender Figuren, alle in verschiedenen Stadien des Scheiterns, von der alten Frau, die schreit: „Ich bin alt und häßlich, aber früher hatte ich rotes Haar und hübsche Zähne und ich wurde von der attraktivsten Frau der Welt geliebt" (18) bis zum alternden Bühnenautor, der „sich für Sex und Kunst entscheiden und die Liebe den Unschuldigen überlassen sollte, weil er niemals alt genug werden würde, um unschuldig zu sein" (19) mit den jungen Knaben, die er anzieht. Jedes dieser Dramen wird unterbrochen durch fortgesetzte Liebesakte eines Mannes und einer Frau, deren physische Akte zur Metapher für eine Beziehung der Liebe werden. Sie sagen sich Dinge wie: „Der Schmerz der Liebe ist der Schmerz, lebendig zu sein. Es ist eine fortwährende Wunde," (20) und „Liebe ist der einzig wirkungsvolle Gegenschlag gegen den Tod." (21) Aber eingeschlossen in einem Raum, abgetrennt vom restlichen Leben, wirken sie eher wie eine ironische Werbung denn als Ideal, wie eine zum Leben erweckte Reklamefläche für Freudsche Märchen, um die kleinen lebenden Versager, die sich durch den Roman bewegen, zu verspotten und herabzusetzen.

That's How It Was ist Maureen Duffys erster Roman, weniger kompliziert im technischen Experimentieren und weniger bedroht von Theorien über menschliches Verhalten als die Romane, die sie danach geschrieben hat. Es ist die Geschichte der Paddy Mahoney, der unehelichen Tochter von Louey, die sich entscheidet, sie mit Wohlfahrtsunterstützung so gut wie möglich in den verschiedenen Slums Südenglands großzuziehen. Louey ist tuberkulosekrank, und wenn sie ins Krankenhaus muß, wird Paddy manchmal von Verwandten versorgt, manchmal in einem Heim untergebracht und manchmal bei Nachbarn einquartiert. Als aufgewecktes und selbstgenügsames Kind überlebt Paddy in ihrer Umgebung, weil ihre Mutter sie liebt und ermutigt, ihren Verstand zu gebrauchen. „Ich war nur ein Mädchen und das Leben bot mir nur Dinge, die ich verachtete, Häuser, Kinder, Sicherheit, Hausarbeit. Ich mußte weiterkommen. Ich mußte. Ich mußte anders sein. Es mußte mehr am Leben sein als das, oder es war völlig ohne Bedeutung, überhaupt auf der Welt zu sein. Und es mußte eine Bedeutung haben, um ihretwillen." (22)

In der trügerischen Hoffnung, beider Leben damit zu verbessern, heiratet sie Ted Willerton, dessen vier Kinder aus einer anderen Ehe erst danach in Erscheinung treten. Zu sieben leben sie in einem Zwei-Zimmer-Haus ohne sanitäre Einrichtungen. Teds Kinder sind ungebildete Dummköpfe, die miteinander kämpfen, sich überwiegend auf der Straße herumtreiben, stehlen; Louey versucht, ihnen einige der pädagogischen und moralischen Begriffe einzuflößen, so wie sie es bei Paddy getan hat, aber sie sind schon zu alt und zu wenig vorbereitet, um sich noch zu ändern und erschöpfen nur Loueys sehr begrenzte physische Reserven. Paddy, die alle aufs heftigste ablehnt, ihren Stiefvater aber ganz besonders haßt, ist zerrissen zwischen dem Zorn über sie und der Liebe zu ihrer Mutter, die sie versucht zu schützen, soweit sie kann. Paddys Leben in der Schule kann ihr teilweise einen Ausgleich für ihr hartes Leben zu Hause geben, aber auch als sie sich in eine ihrer Lehrerinnen verliebt und häufig bei ihr ist, bleibt Paddy doch ihre Mutter zu Hause ständig gegenwärtig und auch ihr Traum, eines Tages in der Lage sein zu können, für ihre Mutter zu sorgen und sie von Ted wegzubringen.

Schließlich schickt Louey Paddy zu Verwandten nach London, wo sie es leichter haben wird, die Schule zu beenden und zur Universität zu gehen. Kurz nachdem Paddy gegangen ist, stirbt Louey auf der Straße an einem Blutsturz. „Lange Zeit dachte ich sogar, ich hätte sie umgebracht, weil ich nicht da war, um nach ihr zu sehen. . . ich war nicht da, um mit ihr zu lachen und ihr alles etwas leichter zu machen und ihr zu zeigen, daß es sich überhaupt lohnt. . . Aber was ich wirklich wissen möchte, was soll ich nun tun, was zum Teufel soll ich nun tun. Ich liebe sie, ich kann sie nun nicht weiterlieben, und was soll ich nun sonst machen?" (23) Die Intensität von Liebe, Eifersucht, Schutzlosigkeit und Schuld sind so wirklich in diesem Buch wie die Räume und Straßen und Schulgebäude und Krankenhäuser, die das starke eigensinnige Kind und die energische, todkranke Mutter bewohnen. Erst später in Maureen Duffys Büchern wird diese Form der Liebe zu einem psychologischen Symptom, schuldbefleckt, sodaß in *Microcosm* eine Figur zu einer anderen sagen kann: „Und das komischste ist, daß sie sagt, sie war in ihre Mutter verliebt und wirklich daran glaubt.“ (24)

In *Love Child* ist die einzige, frühreife Tochter, Kit, kein Slumkind, sondern der verwöhnte Liebling eines wohlhabenden Intellektuellenpaares, deren sexuelle Ausschweifungen ihr nicht klar sind, bis sie vorübergehend in ein Internat kommt, wo sie lernt, daß Eltern weder sich gegenseitig noch ihre Kinder lieben, sondern sie in solche Institutionen stecken, damit sie Gewalt und Verführung kennenlernen. Nachdem ein älteres Mädchen sie mit den Fingern zum Orgasmus stimuliert und dabei erklärt hat, dies sei aber keine Liebe, bittet Kit ihre Eltern, sie nach Hause zu holen. Von nun an darf sie der Schule fernbleiben und zu Hause lernen, wo sie die Affären ihres Vaters beobachten kann, die er mit Personen beiderlei Geschlechts unterhält und schließlich auch die Beziehung zwischen ihrer Mutter und Ajax, dem Assistenten ihres Vaters. Wie weitgehend das Kind sich in Berichten dieser Entdeckungen seiner selbst bewußt ist, wird in dem Buch unterstrichen: „Du wirst dich fragen, möglicher Leser, warum ich all dies berichte. Die Antwort ist ganz einfach: es interessiert mich und du, verzeih mir, interessierst mich nicht. Ich versuche nicht, dir irgendetwas zu erzählen; ich bin bei meinem kindlichen, priesterlichen Schöpfungswerk.“ (25)

Erfinderisch mischt sich Kit selbst in die Affäre ihrer Mutter, sodaß sie beobachten kann, wie „Liebe machen“ wirklich vor sich geht, um dann später, in demselben Bett: „Ich liege hier, so nackt wie jeder von den beiden und spiele zuerst den einen, dann den anderen, so wie ich sie gesehen habe.“ (26) Zusätzlich auch verwirrt von ihren eigenen sexuellen Erfahrungen mit einem Jungen und einem Mädchen, sagt Kit: „Ich glaube, im Grunde genommen denke ich, daß ich jeden will, und eigentlich will ich überhaupt niemanden.“ (27) Es ist ihr wichtiger, ihre Mutter und Ajax zu manipulieren, indem sie Ajax eifersüchtig macht. Sie hat mehr Erfolg, als sie erwartet hat, denn Ajax wird zum Selbstmord getrieben. Das Buch endet mit Kits Bekenntnis: „Sie wird keinen anderen Liebhaber haben außer mir... Ich bin jetzt der Liebhaber meiner Mutter... Aber ich habe es nicht gewußt. Ich habe es nicht gewußt.“ (28) Das Buch ist von sexueller, sozialer und intellektueller Überheblichkeit, Unschuld und Schuld sind beide literarische Konstruktionen, die psychologischen Rezepten dienen.

Daß sich Maureen Duffy der Psychologie und Soziologie zuwendet, um zur Wahrnehmung ihrer Welt zu gelangen, der Literaturgeschichte und Dramaturgie in Imitation von Form und Stil, ist natürlich nicht ungewöhnlich für eine ernsthafte Schriftstellerin; aber die Lösungen, die sie in diesen Traditionen findet, erscheinen, gerade weil sie Lesbierin ist, für ihre Erfahrungen eher bedrohlich als erhellend. Einige der jüngeren Schriftstellerinnen heutzutage, lesbisch oder nicht, haben begonnen, sich zu weigern, ihre Gefühle Freud darzubieten oder ihre Stimme dieser Tradition zu leihen. Eine Gefahr könnte für sie darstellen, daß eine solche, völlig persönliche Lösung oft zu wenig an Breite und Vielfalt anbietet. Das Gewicht der Bildung, die Maureen Duffys Erfahrung und Stil so viel erdrückende Last aufgebürdet hat, muß die ursprüngliche Authentizität ihrer Betrachtung und Darstellung nicht unbedingt entwerten. Gerade heute, da sie sich von den Problemen homosexueller Beziehungen abwendet, wie sie es zum Beispiel in *The Paradox Players* tut, verfügen ihre Figuren wieder über die unettikettierte Realität derjenigen ihres ersten Romans, stoßen auf Gefühle wie Liebe und Schuld und Bedürfnis und Hoffnung, die dem Leben entstammen, nicht einem Drehbuch und die für nicht mehr und nicht weniger stehen als dafür, auf ihre eigene und einzigartige Weise erfahren worden zu sein. Da taucht der müde Verdacht auf, „menschliche Gefühle seien trivial und wiederholbar, Kunst ein fruchtloses Sich-Drehen auf ausgelaugtem Boden." (29) Dagegen steht, wie die Hauptfigur erklärt wird: „Er wurde, entgegen seinen eigenen Kräften und Grenzen, so erzogen, daß nichts für ihn Sinn hatte, bis es in Worte übersetzt wurde." (30) Wenn einige der Übersetzungen Maureen Duffys Melodramen erlernter Schuld sind, dann hat sie doch auch Wahrhaftiges übersetzt und wird es wieder tun.

Belletristische Bücher der letzten 40 Jahre

Aus der Darstellung der Lebensgeschichte und des Werkes eines Dutzends lesbischer Schriftstellerinnen geht deutlich hervor, wie individuell und unterschiedlich die Erfahrungsprozesse lesbischer Frauen verlaufen können. Man kommt jedoch leicht zu falschen Ergebnissen, wenn man das Leben und das Werk jeder einzelnen dieser Frauen isoliert betrachtet. Vergleiche zwischen ihnen anzustellen, ist jedoch auch nur begrenzt sinnvoll. Es führt daher sicher weiter, wenn man sich einmal eine Reihe weiterer Bücher ansieht, die in den letzten vierzig Jahren erschienen sind, und die eine wichtige Rolle für die Wandlung und Reflexion des Bildes der lesbischen Frau gespielt haben. Obwohl es gewiß Anzeichen dafür gibt, daß sich das Bild, das sich viele Lesben von sich selbst und von ihrer Umwelt machen, wandelt, reagiert die herrschende heterosexuelle darauf nicht nur kaum, sie hat darüber hinaus immer noch die Verfügungsgewalt darüber inne, was veröffentlicht werden kann. Das wenige, das diese Kontrollen passieren darf, wird oft so verändert, daß es in den üblichen Rahmen paßt. Die neuen feministischen Verlage, wie etwa die Daughters Inc., bestehen noch nicht lange genug, als daß sie bereits ein größeres Corpus an solchen Büchern hätten veröffentlichen können, die dieser seit so langer Zeit existenten Zensur nicht unterlegen hätten. Aufgrund ihrer politischen Ausrichtung und ihres Anspruchs werden diese Verlage ohnehin, zumindest in der ersten Zeit, vor allem agitatorische Bücher fördern, die zwar sehr wichtig sind, die aber doch nur einen beschränkten und manchmal verzerrten Einblick gewähren.

Wie die Zensur der Verlage funktioniert, läßt sich am besten durch die Erfahrungen illustrieren, die Alma Routsong mit ihrem Buch *A Place For Us* gemacht hat. Obwohl sie bereits Erfolge als Berufsschriftstellerin vorweisen konnte, wurde der Roman abgelehnt. Erst nachdem sie das Buch 1969 im Selbstverlag unter dem Pseudonym Isobel Miller herausbrachte und durch die Verkaufszahlen beweisen konnte, daß ein Markt dafür existierte, fand sich ein kommerzieller Verlag bereit, es unter dem Titel *Patience and Sarah* zu veröffentlichen. Da es sich bei diesem Buch um einen historischen Roman handelt, der auf der Lebensgeschichte zweier Frauen, Miss Willson und Miss Brudidge, basiert, die Anfang des 19. Jahrhunderts gemeinsam eine Farm bewohnten, läßt sich die Ablehnung des Buches zu Beginn der sechziger Jahre sicher nicht auf die erotischen Darstellungen oder auf die Behandlung des Themas Lesbianismus als solche zurückführen. Was an *A Place For Us* anstößig war, geht schon aus dem Originaltitel hervor, denn Patience und Sarah, die eine eine begabte Malerin, die andre an Sohnes Statt dazu erzogen, die Farmarbeit in einer Familie mit vielen Töchtern zu bewältigen, fanden einen Platz, wo sie zusammen leben konnten, indem sie dafür kämpften. Nachdem Sarahs Vater die sexuelle Natur ihrer Beziehung durchschaut hatte, verprügelte er Sarah jedesmal brutal, wenn sie Patience zu sehen versuchte. Patience stieß Sarah schließlich aus Angst vor der Brutalität und Feindseligkeit ihrer Umgebung zurück. Sarah verleiß daraufhin ihr Elternhaus und zog aus, um ein selbständiges Leben zu führen. Als sie nach einem Jahr zurückkehrte und schon teilweise die Zuversicht verloren hatte, daß sie es jemals schaffen würde, auf eigenen Füßen zu stehen, war es an Patience, Mut zu beweisen. Sie überredete ihren Bruder, ihr eine Abfindung für ihr Erbteil auszuzahlen, und mit diesem Geld machten Sarah und sie sich auf, um sich irgendwo Land zu kaufen.

Alma Routsong beschönigt weder die Schwierigkeiten, die die beiden als alleinreisende Frauen ohne männlichen Schutz haben und ihre Rollenkonflikte untereinander, noch ihre Isolation, weil sie keine anderen Frauen kennen, die so sind wie sie, oder ihre Unsicherheit, was die Bedeutung ihrer sexuellen Erlebnisse anbelangt. Aber ihr Buch schildert vor allem ihren Mut und ihre Liebe, die schließlich durch ein gemeinsames und unabhängiges Leben belohnt werden. Ein derart romantisches Buch mit einem Happy-End ist offenbar eine nahezu untragbare Obszönität in einer Gesellschaft, der es nichts ausmacht, Beschreibungen von Sittlichkeitsverbrechen an Kindern, Berichte über brutale Vergewaltigerbanden und alle möglichen sonstigen sadistischen Abarten der Sexualität zu lesen. Eine Frau darf eben nicht, wie Sarah es tut, darüber nachdenken, „ob die Liebe der Frauen vielleicht die Ursache dafür ist, daß Männer so einen selbstherrlichen Gang und eine so gebieterische Sprache besitzen. Wenn das der Grund wäre, dann würden Sarah und ich uns gegenseitig zu solchen herrischen Erscheinungen machen." (1)

Es wird sich nie genau feststellen lassen, wieviele solcher Romane über die Stärke und Schönheit der Liebe unter Frauen im Lauf der Jahre untergegangen sind, und wieviele davon nicht einmal niedergeschrieben wurden, weil dies von vorneherein aussichtlos schien. Dennoch sind trotz dieses strengen Tabus in den letzten Jahrzehnten immer wieder einige solcher Bücher erschienen und zwar fast immer solche, die in irgendeiner Weise ein „versöhnliches" Element enthielten, indem eine Art psychologischer Kehrtwendung stattfindet, wie etwa bei Maureen Duffy, in deren Romanen immer mindestens eine Frau von einem Mann „gerettet" wird. Auch Radclyffe Hall bediente sich dieses Tricks, weil sie fälschlicherweise annahm, auf diese Weise Sympathien für ihre Heldinnen gewinnen zu können.

We Too are Drifting von Gale Wilhelm, das 1935 erschien, ist ein resignatives Buch, das sich jedoch durch seine schöne, mit sparsamsten Mitteln gestaltete Prosa auszeichnet. Jan Morale, eine Künstlerin, die aus Trauer und Wut über den Tod ihres geliebten Zwillingsbruders nicht mehr in der Lage ist zu arbeiten, fühlt sich sexuell von Madeline, einer attraktiven, anspruchsvollen und oberflächlichen Frau angezogen. Die Beziehung ist für beide destruktiv, aber Jan kann nicht die notwendige Kraft aufbringen, sich von Madeline zu lösen, bis sie sich in Victoria verliebt. Victoria liebt Jan, sie versteht und bewundert ihre Arbeiten. Sie kommt jedoch aus einer Familie, in der sehr enge Beziehungen zwischen den einzelnen Familienmitgliedern bestehen, und ist mit Dan verlobt, den sie schon seit Jahren kennt und schätzt. Ebenso wie Victoria Jans Künstlertum akzeptiert, so akzeptiert Jan Victorias familiäre Bindungen und die Beziehung zu Dan. Als Victoria sich zwischen einer länger geplanten Reise mit Jan und einem von ihrer Familie spontan arrangierten Ausflug, an dem auch Dan teilnehmen soll, entscheiden muß, fühlt sie deutlich, daß sie sich für den Plan der Familie entscheiden muß. Sie gesteht: „Jan, wir wissen beide, daß es nicht nur darum geht, daß ich für zwei Wochen verreise. Das ist nicht das Problem, Jan, es geht darum, daß ich zu schwach bin und es nicht schaffe, das zu tun, was ich wirklich will." (2) Jan versucht, sie zu beruhigen: „Ich werde das Licht ausmachen, und wir werden uns in einem Zimmer gegenüberstehen, uns ansehen und uns fragen, warum in aller Welt wir Angst vor der Dunkelheit hatten. Ich liebe dich mehr als alles andere auf der Welt, und ich möchte, daß du mich genauso liebst." (3) Aber in der letzten Szene des Romans wird gezeigt, wie Jan in der anonymen Menge steht, die Victorias Abreise zusieht. Victoria ist nicht die Frau, die ihre Ehe und ihre Familie für Jan aufgeben könnte, und Jan wiederum ist nicht der Mensch, der sie darum bitten könnte.

In einem späteren Roman, *Torchlight to Valhalle,* der 1938 erschien, ergeht es Gale Wilhelms Heldinnen zwar besser, aber der Hauptteil des Romans ist der Analyse der Beziehung zwischen Morgan und Royal gewidmet. Morgan ist eine junge Frau, die gerade ihren geliebten Vater verloren hat, Royal ist ein junger Mann, der sie liebt und geduldig auf ihr Zögern reagiert, das er als eine Folge des Kummers wegen des Todes des Vaters interpretiert. Als Toni, ein Mädchen, das früher in der Nachbarschft gelebt hat, zurückkommt, verlieben Morgan und sie sich sofort ineinander, und Royal muß der Wahrheit ins Gesicht sehen: daß Morgan sich nie von ihm angezogen gefühlt hat. Die Beziehung zwischen den beiden jungen Frauen ist zu unvermittelt und nebulös, um überzeugend zu wirken. Bemerkenswert ist an diesem Buch lediglich, daß es überhaupt veröffentlicht wurde, da es praktisch das einzige unter den damals erschienenen Büchern ist, das einen eindeutig positiven Ausgang nimmt.

Der Klassiker der dreißiger Jahre ist Djuna Barnes' *Nightwood*, das 1937 veröffentlicht wurde. Es ist nicht verwunderlich, daß dieses Buch sofort zur Veröffentlichung angenommen wurde, da seine dekadente Eleganz es weitab von jeder gewöhnlichen Erfahrung rückt. Die Hauptfigur ist ein Arzt, der Transvestit ist und die tragischen Geschichten der Menschen in seiner Umgebung sammelt. Er gibt groteske, aufgeblasene Sentenzen von sich wie: „Niemand sollte sich wegen seiner individuellen Beschwerden behandeln lassen, sondern lieber danach trachten, die universelle Krankheit zu heilen." (4), „Nein, ich bin kein Neurastheniker, ich habe dazu gar nicht den nötigen Respekt vor den Menschen, der die Grundlage aller Neurasthenie ist." (5), „Bete zur guten Göttin, sie wird dich nicht verstoßen. Ich nenne sie immer ‚die Göttin', weil sie mich als das geschaffen hat, was ich bin. Dadurch wird der Fehler in gewisser Weise wieder ausgeglichen." (6) Sein ironischer Zynismus und sein Selbstmitleid geben den Tenor des ganzen Buches ab, das mit religiösen Symbolen und Melodramatik überfrachtet ist. Wenn man dem Helden noch zugutehalten kann, daß er geistreich und gleichzeitig einfältig ist, fehlen den weiblichen Gestalten jedoch solche versöhnlich stimmenden Eigenarten. Nora ist auf tragische Weise in Robin verliebt, eine unstete Person, die irgendwie in die Ehe und Mutterschaft hinein- und auch wieder herausgestolpert ist, die in Noras Leben hineinschneit und sich wieder zurückzieht, als Nora sie halten will, was sie nicht ertragen kann. Robin will sich die Nächte hindurch herumtreiben, Frauen auflesen und mit ihnen schlafen, um alle Welt zu beglücken. Als Nora Einwände gegen diese Lebensführung erhebt, beginnt Robin zu toben: „Du bist der Teufel! Du bringst es fertig, daß ich mich dreckig, alt und müde fühle.“ (7) Sie verläßt Nora um Jennys willen, der es aber auch nicht gelingt, sie häuslicher zu machen. Nora versucht inzwischen, ihre Liebe zu Robin besser verstehen zu lernen, indem sie zunächst mit Robin spricht und schließlich versucht, so zu leben wie sie. Dabei begegnet sie einer jungen Prostituierten, die am Fuße einer Madonnenstatue sitzt. „Ich sah von ihr auf die Madonna hinter den Kerzen und begriff, daß ich für Robin das Gleiche bedeutete wie die Statue für diese Frau: keineswegs eine Heilige, sondern die Personifikation des Beängstigenden.” (8) Das bleibt sie auch für Robin, die schließlich wieder in ihre Nähe zurückkehrt, wo sie in einer verlassenen Kapelle haust. Dort spürt Noras Hund sie schließlich auf, sie läßt sich auf alle Viere nieder, und das Tier und sie knurren und bellen sich an und legen sich schließlich zusammen hin. Währenddessen steht Nora wie betäubt im Eingang. Es ist schade, daß ein Buch, das an vielen Stellen ausgesprochen schön und aufschlußreich ist, am Schluß prätentiös und peinlich werden muß. Aber gerade auf diesen schwachen Schluß bezieht sich T. S. Elliot in seinem begeisterten Vorwort mit den moralisierenden Worten: „Wir alle, die wir unser Herz an von Menschenhand geschaffene Dinge hängen und unseren Willen weltlichen Zielen unterordnen, werden eines Tages von den gleichen Würmern gefressen.“ (9) Wir können ruhig alle Sünder sein, die Kapelle ist unser Hundezwinger.

Ein anderes Buch aus der gleichen Zeit prangert religiöse Schuldvorstellungen an und hebt dagegen die Reinheit der lesbischen Liebe hervor, wobei es sich dazu eines Tricks bedient, der für jeden Menschen, der gegen die heterosexuellen Normen anzukämpfen versucht, sogar noch eine größere Beleidigung darstellen muß, als die Quintessenz aus *Nightwood.* In *Either is Love* spielt sich die lesbische Beziehung innerhalb eines heterosexuellen Rahmens ab. Die Hauptfigur ist eine Witwe, die ihre wunderbare Ehe mit ihrer zwar andersartigen, aber ebenso wundervollen Beziehung zu Rachel, ihrer ersten Liebe, vergleicht. „Ich verbarg diese Liebe mit einer Art leidenschaftlicher mütterlicher Besorgnis vor meiner Umwelt, damit sie nicht durch falsche Interpretationen beschmutzt würde. Ich glaubte, daß ich sterben müßte, wenn andere Leute meine Liebe falsch verstehen würden.“ (10) Später erklärt sie ihre Beziehung zu Rachel ihrem zukünftigen Ehemann ganz genau, damit er auch ein richtiges Bild davon bekommt.“ Ich hatte große Angst, daß ich sie wegen irgendwelcher autoritärer Züge in ihrem Wesen lieben könnte. Ich konnte die Vorstellung, mit einer pseudo-männlichen Frau zusammenzusein, nicht ertragen." (11) „Die geringfügigen männlichen Züge ihres Wesens mochte ich immer am wenigsten, nicht am meisten . . . Sie war mir ihrerseits rührend dankbar dafür, daß ich die femininen Seiten an ihr hegte und pflegte . . ." (12) Als Rachel fragt: „Gehörst du mir?", antwortet sie: „Nein, nein! Ich gehöre nur mir selbst." (13) Diese Weigerung, sich beherrschen und vereinnahmen zu lassen, könnte man sicherlich nur gutheißen, wenn nicht die Begründung dafür lautete: „Sie durfte sich nicht dazu versteigen, die Rechte eines Mannes oder eines Kindes zu beanspruchen. Als Freundin konnte sie alles haben, was nicht diesen beiden Beziehungsebenen vorbehalten bleiben sollte." (14) Dieses „alles" ist aber nicht viel. Rachel und sie trennen sich für eine Weile, und in der Zeit läßt Rachel sich auf Beziehungen zu anderen Frauen ein, die ihr so starke Schuldgefühle einflößen, daß sie sich der Kirche zuwendet und infolgedessen jetzt die Liebe unter Frauen als sündig ablehnt. Ihre erste Geliebte kann diese Konsequenz nicht akzeptieren, und auch Rachel selbst bereut wesentlich später ihr Verhalten. Die Ich-Erzählerin läßt an keiner einzigen Stelle Brüche in ihrer Beziehung zu Rachel in Erscheinung treten. Als Rachel fortgeht, „sehnte sie sich so schmerzlich nach ihr wie die Heiligen nach Gott" (15), aber später sagt sie: „Ich bin heute noch froh, daß ich ihr nie ein einziges Wort des Vorwurfs geschrieben oder den leisesten Anspruch auf sie erhoben habe." (16) In diesem Buch erscheinen Freiheit und Großzügigkeit als die besonderen Momente, die die lesbische Liebe auszeichnen. „Eine sogenannte lesbische Beziehung kann von ungewöhnlicher Reinheit sein, und wer das nicht glaubt, der urteilt, ohne die Tatsachen wirklich zu kennen." (17)

Ganz anders dagegen wird die Beziehung zwischen Mann und Frau dargestellt. Die Ich-Erzählerin ist bereit, alles das, was sie Rachel vorenthält, dem Mann zu geben, der stark genug ist, sie zu erobern. Erobern muß er sie nämlich, denn sie will „ihres Willens beraubt werden", den sie „in sicheren Händen" (18) wissen will.

Der Mann soll sich an sie „heranpirschen" wie an eine „Beute", denn er ist ihr „liebender Feind". Das Geheimnis der heterosexuellen Liebe ist „jene seltsame Schlacht, in der sich die Frauen immer danach sehnen, zu verlieren." (19) Weil sich auch die Ich-Erzählerin „verliert", also heiratet, sieht sie ihre Liebe zu Rachel als einen Teilaspekt in ihrer verständnisvolleren und vollkommeneren Liebesbeziehung zu ihrem Mann aufgehen. Selbst wenn tatsächlich beide Beziehungsformen Liebe genannt werden können, spielt sich doch die erstere in einem Freiraum ab, der zum völligen Abseits wird, wenn die Rechte und Privilegien des Besitzverhältnisses gänzlich der zweiten Beziehungsebene zugeschrieben werden. Elisabeth Craigins beharrliches Insistieren auf dem Unterschied zwischen homosexueller und heterosexueller Liebe ist eine Reminiszens Colettes, die ebenfalls die Liebe zwischen Frauen soweit idealisierte, daß sie sich im Vergleich zu der bodenständigeren Heterosexualität als esoterisch in ihrer extremen Reinheit darstellte.

Auch Anais Nin macht diesen Unterschied zwischen heterosexueller und homosexueller Liebe, aber bei ihr ist die Wertung noch radikaler und fällt noch ungünstiger für die lesbische Liebe aus als bei Colette. In *Ladders to Fire* analysiert sie erotische Beziehungen unter Frauen und erklärt: „Dieser Roman handelt vom negativen Extrem der Verwirrung und Verdrehung natürlicher Abläufe". (20) Sie zwängt ihre Gestalten in die gängigen psychologischen Klischees: „Ihre Körper berührten einander und fielen dann voneinander ab, als hätten sie beide einen Spiegel berührt, ihr eigenes Spiegelbild. Sie hatten die kalte Oberfläche gespürt, den Spiegel, der nie dagewesen war, wenn sie sich von Männern nehmen ließen." (21)

Auch unter den Romanen, die heute erscheinen, befaßt sich immer noch ein großer Teil mit den Aspekten: Aufopferung des eigenen Selbst, moralische Schuld, psychische Verwirrung und Erlösung durch Heterosexualität, aber daneben tritt auch zunehmend ein neues Thema in den Vordergrund: der Kampf der Frauen gegen Vorurteile und Diskriminierung, einerseits, um die eigenen Ängste und Schuldgefühle zu überwinden, und andererseits, um in Freiheit ihre Liebe ausleben zu können.

Han Suyins Roman *Winter Love* wurde 1962 veröffentlicht. Darin schreckt Betina vor dem Risiko einer Liebesbeziehung zu Mara zurück, da sie dazu viel zu defensiv, zu sehr auf die Anerkennung der anderen angewiesen und zu abhängig von der Sicherheit, die ihr das Vermögen ihrer Familie bietet, ist. Mara ihrerseits würde Ehe und damit einhergehende Sicherheit um Betinas Willen aufgeben, sie kommt aber gegen Betinas ambivalente Gefühle nicht an. Betina erzählt die Geschichte ihrer Beziehung aus der Retrospektive. Sie sucht immer noch nach einer Möglichkeit, Mara für ihr Scheitern verantwortlich zu machen, erkennt jedoch ihre eigene Rolle zu deutlich, um sich nicht selbst auch einen Teil der Schuld zuzuschreiben. „Ich wollte auf unauffällige und kaum merkbare Weise anerkannt werden. Aber eine Beziehung zu

Mara konnte mir diese Achtung nicht verschaffen." (22) Betina heiratet den Mann, mit dem sie eine Beziehung eingegangen ist, als Maras Ehemann mit dem großen Eklat drohte, und ihre eigene Tante sich anschickte, sie zu enterben. Sie „gehört nun zu jener Horrorgesellschaft, die die Welt bevölkert, bei der Körper und Verstand auseinandergefallen sind und sich nun gegenseitig wütend bekämpfen." (23) Über Frauen sagt sie: „Wir sind unsrer selbst so unsicher, wir waren immer derart abhängig von ihrer (d. Übers.: der Männer) Anerkennung, wir fühlen uns schuldig, wenn sie uns sagen, wir sollten glücklich sein, und wir sind es nicht. Wieviele von uns machen wirklich den Versuch, herauszubekommen, wie wir innerlich eigentlich beschaffen sind." (24) Die Erlösung durch die Heterosexualität wird in diesem Roman nicht thematisiert, hier bleiben nur Rückzug und Reue.

Viele lesbische Frauen haben Claire Morgans *The Price of Salt* einen besonderen Ehrenplatz unter den Büchern zum Thema lesbische Liebe eingeräumt, da die beiden Heldinnen dieses Romans, Therese und Carol, letztenendes viel mutiger mit wesentlich schwerwiegenderen Belastungen ihrer Beziehung umgehen. Carol muß sich nämlich nicht nur mit einem rachsüchtigen Ehemann auseinandersetzen, sondern auch noch den Verlust eines geliebten Kindes verarbeiten. Während einer Reise in den Westen werden Carol und Therese solange von Privatdetektiven beschattet, bis genügend Belastungsmaterial gegen Carol vorhanden ist, um ihr nicht nur das Sorgerecht für ihr Kind, sondern auch das Besuchsrecht abzusprechen. Als Carol sich dieser Gefahr bewußt wird, unterbricht sie ihre Reise und läßt Therese alleine zurück. Therese wartet lange vergebens auf Nachricht und kehrt schließlich verbittert zurück, da sie sich von Carol auf der ganzen Linie verraten fühlt. Sie findet Carol in der Situation, daß sie nicht nur ihre Tochter, sondern auch einen guten Teil ihres früheren Vertrauens verloren hat. Zunächst kann Therese weder Carols Veränderung akzeptieren noch sich über ihr eigenes Gefühl, im Stich gelassen worden zu sein, hinwegsetzen, aber da sie Carol liebt, entschließt sie sich doch dafür, so mit ihr zusammenzuleben, wie es die gegenwärtige Situation ermöglicht. Der Preis dafür ist ungeheuer hoch, nicht nur, weil sie als Sünderinnen behandelt und bestraft wurden, sondern auch, weil Carol ihre Tochter wirklich liebte, und die gesetzlich sanktionierte Rachemaßnahme ihres Mannes sie daher an einer äußerst verwundbaren Stelle traf.

Sobald im Mittelpunkt der Romane nicht mehr die moralische Minderwertigkeit, sondern der persönliche Mut der Heldinnen steht, entfällt auch die

Thematisierung des Problems der Rollenverteilung, die in den früheren Romanen immer auftritt. Einige Autorinnen halten es für nötig, dieses Problem explizit auszuklammern, so Claire Morgan, indem sie Therese feststellen läßt: „Sie hatte davon gehört, daß Mädchen sich ineinander verliebten, sie wußte, was das für Mädchen waren, und wie sie aussahen. Weder Carol noch sie selbst sahen aber so aus." (25) In *A Place for Us* überlegt Patience im Hinblick auf die wie ein Junge aufgewachsene Sarah: „Später ist noch Zeit genug, ihr klar zu machen, daß es besser ist, eine richtige Frau zu sein, als Männer imitieren zu wollen, und daß jemand, der sich ausgerechnet mit einer Frau zusammen von zuhause aufmacht, eben lieber mit einer Frau zusammensein will." (26)

In Joan Haggertys *Daughter of the Moon* sind die männlichen Nebenfiguren zwar immer noch gegen sexuelle Ambivalenzen voreingenommen, die Beziehung der beiden Hauptfiguren, Anna und Sarah, ist jedoch einfach das Zusammensein zweier Frauen, die eine üppige Weiblichkeit ausstrahlen, da sie beide schwanger sind. Der Vater von Annas Kind ist ein Bewohner der Insel, auf der sie lebt, der Vater von Sarahs Baby ist ihr Ehemann, der ihr inzwischen so gleichgültig geworden ist, daß sie sich zu einem längeren Ferienaufenthalt auf der Insel entschloß, um hier zu einer Entscheidung darüber zu kommen, wie es weitergehen soll. Anna ist lediglich überrascht, als sie merkt, daß sie sich von Sarah angezogen fühlt. Die Neuheit dieser „Empfindung faszinierte sie ebensosehr wie die Frau selbst." (27) Sarah ist anfangs weit unsicherer, sie hat Bedenken, sich auf eine Frau einzulassen, die offensichtlich so gar keinen geregelten Alltagsablauf und keine normalen Pflichten oder Aufgaben kennt. Sarah ist Schriftstellerin und auf Ordnung und Selbstdisziplin angewiesen. Sie hofft immer noch, sich wieder mit ihrem Mann auszusöhnen. Auch als Anna und sie bereits einen gemeinsamen Haushalt führen und in einer engen Liebesbeziehung miteinander leben, wobei sie sich intensiv auf die Veränderungsprozesse ihrer eigenen Körper konzentrieren, sagt sie noch: „Hinterher, weißt du, danach, möchte ich oft von einem Mann gefickt werden, . . . du bringst mich in Stimmung, aber dann will ich einen Mann, der mir richtig kontra geben kann. Wir beide, wir verlieren uns immer weiter in einem endlosen Raum, wir können einander nicht befriedigen." Anna antwortet ihr: „Du kannst mich befriedigen. Hör auf mit den Projektionen." (28) Sie haben bald kein Geld mehr und sind davon abhängig, daß Annas Ex-Liebhaber sie mit irgendwelchen Lebensmitteln, die er gerade auftreiben kann, versorgt. Als die Geburt der Kinder unmittelbar bevorsteht, entschließt sich Sarah, nach England zurückzukehren, wo sie damit konfrontiert wird, daß ihrem Mann ihr schwangerer Zustand schlichtweg ungelegen kommt. Beide Frauen machen eine lange und schwere Geburt durch, aber Sarah entbindet mit der Hilfe ihrer Mutter in einer Klinik, während Anna die Entbindung ganz allein durchmacht und gleich darauf stirbt. Sarah, die Schriftstellerin, will daß Anna weiterlebt, und meint deshalb, ihre Geschichte schreiben zu müssen. Die Frau Sarah setzt sich mit ihren Schuldgefühlen, ihrer Trauer und ihrem Verrat an dem Menschen, der sie liebte und brauchte, auseinander.

Hier treten völlig neue moralische Wertmaßstäbe in Erscheinung, die eine Herausforderung an die traditionellen Normenvorstellungen sind, indem der verbindliche und verantwortungsvolle Aspekt der Liebe nicht mehr eindeutig auf heterosexuelle Beziehungsmuster beschränkt bleibt. Unter den neueren Romanen fordert besonders Jane Howards *Odd Girl Out* zur gedanklichen Auseinandersetzung heraus. Anne und Edmund, ein seit 10 Jahren kinderlos und glücklich verheiratetes Paar, sind bereit, Edmunds wesentlich jüngere Stiefschwester für längere Zeit in ihrem Haus aufzunehmen. Arabelle ist eine schöne junge Vagabundin, weitgereist, reich, ein Mädchen, um das sich nie irgendjemand ernsthaft gekümmert hat. Für ihre mehrfach verheiratete Mutter war sie immer ein Problem, für ihre diversen Stiefväter ein sexuelles Spielzeug, sie selbst weiß kaum etwas über sich oder ihre Zukunft. Nach einer kurzen Affäre mit einem verheirateten Schauspieler hat sie eine Abtreibung und erscheint am Abend des gleichen Tages bei Anne und Edmund, die gerade Pläne für eine ruhige Feier ihres 10. Hochzeitstages am nächsten Abend machen. Sie bereut ihre Rücksichtslosigkeit und macht Anne und Edmund zu deren Hochzeitstag schönere und teurere Geschenke, als die beiden selbst füreinander besorgt haben, um sich ihre Zuneigung zu erobern. Anne und Edmund sind freundliche und stabile Menschen, und obgleich Arabelles hartnäckige Versuche, einen Platz in ihrem Leben zu erringen, manchmal eine ziemliche Belastung für sie darstellen, finden sie sie auch bezaubernd und bedauernswert. Anne ist bereit, ihr ein Zuhause zu geben, wo sie sich endlich gerngesehen und geliebt fühlen kann. Edmund nimmt Arabelle, als sie zusammen einen Tag in London verbringen, mit zu einem Haus auf dem Lande, mit dessen Verkauf seine Immobiliengesellschaft betraut ist, und findet sich plötzlich im Garten am Ufer eines Sees wieder, wie er mit ihr schläft. Da er Anne als sexuell unerfahrener Mann geheiratet und die Beziehung zu ihr sexuell als befriedigend erlebt hat, kann er sich sein Verhalten nur dadurch erklären, daß er sich heftig in Arabelle verliebt hat. Sie dagegen sagt, daß sie nur mehr Aufmerksamkeit von ihm erreichen wollte, ihn aber nicht liebe. Sie mag einfach Anne und Edmund und möchte, daß sie glücklich sind. Während Edmund noch darüber nachdenkt, wie er seine Beziehung zu Arabelle weiterführen kann ohne Anne zu verletzen, lehnt Arabelle entschieden jeden Versuch, Anne zu täuschen, ab. Ehe Edmund noch beschließen kann, wie er sich weiter verhalten will, muß er eine Geschäftsreise nach Griechenland unternehmen. Anne, die ursprünglich mit ihm fahren wollte, zieht sich ein Drüsenfieber zu und muß zurückbleiben, während Arabelle es übernimmt, sie liebevoll zu pflegen. Beide finden zunehmend Gefallen aneinander. Anne, die zunächst sehr zurückhaltend auf Arabelles körperliche Nähe reagiert, genießt es zunehmend, von ihr gepflegt zu werden, und sie ist überrascht und erfreut, als Arabelle ihre großen Brüste bewundert, wegen derer sie selbst immer Komplexe hatte. Sie ist sich auch darüber klar, daß Edmund äußerst negativ auf ihre Krankheit reagiert hätte, und es ihm nur mit Mühe gelungen wäre, seine Ungeduld zu verbergen, wohingegen Arabelle ihre Krankheit zum Vorwand nimmt, ihr teure Geschenke zu machen und köstliche Mahlzeiten und Getränke für sie zuzubereiten. Sie unterhalten sich fröhlich darüber, daß Beziehungen zu Männern immer wieder an bestimmte Grenzen stoßen, und keine von beiden ist wirklich traurig, als Edmund seinen Aufenthalt in Griechenland verlängert, wo er seinerseits die Vorteile seines Daseins als Mann entdeckt.

Arabelle, die viel unmittelbarer auf dem Boden der Tatsachen steht als Anne, ist sich der zunehmenden Anziehung zwischen sich und Anne bewußt, zögert aber: „Ich darf nicht alles kaputtmachen, dachte sie, Anne würde sicherlich – wie die meisten Frauen – glauben, daß bei ihr etwas nicht in Ordnung sei, wenn sie feststellte, daß ich sie ebenso glücklich machen kann, wie sie es offensichtlich mit Edmund ist.“ (29) Es kommt, wie es kommen muß: Die beiden Frauen schlafen miteinander, und als Edmund schließlich zurückkommt, denkt nicht nur er darüber nach, wie eine neue und liebevolle Beziehungsstruktur aussehen könnte, sondern Anne ist ebenfalls damit beschäftigt.

Da konfrontiert Arabelle sie mit der Tatsache, daß sie ein Kind von Edmund erwartet. Der Schock löst sowohl bei Edmund als auch bei Anne eine Kette heftiger Selbstbezichtigungen und Anklagen aus. Beide sind wie betäubt von dem Gefühl, daß ein gegenseitiger Verrat stattgefunden hat. Arabelle macht einen Vorschlag, an den sie jedoch nach den Reaktionen der beiden selbst kaum noch glauben kann: „Wenn wir uns wirklich liebten, dann würdet ihr euch vielleicht darüber freuen, weil es etwas Neues und Positives in eurem Leben sein könnte." (30) Weder Anne noch Edmund sind jedoch zu einem derartigen Arrangement fähig. Edmund bietet Arabelle an, die Abtreibung zu bezahlen, was in Anbetracht der Tatsache, daß sie viel mehr Geld hat als er, eine relativ überflüssige Geste ist. Arabelle geht schließlich fort, als ihr klar wird, daß sie nur Unheil gestiftet hat, wo sie Liebe geben wollte.

Als Edmund und Arabelle sich allein mit dem Geschehenen auseinandersetzen müssen, weiß keiner von beiden, was jetzt werden soll, bis Edmund Anne schließlich mit dem ihm gerade noch möglichen Maß an Aufrichtigkeit von seinen sexuellen Abenteuern in Griechenland berichtet, woraufhin Anne ihm mit einem für sie gerade noch verkraftbaren Maß an Großzügigkeit verzeiht.

In einer Nebenhandlung bringt sich die junge Frau des Schauspielers, mit dem Arabelle kurze Zeit zusammengelebt hat, um, nachdem sie längere Zeit versucht hat, mit der Situation fertig zu werden, in der sie sich befand, als ihr Mann sie ohne Geld und mit zwei kleinen Kindern alleingelassen hatte. Hier findet der Leser vielleicht das moralische Urteil, nach dem er gesucht hat. Man kann Arabelle leicht als destruktiven Eindringling in eine Welt ansehen, die ohne ihr Erscheinen vielleicht hätte recht und schlecht weiterbestehen können, indem sich Möglichkeiten gefunden hätten, die Ehe aufrecht zu erhalten. Selbst wenn Anne und Edmund auch einen Teil der Verantwortung für den Gang der Ereignisse tragen, so hat doch die junge Frau, die sich infolge Arabelles leichtfertiger Affäre umbringt, ihre Situation nicht selbst herbeigeführt. Dennoch bleibt eine moralische Parallele zwischen beiden Ereignissen unbefriedigend. Wäre es denn nicht vielleicht doch möglich, daß Menschen einander wirklich lieben? Die Antwort lautet: Nein, nicht solange sie sich den bestehenden Konventionen unterwerfen.

In der gesamten Belletristik werden moralische Fragen dieser Art immer wieder aufgeworfen und zuweilen auch weniger resignativ beantwortet. Die beiden ersten Romane von Bertha Harris, *Catching Saradove* und *Confessions of Cherubino* weisen die brillante sprachliche Gestaltung und die Beschäftigung mit dem Thema grotesker sexueller Beziehungsformen auf, wie sie charakteristisch für das Werk Djuna Barnes' sind, hier jedoch erwächst aus der absurden Farce ein neuer Zustand der Unschuld. Die beiden Heldinnen in *Confessions of Cherubino* haben sich als kleine Mädchen geliebt, wurden dann im entsprechenden Alter in eine Reihe roher sexueller Abenteuer verstrickt, wodurch sie sich aus den Augen verloren, und treffen schließlich am Ende wieder zusammen, wobei für den Leser deutlich wird, daß sie jetzt in ihrer Liebesbeziehung endlich die wahre und positive Sinnlichkeit entfalten können.

Marijane Meakers' Buch *Shockproof Sidney Skate* ist weit weniger anspruchsvoll und hatte wesentlich mehr Erfolg. Es wurde als eine Siebziger-Jahre-Version des „Catcher in the Rye" gepriesen. Sidney ist der Sohn einer lesbischen Frau, die immer versucht hat, ihn vor der Konfrontation mit ihren eigenen sexuellen Beziehungen und denen ihrer Freundinnen zu bewahren, indem sie eine Reihe besonderer Sprachregelungen einführte, wie etwa die, daß von den Frauen, zu denen sie sexuelle Beziehungen hatte, immer wie von männlichen Personen gesprochen wurde. Sydney durchschaut zwar bereits seit Jahren das Wesen dieser Beziehungen, gibt sich jedoch aus Rücksicht auf seine Mutter weiter naiv. Er selbst ist durch und durch auf eine ziemlich langweilige Art heterosexuell und holt sich eine ganze Reihe Mädchen ins Bett, die er in erster Linie braucht, um mit ihnen pornographische Passagen verschiedener gängiger Romane nachzuspielen. Das Buch ist an vielen Stellen umwerfend komisch.

In Marijane Meakers Darstellung erscheint dieses Mutter-Sohn-Verhältnis in Vielem besser als die konventionellen Eltern-Kind-Beziehungen, die es umgeben. Der Roman beinhaltet eine humorvolle, aber nichtsdestoweniger entschiedene Kritik an Freud'schen Klischees und an den üblichen Sorgerechtsregelungen.

In der Belletristik, soweit sie sich mit lesbischen Frauen befaßt, finden sich kaum humorvolle Erzählungen. Aus diesem Grund neigen selbst ansonsten politisch kritische Leserinnen dazu, Louse King zu verzeihen, daß sie für die Gestaltung ihrer drei Hauptpersonen sämtliche gängigen Klischeevorstellungen herangezogen hat. In *The Day We Were Mostly Butterflies* treten auf: Maurice, ein tuntenhafter Dekorateur, Lillian, der bullige kesse Vater und Miss Moppet mit ihrem kindlichen Gemüt, ihrer beider süße Last. Lillian läßt Moppet manchmal monatelang allein und schickt ihr nur Postkarten mit üppigen nackten Schönheiten darauf, um ihren Aufenthaltsort mitzuteilen. Maurice hat es bald satt, sich um Moppet zu kümmern, weil er nirgends mehr hingehen kann, ohne Emma Hamlet Woodhouse, die Schildkröte, in einem Cocktailshaker mitzunehmen. Aber die wahre Liebe siegt letztenendes, als Lillian zurückkehrt und sich damit konfrontiert sieht, daß Moppet ihr zum Geburtstag ein Pferd schenkt, das in der Waschküche ihres Appartmenthauses in New York City stehen soll.

Die Existenz der Frauenbewegung und neuer feministischer Verlage zwingt auch etablierte Verleger zunehmend, der Tatsache Rechnung zu tragen, daß es ein Publikum für Erzählungen gibt, die ein positives Bild von lesbischen Frauen entwerfen. 1973 veröffentlichte Daughters Inc. Rita Mae Browns Roman *Rubyfruit Jungle.* Rita Mae Brown war in der Frauenbewegung bereits bekannt geworden, weil sie mit ihrem Artikel *Take A Lesbian to Lunch* und anderen Grundsatzpapieren einen wichtigen Beitrag dazu geliefert hatte, daß die New Yorker Sektion der N.O.W. öffentlich mit ihrer scheinheiligen Position lesbischen Frauen gegenüber konfrontiert wurde. Ihr Roman ist ebenfalls ein lesbisch-feministisches Manifest. Wer der Ansicht ist, daß Romane keine Maximen verkünden sollten, der wird *Rubyfruit Jungle* sicherlich viel zu unverblümt agitatorisch finden. Molly, die Heldin, ist seit frühester Kindheit eine radikale Lesbe gewesen, und hat alle Einschränkungen, wie sie kleinen Mädchen üblicherweise auferlegt werden, weit von sich gewiesen. Beim Spiel sagt sie: „Ich muß der Doktor sein, weil ich klug bin, und es ist völlig egal, ob ein Mädchen den Arzt spielt oder nicht." (31)

Als ihr klar gemacht wird, daß sie sich bemühen soll, anderen zu gefallen, sagt sie: „Mich kümmert nur, ob ich mich selbst leiden kann, alles andere ist mir egal." (32) Solche Aussagen finden sich auch überall in der neuen Kinderliteratur, wie sie als Identifikationsmuster von den feministischen Verlagen publiziert wird. Dagegen ist sicher nichts einzuwenden, ebensowenig ist etwas dagegen zu sagen, daß Molly einer Freundin, die sich durch ihre Herkunft gehandicapt fühlt, vorhält: „Es ist immer schwer, egal wer du bist, wo du herkommst, oder welchem Geschlecht du angehörst. Es ist wohl die allerschwerste Entscheidung, die ein Mensch in seinem Leben zu fällen hat." (35) Diese Ernsthaftigkeit würde das Buch sicherlich viel zu schwerfällig wirken lassen, wenn Rita Mae Brown nicht durch ihren arroganten Humor, ihre Nach-mir-die-Sintflut-Haltung und eine alles transzendierende Zärtlichkeit Gegengewichte setzen würde. Das Kind, das sich nicht kleinkriegen läßt – weder dadurch, daß es unehelich, noch dadurch, daß es arm und obendrei ein Mädchen ist – wächst zu einer jungen Frau heran, die lieber ihr Stipendium verliert und sich vom College verweisen läßt, als auf die sexuellen Freuden mit ihrer Zimmergefährtin zu verzichten, die einen Job annimmt, um weiterstudieren zu können, und die gegen den männlichen Chauvinismus an der Universität ankämpft, wo sie dauernd frustriert wird bei dem Versuch, Filmmaterial und Kameraausrüstung zu bekommen, die den männlichen Studenten der Filmhochschule jederzeit leicht zugänglich sind. Sie beurteilt Frauen möglicherweise sogar noch strenger als Männer, da ihr bei den Frauen, die sie lieben möchte, mindestens genauso viel Heuchelei begegnet wie bei den Männern, mit denen sie zusammenarbeiten muß. Die Dekanin, die sie vom College verweist, ist offenbar ebenfalls lesbisch, und Molly hält ihr unverblümt vor, daß es der schiere Selbstschutz ist, der sie zu ihrem Verhalten treibt. Molly schont auch ihre Geliebten nicht, soweit sie sich weigern, sich selbst als Lesben zu definieren, ihr jedoch dieses Etikett verpassen. Sie macht sich ein satirisches Vergnügen aus der Darstellung der sexuellen Phantasien eines älteren Paares, die dieses braucht, um im Bett Schuldgefühle und Realität gleichzeitig zu verdrängen. Als Diplomarbeit liefert Molly einen Film ab, den sie über ihre Adoptivmutter gedreht hat. Mit diesem Film gelingt es ihr, ihre Bitterkeit zu transzendieren, anstatt sich darin zu verrennen. Der Film ist das realistische Porträt einer Frau, die in ihrer engen, von Vorurteilen geprägten Welt, der sie nicht entkommen kann, ihr Bestes tut, um zu überleben. Gleichzeitig unterstreicht der Inhalt dieses Films, daß Molly mit einem bemerkenswerten Durchsetzungsvermögen und einer hervorragenden Intelligenz begabt ist, die sie für ein Leben in größerer Freiheit prädestiniert haben. Es liegt ein weiter Weg zwischen *Rubyfruit Jungle* und der durch Religion und Psychologie kastrierten Selbstverteidigungsschrift *The Well of Lonelyness.* Rita Mae Browns Buch weist in die richtige agitatorische Richtung, da der Protest im Vergleich zu einem Plädoyer wie *The Well of Lonelyness* im Kampf gegen die Bigotterie sicher die angemessenere Waffe ist. Rita Mae Brown ist jedenfalls bereit, ohne besondere Handicaps ins Spiel zu gehen.

Aus den wenigen Büchern, die sich von den traditionellen Themen Schuldgefühl und Kummer frei gemacht haben, generelle Aussagen über eine neue Haltung zum Lesbischsein abzuleiten, ist deshalb so schwer, weil diesen wenigen Beispielen immer noch eine weitaus größere Zahl von Büchern gegenübersteht, die nicht nur die religiösen und psychologischen Vorurteile weiterhin aufrechterhalten, sondern sich als defensive und ärgerliche Reaktion auf die Bedrohung der herkömmlichen moralischen Werte noch heftiger gegen Abweichungen von diesen Normen wenden. Wenn lesbische Frauen heute in der Literatur die gesamte Variationsbreite ihrer Erfahrungen adäquater widergespiegelt finden als früher, so finden sie sich doch auch stärker der Anfeindung ausgesetzt, die durch diese neuen Darstellungen ausgelöst wird. Radclyffe Hall stieß bei vielen auf eine herablassende Form von Mitleid, wer jedoch Rita Mae Brown nicht zustimmen kann, der kann nur noch wütend auf sie sein. Manchen Frauen mag es daher sogar so scheinen, daß die Probleme sich lediglich zugespitzt haben. Wenn das zutrifft, so wird es sich sicherlich in Zukunft auch in der Literatur niederschlagen. Die zentrale Frage ist und bleibt jedoch, wieweit Schriftstellerinnen ungehindert schreiben können, was sie erkannt haben, wieweit der Einfluß der Frauenbewegung bewirken kann, daß Frauen endlich Gehör finden, und daß nur noch solche Schriftstellerinnen die herkömmlichen Moralgesetze nachplappern müssen, die sonst nichts zu sagen haben, daß jedoch keine schreibende Frau dazu gezwungen ist.

Neuere Sachliteratur

Im Lauf der Jahre erschienen immer wieder Bücher über männliche Homosexualität, die von Betroffenen selbst geschrieben worden waren, und männliche Homosexuelle verfaßten auch einige Bücher über lesbische Frauen. Aber noch 1955 wurde Ann Aldrichs Buch *We walk Alone* ebenso wie ihr 1958 erschienenes zweites Buch *We, Too, Must Love*, die beide das Leben lesbischer Frauen zum Thema haben, nur zur Veröffentlichung als Paperback angenommen. Ann Aldrich bekennt sich zwar öffentlich dazu, lesbisch zu sein, sie akzeptiert jedoch nahezu sämtliche psychologischen Klischees von Freud bis Caprio und schildert das Leben der Lesbierinnen, wenn schon nicht als so sensationell, so doch mindestens als so traurig und armselig, wie es den Erwartungen eines aufrechten und gottesfürchtigen heterosexuellen Publikums entspricht. "Eine Lesbierin ist ein kleines Mädchen, dem es nicht gelungen ist, erwachsen zu werden" (1), das nicht von seiner Klitoris lassen will und ständig auf der Suche nach seiner Mutter über einem Drink seinen Tagträumen nachhängt. Ann Aldrich beschreibt nicht nur eine Reihe verschiedener Typen von Lesbierinnen, wie sie vor allem in New York leben und enthüllt ihr Leben als ständig von Eifersucht und Labilität geprägtes Dasein, sie liefert außerdem noch eine Analyse der Person Sapphos, die sie anhand der Fragmente ihrer Gedichte entwickelt und aus der hervorgeht, daß sie "in für weibliche Homosexuelle typischer Weise ihrer Realität schlecht angepaßt war, sich aber gleichzeitig nicht ändern wollte". (2) Ann Aldrich glaubt, daß jede Lesbierin, die sich wirklich ändern möchte, das mit Hilfe von Fachleuten auch schaffen kann. Ihre beiden Bücher sind besser als viele allgemein akzeptierte Analysen, sie sind empirisch gut abgesichert und fordern weiter nichts als Verständnis für lesbische Frauen, was in ihren Augen eine wichtige Hilfe, ja sogar eine Heilungsmöglichkeit darstellt. Da sie jedoch öffentlich zugab, selbst lesbisch zu sein, erschienen ihre Bücher nur als Paperback-Ausgaben mit düsteren, deprimierenden Illustrationen, die den Inhalt auf den ersten Blick optisch erkennbar machen sollten.

1971 gab die MacCall Publishing Company ein Buch in Auftrag, das Lesbierinnen in der Sicht von Lesbierinnen darstellen sollte. Del Martin und Phyllis Lyon, zwei lesbische Frauen, die in den fünfziger Jahren die Lesbierinnenorganisation 'Daughters of Bilitis' gegründet hatten und die Lesbierinnenzeitschrift *The Ladder* herausgaben, erklärten sich bereit, das Buch zu schreiben. Als sie dem Verlag ihr Manuskript vorlegten, wurde es abgelehnt, da die beiden Autorinnen "offensichtlich in keiner Weise an ihrer Lebensform zweifelten", was allerdings "unmöglich" war (5). Es war ganz offensichtlich, daß Lesben über ihre eigenen Probleme nur das schreiben durften, was auch bereits von anderen über sie geschrieben worden war, daß sie nämlich Lesbischsein als Krankheit und moralisches Vergehen brandmarken sollten. Damit sollten sie die Funktion übernehmen, die Ansicht der Experten wie auch die öffentliche Meinung zu untermauern und lediglich ein Moment größerer Authentizität beizusteuern, wie das auch der Sinn der in die psychologischen Lehrbücher eingeflochtenen authentischen autobiographischen Einzelfallstudien ist. Schließlich veröffentlichte Glide Publications in San Francisco das Buch unter dem Titel *Lesbian / Woman*, und sowohl das Buch als auch mit ihm der Verlag erwiesen sich als sehr erfolgreich. Die Mc Call Publishing Company dagegen wurde von der Saturday Review Press ausgebootet. Die Lehren, die sich aus Vorgängen dieser Art ziehen lassen, dringen langsam auch ins Bewußtsein etablierter und reputierlicher Verleger, die es sich leisten können, ihre finanziellen Risiken genau abzuwägen. Wenn es selbst kleinen Verlagen ohne nennenswerte Werbemöglichkeiten und ohne die Unterstützung der Presserezensionen inzwischen bereits gelingt, mit Büchern wie *Lesbian / Woman* beträchtliche Gewinne zu machen, dann könnte das Ende der Verlagszensur absehbar sein.

Del Martin und Phyllis Lyon waren nicht nur bereit, die Wahrheit über sich selbst und andere Frauen zu schreiben, sie nahmen auch Einladungen in alle Teile der USA an, wo sie vor einem aufmerksamen Auditorium sprachen, das wiederum ebenfalls ihr Buch kaufte. Für jede Frau, die erst nach der Entstehung der Frauenbewegung ihren eigenen Bewußtwerdungsprozeß durchgemacht hat, ist es nur schwer nachvollziehbar, wieviel Mut und Stabilität dazu gehörten, ein Buch wie *Lesbian / Woman* zu schreiben. Eine Reihe jüngerer Frauen, deren Selbsterfahrung als Lesbierinnen bereits eine Folgeerscheinung ihres Engagements in der Frauenbewegung war, mögen Del Martins und Phyllis Lyons Aktivitäten in den fünfziger Jahren komisch, pathetisch, ja sogar reaktionär finden. Da die 'Daughters of Bilitis' anfangs nur wenige Mitglieder hatten, konnten sie kaum nennenswerte Forderungen aufstellen, zumal die meisten Frauen sich der Bewegung nur anschlossen, wenn sie ihren Namen nicht zu nennen brauchten, und selbst dann noch war es für die meisten Frauen eine Überforderung, der Gruppe beizutreten in einer Zeit, die im Zeichen der McCarthy'schen Säuberungsaktionen stand, in der jede Organisation bereits als solche verdächtig war, jede Unterschriftenliste in die Hände der Polizei fiel und Kommunisten und Homosexuelle ausgerottet werden sollten, weil man ihnen vorwarf, eine melodramatische Verschwörung gegen die Regierung anzuzetteln. Wenn eine Frau in den fünfziger Jahren aus anderen als Sicherheitsmotiven einen Beruf ergreifen wollte, so bedeutete das für sie, gegen den Strom anzuschwimmen, da in jenen Nachkriegsjahren eine starke Bewegung im Schwange war, die das Ziel verfolgte, die Frauen vom Arbeitsplatz wieder zurück in den Haushalt und zu den Kindern zu holen. In einem solchen politischen Klima erforderte das Herausgeben einer Zeitung, die sowohl die Lesbierinnen als auch die breite Öffentlichkeit zu größerer Toleranz erziehen sollte, mehr Mut, als wenn sich heute einige lesbische Frauen, zwar immer noch, ohne von der Mehrheit der konservativen Feministinnen akzeptiert zu sein, aber dennoch mit der manifesten Unterstützung Tausender von Frauen in weit riskantere, aber oft scheinradikale Aktionen stürzen.

Phyllis Lyon und Del Martin zeichnen sich aber auch dadurch aus, daß sie nie aufgehört haben, an sich zu arbeiten und sich zu verändern. Wenn sie sich damals noch daran beteiligten, lesbische Frauen darüber aufzuklären, wie sie sich "gesellschaftlich akzeptabel kleiden und verhalten" (4) könnten, wodurch die Angst abgebaut werden und Verständnis an ihre Stelle treten sollte, wenn sie damals ihre Beziehungsvorstellungen am Muster der Ehe ausrichteten einschließlich einer männlich-weiblichen Rollenverteilung, so sind doch heute gerade sie weniger auf Verharmlosung und Theaterspielen angewiesen als die meisten ihrer Altersgenossinnen und auch der jüngeren Lesbierinnen. Während die New Yorker Sektion der N.O.W. (National Organisation of Women) noch immer anti-lesbische Säuberungsaktionen im Stile der fünfziger Jahre veranstaltete, erarbeitete Del Martin folgende Resolution, die sie im Herbst 1971 dem Kongreß der N.O.W. in Los Angeles vorlegte, wo sie endlich verabschiedet wurde:

– Die Versammlung möge beschließen, daß die N.O.W. die Tatsache der doppelten Unterdrückung der lesbischen Frauen anerkennt.
– Die Versammlung möge weiter beschließen, daß das Recht jeder Frau auf ihre persönliche Freiheit auch das Recht beinhaltet, selbst die Form ihrer Sexualität zu bestimmen und zum Ausdruck zu bringen, sowie ihre Lebensform frei zu wählen.
– Die Versammlung möge schließlich ebenfalls beschließen, daß der Kampf gegen die Unterdrückung der lesbischen Frauen ein legitimes Anliegen der feministischen Bewegung ist.

Lesbian / Woman ist zum Teil Zeugnis dieser Veränderungs- und Entwicklungsprozesse, es behandelt jedoch weniger persönliche Niederlagen und Erfolge der Autorinnen, sondern vielmehr die Geschichte aller der Frauen, mit denen Del Martin und Phyllis Lyon persönlich und schriftlich kommunizierten, und es vermittelt die Einsichten, die aus diesem kollektiven Erfahrungsprozeß hervorgingen. Es finden sich darin Horrorgeschichten wie die von einem Vater, der seiner Tochter die Klitoris entfernen lassen wollte, weil sie masturbiert hatte, oder die von einer Frau, die durch Elektroschockbehandlung in einer Nervenklinik von einer lesbischen Beziehung 'geheilt' werden sollte. Es erzählt von Isolation, Verzweiflung, Wahnsinn und Selbstmord. Diese Geschichten müssen öffentlich gemacht werden, weil sonst niemand die Unterdrückung der lesbischen Frauen wirklich begreifen kann. Das Buch enthält jedoch auch viele Berichte darüber, wie Frauen sich ihren Problemen gestellt und sie bewältigt haben. "Als Vorkämpferinnen der Bewegung durften wir keine Angst verbreiten, dadurch überwanden wir im Lauf der Zeit unsere eigenen Ängste" (6). Phyllis Lyon und Del Martin griffen Psychologen und kirchliche Autoritäten an und hielten ihnen vor Augen, wieviel Schaden sie durch ihre Einstellung anrichteten. Sie kämpften gegen die Unterdrückung am Arbeitsplatz. Eine Zeitlang arbeiteten sie in der Homosexuellenbewegung mit Männern zusammen, wieder in einer anderen Phase mit der N.O.W. Sie haben jederzeit und überall dort mit anderen zusammengearbeitet, wo sie eine Möglichkeit sahen, in ihrem Sinne bewußtseinsbildend und gesellschaftsverändernd zu wirken.

Del Martin und Phyllis Lyon bringen zwar deutlich ihre eigene Meinung zum Ausruck, sie verhalten sich aber einer ganzen Reihe anderer Einstellungen und Lebensformen gegenüber so tolerant, wie es manche Frauen, die in jüngster Zeit radikale Positionen in der Öffentlichkeit vertreten haben, nie waren. Hinter dieser Toleranz stecken die Erfahrungen der langen Jahre, in denen es noch keinen Rückhalt durch die Bewegung gab. Auch nachdem sie selbst bereits alle Rollenklischees verworfen haben, lassen sie noch die Äußerung einer älteren Lesbierin: "Psychologisch gesehen bin ich heterosexuell" (7) zu. Obgleich sie selbst es nicht mehr nötig haben, wütend zu sein, verstehen sie doch die Funktion des Zorns: "Feindseligkeit und berechtigte Entrüstung nach außen zu kehren war ein wichtiger Schritt auf dem Weg vom Märtyrertum und Selbstmitleid dahin, sich selbst zu akzeptieren." (9) Del Martin und Phyllis Lyon scheuen sich nicht, Maximen zu verkünden: "Erst wenn eine lesbische Frau sich von den idiotischen Zwängen, die ihr durch Religion und Kirche auferlegt werden, lossagen und ihr Lesbischsein als nur eine unter vielen Facetten ihrer Persönlichkeit offen vertreten kann, dann kann sie sich als ganzer Mensch entfalten". (9) *Lesbian / Woman* ist in vielerlei Hinsicht eine Art häuslicher Ratgeber in Sachen Erotik, Kindererziehung, Probleme, die sich besonders für lesbische Frauen ihren Eltern gegenüber stellen, oder Probleme, vor die sich wiederum die Eltern selbst gestellt sehen. Hier wird Lebenshilfe für Lesbierinnen angeboten wie andernorts Anleitungen für die Führung eines landwirtschaftlichen oder gewerblichen Kleinbetriebes. Die Autorinnen stellen die Schwierigkeiten, die ein solches Leben mit sich bringt, durchaus dar und sind sich dessen bewußt, daß Frauen, denen soziale Anerkennung und Sicherheit des Arbeitsplatzes vorrangig sind, diesen Weg kaum werden gehen können, sie wollen jedoch all jenen Frauen Mut zusprechen, denen die Gefahren der Selbstverleugnung größer erscheinen als die der lesbischen Liebe. Es erstaunt nicht weiter, daß eine Frau wie Robin Morgan, die Dichterin und Herausgeberin der feministischen Anthologie *Sisterhood is Powerful*, sich auf Phyllis Lyon und Del Martin beruft, wenn sie überall nur noch Angst und Feindseligkeit wahrnimmt. In ihrer Rede anläßlich der West Coast Lesbian-Feminist Conference im April 1973 entwarf sie ein erschreckendes Bild von der Zerstrittenheit und Gewalt, die sich zwischen den in der letzten Zeit gegründeten militanten Lesbierinnengruppen breitmache. Laurel, eine der Herausgeberinnen des *Amazon Quarterly*, einer lesbisch-feministischen Zeitschrift, hatte bereits vorher aufgezeigt, daß es unter Lesbierinnen bereits zu einem tödlichen Spiel ausgeartet sei, unterschiedliche Lebensformen zu etikettieren und Werturteile über sie zu fällen. Robin Morgans Schilderung der New Yorker Szene hat große Ähnlichkeit mit Laurels Darstellung der Situation an der Westküste. "In New York liefen die verschiedensten Spaltungsprozesse ab, zwischen Political Lesbians, Real Lesbians, Noveau Lesbians ... Hera möge der armen Frau beistehen, die, ohne diese feinen politischen Unterschiede zu kennen, das erste Mal zu einer Veranstaltung geht, weil sie meint, da sie Frauen liebt, wäre sie hier richtig." (10)

Robin Morgan selbst war immer Zielscheibe zahlreicher Angriffe, da sie mit ihrem Mann zusammenlebte und ein Kind hatte, was viele Frauen zu der Ansicht brachte, daß sie nicht das Recht hätte, als Vertreterin der lesbischen Frauen aufzutreten. Daran konnte offensichtlich auch Robin Morgans Gegenargument, daß in diesem Lande die meisten Lesbierinnen verheiratet seien und Kinder hätten, wenig ändern. Sie hat sicherlich recht, aber die militanten jungen Lesbierinnen haben wenig Sympathie für diejenigen ihrer Schwestern, die noch immer dem System verhaftet sind und die oft nicht nur aus ökonomischer Abhängigkeit, sondern auch aus einer emotionalen Bindung heraus an Mann und Kindern hängen. Robin Morgan selbst mißt diesem Riß, der sich quer durch die Bewegung zieht, besondere Bedeutung zu: "Es machen sich Anzeichen von Angst in der Bewegung bemerkbar. Diese neue Angst liegt in der Luft, wenn Gruppen, die sich selbst als Killer-Dyke-Separatists bezeichnen, lesbische Feministinnen, die mit diesem Widerspruch umgehen wollen, als Heterofrauen beschimpfen ..." (11) In Robin Morgans Augen herrscht bereits ein richtiger Kriegszustand, in dem sie sich von allen Seiten bedroht sieht. Obgleich sie selbst für ein geeintes Vorgehen plädiert und den älteren Vorkämpferinnen der Lesbierinnenbewegung ihre Hochachtung ausdrückt, treibt sie die Spaltung noch weiter voran, indem sie Jill Johnston angreift und mit ihr alle Frauen, die sich für ihre Vision einer separaten Lesbennation begeisterten. Sie diffamiert dieses Ideal als unverantwortliche Tagträumerei und äußerst gefährliches Moment für die Bewegung.

Wenn man einmal versucht, Robin Morgans Befürchtungen nachzuvollziehen, erweist sich die jüngste Entwicklung der Frauenbewegung als sehr aufschlußreich. Wie es den Lesbierinnen im Zuge der fortschreitenden Emanzipation erging, geht am umfassendsten aus dem Buch *Sappho was a Right-On Woman* von Sidney Abbott und Barbara Love hervor. Die Autorinnen schrieben es, weil sie "ganz normale Menschen" sein wollten, "die ihre gesamte Energie auf Arbeit und Vergnügen und nicht auf Verstellungskünste und Selbsthaß verwenden" (12). Die erste Hälfte des Buches behandelt weitgehend die gleichen Themen wie auch schon *Lesbian /Woman*. Obgleich sich hier sprachlich viel stärker der Einfluß der Bewegung manifestiert und das politische Anliegen der Autorinnen viel deutlicher zutage tritt, besitzen doch Sidney Abbott und Barbara Love den gleichen Optimismus und die gleiche Toleranz, wie sie sich auch schon bei Del Martin und Phyllis Lyon fanden und wie sie bei Robin Morgan oder Jill Johnston undenkbar wären.

Während *Lesbian / Woman* jedoch hervorhebt, daß Lesbischsein nur einen der vielen Aspekte der weiblichen Persönlichkeit darstellt, vertreten Sidney Abbott und Barbara Love hier eine andere Ansicht, wie sie sich heutzutage häufiger findet: "Lesbischsein ist viel mehr als eine sexuelle Präferenz, es ist eine politische Position." (13) "Manchen Frauen haben die engen Grenzen, die ihnen durch die weibliche Rolle gesetzt sind, die Heterosexualität verleidet, die Unabhängigkeit und Selbstbestimmung der Lesbierinnen hat sie dagegen angezogen". (14) Hier schildern die Autorinnen genau den Generationskonflikt unter den Lesbierinnen. Viele Frauen, die schon älter waren, als die Bewegung entstand, halten auch weiterhin an Geschlechtsrollenklischees und monogamen Beziehungsidealen fest, während die Frauen, die in der Bewegung engagiert sind, in solchen Beziehungsmustern politisch negativ zu bewertende Manifestationen von Ungleichheit und Besitzergreifung sehen. Jüngere Frauen experimentieren mit anderen Beziehungsformen, die wiederum die Frauen, die die Bindung an eine andere Person für ein ganzes Leben als Grundlage ihrer Sicherheit betrachten, bedrohen. "Dadurch, daß man mehrere Beziehungen hatte, wurde es möglich, Leute zu verstehen und sie nicht in Besitz zu nehmen." (15) Die Autorinnen sehen in den verschiedenen Lebensformen immer sowohl positive als auch negative Elemente, wie Del Martin und Phyllis Lyon können sie zwar die Geschlechtsrollenaufteilung bei lesbischen Frauen verstehen, lehnen sie jedoch ab: " Das allgemein verbreitete Vorurteil, daß Lesbierinnen lieber Männer wären, ist so mächtig, daß manche lesbische Frau schließlich selbst daran glaubt". (16) "Später entdeckt sie dann, daß eine Frau, die mit einer Frau zusammensein will, eben in den meisten Fällen auch mit einer Frau zusammensein will." (17)

Die zweite Hälfte des Buchs handelt von dem weitaus wichtigeren Konflikt zwischen lesbischen und heterosexuellen Frauen innerhalb der N.O.W. Betty Friedan, die Begründerin der N.O.W., vertrat von Anfang an eine kompromißlose Politik gegenüber lesbischen Frauen, in denen sie die größte Gefahr für die Frauenbewegung sah. Die Lesbierinnen, die sich anfänglich der N.O.W. anschlossen, akzeptierten ihre Einstellung und waren bereit, unsichtbar zu bleiben, da sie an die Ziele der N.O.W., die für lesbische Frauen vielleicht noch wichtiger sind als für heterosexuelle Frauen, nämlich gleichen Lohn und gleiche Rechte für Frauen, glaubten. Die erste lesbische Frau, die dieses Versteckspiel gefährdete, war Rita Mae Brown, eine intelligente und offene junge Frau, die bereits zuviel Diskriminierung in ihrem Leben erfahren hatte, um noch lange Verstecken zu spielen. Obgleich sie sehr wichtige Verunsicherungsmomente in die N.O.W. eingebracht hatte, verließ sie schließlich die Organisation aus der Überzeugung heraus, daß die Frauenbewegung bereits völlig von den Medien vereinnahmt worden sei, "da habgierige Reformistinnen und egoistische Schriftstellerinnen sie (die Bewegung, d. Übers.) vermarkteten, um in der weißen, männlichen Gesellschaft Erfolg zu haben." (18) Obgleich ihre eigene Rolle für das erste Aufbrechen des Konflikts innerhalb der N.O.W. in *Sappho Was a Right-On Woman* bereits dargestellt ist, gibt sie doch selbst eine umfassendere und negativere Darstellung dieser Erfahrungen in *Take a Lesbian to Lunch*. Ihre Offenheit machte es anderen schwerer, noch weiter Verstecken zu spielen, selbst wenn sie es, nicht nur um der Bewegung willen, sondern auch aus Selbstschutz und Angst um ihren Arbeitsplatz, lieber getan hätten. "Immer wenn eine Lesbe sich offen darstellt, dann werden die Versteckmöglichkeiten für die anderen Frauen, die sich nicht zu erkennen geben wollen, geringer." (19)

Auch Kate Millet hatte sich davon überzeugen lassen, daß es ihren Wirkungsbereich erheblich einschränken würde, wenn sie ihre eigenen früheren lesbischen Erfahrungen öffentlich werden ließe, und da sie bereits einige Zeit vor Erscheinen ihres Buches *Sexual Politics* geheiratet hatte, war das für sie im Moment auch kein vorrangiges Problem. Eine Gruppe lesbischer Frauen, die die ablehnende Haltung der N.O.W. verärgert hatte, drängte Kate Millet dazu, ihre Bisexualität öffentlich einzugestehen, was sie schließlich auch tat. Daraufhin erschienen Schmähartikel über sie in der *Time*, und die Verkaufsziffer von *Sexual Politics* sank erheblich. Da reagierten einige besonders engagierte Feministinnen mit einer ungewöhnlichen Maßnahme. Sie beriefen eine Pressekonferenz ein, ohne daß ihnen die Zeit geblieben wäre, vorher die Zustimmung ihrer verschiedenen Frauengruppen einzuholen. Sie traten infolgedessen eher als Privatpersonen denn als Sprecherinnen ihrer Organisationen auf. Viele von ihnen waren schon ziemlich bekannt, und ihre bedingungslose Unterstützung Kate Millets, verbunden mit der Weigerung, sich durch die Verketzerung als Lesbierinnen einschüchtern zu lassen, hinterließ immerhin soviel Eindruck bei den Journalisten, daß sie ihre Stıategie aufgaben und auch nie wieder ernsthaft ausprobierten. In den einzelnen Gruppen jedoch, die vorher nicht angehört worden waren, wurde diese Aktion teilweise sehr negativ aufgenommen und überall kam es zu Konflikten zwischen den Lesbierinnen und den Frauen, die ihre Partei ergriffen einerseits und den Anhängerinnen Betty Friedans, die das Ende der Bewegung gekommen sahen, wenn die lesbischen Frauen offiziell akzeptiert würden, auf der anderen Seite. Schließlich wurde das New Yorker Büro der N.O.W. auf so spektakuläre Weise "gesäubert", daß selbst Frauen, die die Position der N.O.W. unterstützt hatten, verunsichert wurden. Inzwischen hatte man jedoch in anderen Teilen der USA in Selbsterfahrungs- und anderen Kleingruppen damit begonnen, vernünftiger an das ganze Problem heranzugehen, sodaß die N.O.W. sich schließlich offiziell auf die Seite der lesbischen Frauen stellte, als Del Martin dem nationalen Kongreß in Los Angeles ihre Resolution vorlegte. Für viele Frauen, die in New York in der Bewegung aktiv gewesen waren, kam diese Resolution sicher zu spät. Andere kämpften jedoch noch weiter. "Meistens sah es so aus, daß engagierte Lesben einen guten Teil ihrer Energie darauf verwenden mußten, innerhalb der Frauenbewegung für die Sache der Homosexuellen und innerhalb der Homosexuellenbewegung für feministische Anliegen zu kämpfen." (20) Manchen Frauen erschien es als Kraftvergeudung, sich sowohl um die Anerkennung homosexueller Männer als auch heterosexueller Frauen zu bemühen. Immer mehr Frauen fühlten sich von Gruppen wie Radicallesbians angezogen, die in erster Linie gegen ihre eigene Unterdrückung kämpfen wollten.

Sidney Abbott und Barbara Love bleiben jedoch auch weiterhin ihrer Überzeugung treu, daß Erfolge am ehesten durch eine breite Massenbewegung und demokratische Verfahrensweisen zu erzielen sind. Die Frauen, die die Bewegung herausforderten, hatten in den Augen der beiden Autorinnen auch Erfolg damit, und sie werden von ihnen ebenso als Vorkämpferinnen herausgestellt wie andere besonders lebendige Gestalten unter den Feministinnen, etwa Flo Kennedy, die sie genüßlich zitieren: "Hier stehe ich als Anwältin und muß mir von einem Richter mit wallender Robe sagen lassen, daß ich in Hosen nicht praktizieren darf." (21) Sidney Abbott und Barbara Love würdigen auch die Verdienste, die Männer sich um die Veränderung der sozialen Situation der Lesbierinnen erwarben. So wollte George McGovern etwa "die gesamte moralische und gesetzliche Autorität seines Präsidentenamtes dafür einsetzen, homosexuell orientierten Menschen ihre vollen Bürgerrechte wiederzugeben und zu garantieren." (22) Dieser Enthusiasmus erwies sich zwar in Anbetracht McGoverns tatsächlichen Verhaltens nach seiner Ernennung zum Präsidenten als nicht ganz gerechtfertigt, ebensowenig wie die Behauptung der Autorinnen, daß "Lesbierinnen nicht länger ängstlich und schuldbewußt" (23) seien oder ihre These, daß "Schweigen und Unterwürfigkeit keinen politischen Fortschritt bringen" (24). Noch immer wird wichtige politische Arbeit von heimlichen Lesbierinnen im Verborgenen geleistet.

Die Anthologie *Out of the Closets-Voices of Gay Liberation* ist sehr viel weniger ermutigend. *A Letter from Mary* ist ein sanftes Plädoyer für die Anerkennung der Lesbierinnen, in *Gay is Good* fordert die Verfasserin Martha Shelly jedoch nichts Geringeres als die Bekehrung sämtlicher Heterosexuellen zur Homosexualität und droht andernfalls "ein brutales und blutiges Erwachen" (25) an. Der Zorn der Lesben spricht am deutlichsten aus dem inzwischen viel zitierten *The Woman-Identified Woman*, einem Grundsatzpapier der Radicallesbians, das mit den Worten beginnt: "Eine Lesbe ist die Verkörperung der Wut aller Frauen, der Wut, die sich bis zur Explosion verdichtet hat." (26) Zuviele solcher Explosionen haben sich jedoch leider in den eigenen Reihen ereignet, wobei der Auslöser oft nicht nur das Problem der Anerkennung der lesbischen Frauen war, sondern gleichermaßen auch Angriffe gegen Frauen wegen angeblichen elitären Verhaltens, Hetzaktionen gegen besonders begabte Frauen, die ihre Talente nutzten, Klassen- und Rassenkonflikte. Rita Mae Brown ist der Ansicht, daß eine Bewegung, die es schafft, die Lesbierinnen zu integrieren, auch mit den Rassen- und Klassenunterschieden fertig werden wird, da sich ihrer Ansicht nach die Probleme der Lesbierinnen quer durch alle diese Gruppen hindurchziehen, worin sie eine Möglichkeit sieht, eine größere Einheitlichkeit der Bewegung herzustellen. Erfahrungen, wie Robin Morgan oder Jill Johnston sie gemacht haben, lassen jedoch eine solche Einigkeit der Lesbierinnen untereinander nicht erkennen.

Jill Johnstons Buch *Lesbian Nation* ist wesentlich persönlicher als die übrigen. Da es aus einer Reihe von Artikeln besteht, die Jill Johnston für die Zeitschrift *The Village Voice* schrieb, fehlen ihm die Zielgerichtetheit und Konsistenz der anderen Bücher, aber an Konsistenz liegt der Autorin ohnehin wenig, und Zielgerichtetheit bedeutet für sie immer nur das, was sie im Augenblick gerade anstrebt. Jill Johnston ist nie ein "Gruppenmensch" gewesen. "Ich bin eine persona non grata für jede Gruppe in diesem Land ... jedenfalls stehe ich auf jedermanns Liste der dieses Universum bedrohenden Gefahren ganz oben. Ich bin ein Fall exquisitester Paranoia, das ist ein wundervolles Gefühl. Dafür, daß ich Frau, Lesbe, Bastard, Schriftstellerin und ein psychiatrischer Fall bin, geht es mir ganz ausgezeichnet." (27) "Um auf sich aufmerksam zu machen, muß man um jeden Preis Verwirrung stiften, es ist ganz wichtig, daß die ernsthaften Leute einen ablehnen und die Verrückten einen zitieren." (28) Wenn man Jill Johnston zitieren will, stößt man jedoch auf das Problem, daß sie dauernd Anleihen bei anderen macht, die sie jedoch nicht weiter als durch die ganz allgemeine Einräumung: "Anführungszeichen brauche ich nur, wenn ich meine eigenen Worte hinschreibe" (29) kennzeichnet. Ihre Vermengung autobiographischer Bekenntnissse, rhetorischen Schwulstes, geborgter Weisheiten und Geschichtsklitterung sind nicht jedermanns Sache, genausowenig wie ihr Verhalten. In der Esquire-Ausgabe vom Juli 1973 findet sich eine Darstellung, die Jill Johnston in erotischer Umarmung mit einer Freundin auf der Bühne zeigt, auf der eigentlich eine Podiumsdiskussion zwischen Norman Mailer, Germaine Greer, Diana Trilling und ihr selbst stattfinden sollte. Jill Johnston selbst kommentiert diese Episode ausführlich und genüßlich: "Ich konnte mir nichts Drastischeres und Wundervolleres vorstellen, als vor Tausenden von Leuten von jenseits der 14. Straße zu verkünden, daß alle Frauen lesbisch sind." (30) "Ich hatte den richtigen Instinkt, die ganze Sache zum Platzen zu bringen, aber mir fehlte die politische Theorie, um eine gezielte Strategie zu entwerfen." (31) Eben dieser Opportunismus und dieser Theoriemangel waren es, was damals viele Feministinnen gegen sie aufbrachte. Obgleich Jill Johnston später sich selbst und die von ihr sogenannte "Revolution" ernster nahm, wie sie auch Angriffe auf ihre eigene Person ernst genug nahm, um dazu Stellung zu beziehen, ließ sie sich nie soweit verunsichern, daß sie es auch nur in Erwägung gezogen hätte, um der Sache willen etwas an ihrer Auffassung oder ihrer Lebensform zu verändern. Es scheint vielmehr, als sammle sie Beschimpfungen und Etikettierungen, um sie sich ebenso um den Hals zu hängen wie alle die anderen Dekorationen, die sie über ihrer komisch-aggressiven Kleidung trägt, um anschließend jedoch den Kopf wieder hochzurecken und allem zu widersprechen, was nicht nur andere über die Realität denken, sondern was auch sie selbst noch vor sechs Monaten oder zwei Jahren gedacht hat.

Eine Zeitlang versuchte sie sich der Familie einer Titelerbin als deren Liebhaberin dadurch schmackhaft zu machen, daß sie sich einen ausführlichen

Stammbaum ihres unbekannten Vaters ausdachte. Ein andermal erfand sie ein historisches Matriarchat als Argument dafür, alle Männer zu entrechten. Als sie aufgefordert wurde, sich mit den männlichen Homosexuellen zu solidarisieren, behauptete sie, mit heterosexuellen Männern mehr gemeinsam zu haben.

Die autobiographischen Teile von *Lesbian Nation* sind in ihrer Mischung aus Extravaganz, Selbstkritik, Selbstironie und Selbstverherrlichung gleichzeitig ehrlich und erschreckend, denn hier schreibt eine Frau, die bei aller Rebellion, die in ihr steckte, unter weitaus gewöhnlicheren Ängsten und Schuldgefühlen litt, als irgendeine andere unter den vergleichbaren Schriftstellerinnen es je von sich zugegeben hätte. "Ich habe noch nicht einmal einer anderen Lesbe gesagt, ich sei lesbisch, weil es im ganzen Land keine Lesbe gab, die dachte, es wäre gut, lesbisch zu sein, oder auch nur, daß sie es überhaupt wäre, wie konnten wir da darüber sprechen?" (32) Ihre beiden ersten Beziehungen hatte sie zu wesentlich älteren Frauen, und beide waren für sie positive Erlebnisse, die erste, weil sie verliebt war, die zweite, weil sie erotisch überwältigend war. Dennoch litt Jill Johnston viel zu stark unter Ängsten und Schuldgefühlen, um das Etikett "Lesbierin" auf sich zu nehmen. Zunächst ließ sie sich von einem ihrer Professoren verführen. "Ich glaube, ich war einfach nicht in der Lage, eine dritte Frauenbeziehung zu akzeptieren, ohne mit einem Mann geschlafen zu haben, auch wenn mir gar nichts daran lag" (33). Anschließend ging sie nach New York und schlief dort mit mehreren Männern, weil sie meinte, es müßte so sein. Nach zwei Abtreibungen, von denen eine sie beinahe das Leben gekostet hätte, stellte sich heraus, daß sie "eine von den alten Lesben war, die resignierten und einen Mann heirateten". (34) Für sie war das ein unvermeidbarer Schritt: "Wir identifizierten uns, wie gesagt, alle als heterosexuell, und wir hielten uns auch dann noch dafür, wenn wir praktisch das Gegenteil taten." (35) Solange "man sich einredet, daß es nur zufällig eine Frau war und genausogut ein Mann hätte sein können" (36), war man auch innerlich reif für "das Grab der Ehe und die Hölle der Mutterschaft" (37). Vier Jahre später, nachdem sie zwei Kinder geboren und eine Menge Gewalt erlebt hatte, gab sie dieses Dasein endgültig auf. Sie mußte noch drei schwere Zusammenbrüche, oder wie sie selbst dazu sagte "Durchbrüche" durchmachen. "Durchbrüche" insofern, als ihre Anfälle von Größenwahn und die schreckliche Behandlung, die ihr zuteil wurde, ihr ein Gefühl dafür gaben, wieviel Kraft sie würde aufbringen müssen, wenn sie sich nicht endgültig in die Rolle des Opfers drängen lassen wollte. Obgleich ihr jetzt klar wurde, daß sie "ohne den Beginn der Revolution vielleicht immer noch verrückt und irgendwo in einer Klapsmühle wäre" (38), schloß sie sich erst sehr spät der Bewegung an. “Ich schrieb ausgesprochen antifeministische Sachen, in denen ich irgendwelchen persönlichen Mist darüber verzapfte, wie ich mich selbst nie als dem ‘andern Geschlecht’ zugehörig fühlte.” (39)

Jill Johnston bekannte sich erst 1970 am Geburtstag ihrer Mutter öffentlich zu ihrem Lesbischsein. Bald darauf setzte sie bereits andere lesbische Frauen unter Druck, es ebenfalls zu tun, da sie darin den einzigen Weg sah, einen gesellschaftlichen Veränderungsprozeß durchzusetzen: “indem nämlich alle Schwulen, die wissen, daß sie schwul sind, und die ihr Schwulsein akzeptieren, aufstehen und ihre Forderungen stellen.” (40) Was sie über Bisexualität sagt, ist zwar allgemein gemeint, entstammt jedoch unmittelbar ihrer eigenen Erfahrung. “Bisexualität ist weniger ein Ausweg als vielmehr ein ängstlicher Kompromiß”. (41) “Für Frauen, die die Revolution machen, ist Bisexualität in jedem Fall Kollaboration mit dem Feind.” (42) Und sie geht noch einen entscheidenden Schritt weiter: “ehe nicht alle Frauen lesbisch sind, wird es keine echte politische Revolution geben.” (43) Jill Johnston findet es sehr spannend, wie “das Wort ‘Lesbe’ innerhalb von zwei Jahren seine Bedeutung vollkommen verändert hat. Es impliziert nicht mehr länger private, subversive Aktionen, sondern eine politisch-revolutionäre Identität.” (44) Und jetzt fordert sie “homosexuelle Filme und Romane und lustige Geschichten und Geschichtsbücher und Lieder und Klassiker, und sogar homosexuelle Problemliteratur”. (45) Die lustvolle Energie, die aus dieser Art lesbischer Identität erwächst, hat Jill Johnston den Ruf eingetragen, eine Art weiblicher Don Juan zu sein, da sie alle Beziehungsvorstellungen, in denen Liebe etwas mit Besitzergreifen zu tun hat, aufgegeben hat, da sie es feiert, jetzt ihre eigene Sexualität genießen zu können, ohne verliebt sein zu müssen, und sich mit ihren flüchtigen Eroberungen brüstet, wie es einem Korpsstudenten sicherlich besser anstünde als einer Frau in den besten Jahren, wie sie es heute trotz allem doch irgendwie geworden ist.

Ihre Lesbennation mag wirklich, wie Robin Morgan es ihr zum Vorwurf machte, eine unrealistische und private Zielvorstellung sein. Jill Johnston ist keine Politikerin, sie ist Künstlerin und benutzt Politik wie auch Mythen oder kollektive Erfahrungen als Metaphern, wenn sie das eigene Überleben besingt, was einerseits ein ganz persönliches Thema ist, andererseits jedoch auch über das rein Private hinausweist. Ihre Texte und ihr Image in der Öffentlichkeit gehören zusammen, sie sind aus Fragmenten der Gewalt und des Schmerzes gefügt, an denen so viele andere zugrunde gegangen sind.

Ihr ist die Transformation von Wahn in Illusion, von Wahnsinn in Kunst geglückt wie vor ihr auch schon Gertrude Stein und Virginia Woolf, aber ihre Stimme zwingt zum Zuhören, ist originell und manchmal von außergewöhnlichem Liebreiz.

Die verschiedenen Sichtweisen aller hier aufgeführten Schriftstellerinnen müssen einander nicht widersprechen. Viele dieser Frauen beginnen, die Ursachen der erbitterten Kämpfe und Denunziationen in den eigenen Reihen zu erkennen, unter denen sie mehr gelitten haben als unter den zu erwartenden Angriffen von Seiten der konservativen Öffentlichkeit. Nachdem sie solange gezwungen waren, in der Defensive zu leben und ihre jeweilige Lebensform zu rechtfertigen, wird jeder mögliche Angriff auf die eigene Entscheidung zu einer existenziellen Bedrohung. Wenn der Angriff noch dazu von jemandem kommt, der eigentlich ein Verbündeter sein sollte, gerät der Gegenangriff umso heftiger. Die Wut, die die Bewegung freigesetzt hat, konnte nicht sofort gegen den wirklichen Feind und in Richtung auf konstruktive Ziele gelenkt werden. Wer solche Energien noch nie vorher zielgerichtet einsetzen mußte, der braucht Zeit, um es zu lernen. Und nur, wer ganz großes Glück hat, kommt dabei nicht in schwere Krisen, die nicht nur das eigene Leben, sondern auch das anderer betreffen. Vor allem die, die freiwillig oder durch Zufall in vorderster Front für gesellschaftliche Veränderungsprozesse kämpfen, erleiden oft ein tragisches und bitteres Schicksal. Wenn Robin Morgan aus tiefster persönlicher Angst heraus sagt, daß sie nicht plötzlich allein stehen will, dann ist ihr klar geworden, daß es eben durchaus möglich sein kann, eines Tages ohne jeden Verbündeten dazustehen. Ihre Gegenthese jedoch, daß nämlich alle ihre Schwestern sich gegenseitig bedingungslos unterstützen müßten, ist ein Mythos, an den auch unter den engagiertesten Frauen kaum eine glaubt.

Der Wandel, der jedoch inzwischen stattgefunden hat, übertrifft alles, was sich selbst schwärmerische Optimistinnen vor fünf Jahren noch hätten träumen lassen. Manchmal allerdings scheint gerade im Zentrum der Bewegung, wo Frauen wie Robin Morgan, Del Martin, Phyllis Lyon, Sidney Abbott, Barbara Love und Jill Johnston stehen (die Versuchung ist groß, die Aufzählung weiter fortzusetzen und nicht nur die Namen aller in diesem Kapitel erwähnten Frauen, sondern noch Dutzende anderer zu nennen), am wenigsten reale Veränderung stattgefunden zu haben, für viele Frauen, die jedoch in den letzten ein oder zwei Jahren kleine Schritte nach vorn geschafft haben, indem sie etwa Freunden oder ihrer Familie die wahre Natur ihrer Beziehungen offen dargelegt haben, vielleicht ohne den arroganten Stolz, den die Frauen im Blickpunkt der Öffentlichkeit zu Recht an den Tag legen, aber dennoch mit einer Freimütigkeit, die sie sich selbst nie zugetraut hätten, für diese Frauen ist viel geschehen. Wenn sie es auch nicht geschafft haben, sich für die Revolution einzusetzen und das Verhalten ihrer kämpferischen Schwestern als befremdlich und schockierend ablehnen, so kann und wird doch jede von ihnen der anderen ein Stückweit mehr ermöglichen, ihr Leben zu leben und es vielleicht sogar lustvoll zu leben, und das wird dann nicht nur den Frauen möglich sein, die bereit sind, in Jill Johnstons Zug einzusteigen, sondern auch denen, die nur erstaunt zusehen, wie er durch ihre Stadt fährt, nicht nur denen, die mutig genug sind, neben Robin Morgan in vorderster Reihe zu stehen, sondern auch denen, die mit Robin Morgan nur die Angst teilen und den Wunsch, diese Angst zu besiegen. Das Schweigen ist endlich gebrochen.

Anmerkungen

Einleitung

1 Molly Frampton, *St. Catherine's Standard*, 21. März 1964
2 Lorne Parton, *Vancouver Province*, 21. März 1964
3 Anonym, *State Tribune*, Cheyenne, 6. November 1965
4 Winston Mills, *Ottawa Citizen*, 24. Oktober 1964
5 Anonym, *Western Mail*, England, 15. Februar 1964
6 Anne Constance Penta, *Best Sellers*, Scranton, 1. 9. 1965
7 Anita Daughtrey, *Bee*, Fresno, 5. 9. 1965
8 Kildare Dobbs, *Toronto Daily Star*, 4. 5. 1971
9 Lorne Parton, *Vancouver Province*, 23. 4. 1971
10 Dorwin und Verna Baird, *Book Mark* (Radio), 1971
11 Walter McKinnon, *Victoria Daily Times*, 19. 6. 1971
12 Anonym, *Manchester Evening News*, 18. 5. 1972
13 Viveca Ohm, *UBC Reports*, 1971
14 Han Suyin, *Winter Love*, London, 1962, Vorsatzblatt
15 Jack Wasserman, *Vancouver Sun*, März 1964

Mythos und Moral
Die Quellen von Gesetz und Vorurteil

1 Jill Johnston in *Lesbian Nation* und Phyllis Chesler in *Women and Madness*
2 James Donaldson, *Woman: her position and influence in Ancient Greece and Rome, and among the early Christians*, London, 1907, S. 55
3 Allen Edwardes, *The Jewel in the Lotus*, New York, 1959, S. 255
4 Ebd. S. 255
5 Ebd. S. 256
6 Ernest Crawley, *The Mystic Rose*, New York, 1960, S. 114
7 The Reverend Dr. Robert L. Treese, *Homosexuality: a Contemporary View of the Biblical Perspective*, ein Pamphlet, San Francisco, 1966, S. 12
8 3. Mose 20, 13
9 Evelyn Acworth, *The New Matriarchy*, London, 1965, S. 35
10 D.S. Bailey, *Homosexuality and the Western Tradition*, London, 1955, S. 61
11 1. Mose 19, 5
12 Esra 16, 49-50
13 Antiquities I, XI, 3, 200
14 Römer 1, 26-27
15 Galater 3, 28
16 James Donaldson, a.a.O., S. 182 f.
17 D.S. Bailey, a.a.O., S. 83
18 Ebd. S. 85
19 Ebd. S. 115 f.
20 Ebd. S. 142
21 Denis de Rougemont, *Love in the Western World*, New York, 1956, S. 95
22 Ebd. S. 121
23 Ebd. S. 133

24 Pennethorne Hughes, *Witchcraft*, London, 1952, S. 32
25 H. Kimball Jones, *Toward a Christian Understanding of the Homosexual*, New York, 1966, S. 77
26 Ebd. S. 100
27 Treese, a.a.O., S. 2 f.
28 Bruce William Jones, "A Second Look at the Bible and the Homosexual", unveröffentlicht, S. 5
29 Jones, H. Kimball, a.a.O., S. 75
30 Lewis Williams, "The Churches: Lutheran, Presbyterians, Episcopalians, Unitarians, where they stand today", Vector, Vol. 7, Nr. 8. August 1971, S. 1 f.
31 Del Martin und Phyllis Lyon, *Lesbian/Woman*, San Francisco, 1972, S. 41
32 Sally Gearhart, *The Lesbian and God-the-Father*, ein Pamphlet, Philadelphia, Genesis III, 1972
33 Robert G. Gassert, S.J., und Bernard H. Hall, Dr. med., *Psychiatry and Religion*, New York, 1964, S. 9
34 Ebd. S. 50
35 Acworth, a.a.O., S. 79
36 Gassert und Hall, a.a.O., S. 127

Von Sünde zu Krankheit

1 Thomas Szasz, *The Myth of Mental Illness*, New York, 1961, S. 43
2 Dr. Richard v. Krafft-Ebing, Psychopathia Sexualis mit besonderer Berücksichtigung der Conträren Sexualempfindung, 3. Aufl., Stuttgart, 1888, S. 73
3 Ebd. S. 66
4 Ebd. S. 67-68
5 Ebd. S. 67
6 Havelock Ellis, *Studies in the Psychology of Sex*, Bd. II, *Sexual Inversion*, 3. Aufl., Philadelphia, 1925, S. 250
7 Ders., *Psychology of Sex*, New York, 1936, S. 4
8 Ebd. S. 218
9 Ebd. S. 224
10 Ebd. S. 241
11 Ebd. S. 238
12 Ebd. S. 246
13 Ebd. S. 252
14 Ellis, *Studies in the Psychology of Sex*, S. 335
15 Ellis, *Psychology of Sex*, S. 216
16 Ebd. S. 217
17 Sigmund Freud, "Zwang, Paranoia und Perversion", Studienausgabe, Bd. VII, 2. Aufl. Frankfurt 1973, S. 226
18 "Über die Psychogenese eines Falles von weiblicher Homosexualität", S. 280
19 Ebd. S. 280
20 Ebd. S. 261
21 Ebd. S. 259
22 Ebd. S. 280
23 Freud, Bd. V (1901-05), "Drei Abhandlungen zur Sexualtheorie", S. 61
24 Freud, "Das Unbehagen in der Kultur", Fischer Bücherei Bd. 47, Hamburg 1953, S. 97
25 Freud, Bd. VII, S. 264
26 Freud, Bd. V, S. 132

27 Sigmund Freud, "Studien über Hysterie" (-Jos. Breuer), Leipzig und Wien, 1895
28 Helene Deutsch, *The Psychology of Women*, Bd. 1, 1944, S. 291
29 Ebd. S. 291
30 Ebd. S. 292
31 Ebd. S. 294
32 Ebd. S. 376
33 Ebd. S. 353
34 Ebd. S. xii
35 Szasz, a.a.O., S. 2
36 Ebd. S. 4
37 Charlotte Wolff, *Love Between Women*, New York, 1972, S. 12
38 Ebd. S. 17
39 Ebd. S. 46
40 Ebd. S. 72
41 Ebd. S. 52
42 Ebd. S. 65
43 Ebd. S. 172
44 Ebd. S. 181
45 Ebd. S. 74
46 Ebd. S. 89
47 Ebd. S. 92
48 Ebd. S. 93
49 Ebd. S. 181
50 Clellan S. Ford und Frank A. Beach, *Patterns of Sexual Behavior*, New York, 1951, S. 14
51 Ebd. S. 4
52 Ebd. S. 259
53 Desmond Morris, *The Naked Ape*, London, 1967, S. 101
54 Alfred C. Kinsey, *Sexual Behavior in the Human Female*, New York, 1965, S. 447
55 Ebd. S. 448
56 Ebd. S. 447
57 Ebd. S. 450
58 Ebd. S. 467
59 Ebd. S. 478
60 Naomi Weisstein, "Psychology Constructs the Female", *Women in a Sexist Society*, Vivian Gornick und Barbara K. Moran (Hrsg.), New York, 1972, S. 210
61 Ebd. S. 211
62 Ebd. S. 215
63 Ebd. S. 217
64 Martin S. Weiberg und Alan P. Bell, *Homosexuality, an Annotated Bibliography*, New York, 1972, S. 287
65 Szasz, a.a.O., S. 85
66 Ebd. S. 13
67 Ebd. S. 5
68 Ebd. S. 7
69 Ebd. S. 208
70 Ernest Van den Haag, "Notes on Homosexuality", *The Problem of Homosexuality in Modern Society*, Henry M. Ruitenback (Hrsg.), New York, 1963, S. 297
71 Ebd. S. 297
72 Robert Lindner, "Homosexuality and the Contemporary Scene," *The Problem of Homosexuality in Modern Society*, S. 59

73 Simone de Beauvoir, "The Lesbian," *The Problem of Homosexuality in Modern Society*, S. 234
74 Clara Thompson, "Changing Concepts of Homosexuality," *The Problem of Homosexuality in Modern Society*, S. 46
75 Ebd. S. 43
76 Frank S. Caprio, *Female Homosexuality*, New York, 1954, S. 85
77 Ebd. S. 8
78 Ebd. S. 11
79 David Reuben, *Everything You Always Wanted to Know About Sex*, New York, 1969, S. 217
80 Ebd. S. 219
81 Ebd. S. 219
82 Michael Barsley, *The Left Handed Book*, London, 1966, S. 206
83 Ebd. S. 206
84 Ebd. S. 209
85 Harold M. Schmeck, Jr., "Psychiatrists Approve Change on Homosexuals," The New York *Times*, 9. April 1974

Radclyffe Hall

1 Radclyffe Hall, *The Well of Loneliness*, New York, 1950, S. 188
2 Ebd. letzte Seite
3 Ebd. S. 350
4 Ebd. S. 351
5 Ebd. S. 389
6 Ebd. S. 154
7 Ebd. S. 52
8 Ebd. S. 29
9 Ebd. S. 61
10 Ebd. S. 200
11 Ebd. S. 151
12 Ebd. S. 42
13 Ebd. S. 102
14 Ebd. S. 92
15 Ebd. S. 96
16 Ebd. S. 108
17 Ebd. S. 303
18 Ebd. S. 127
19 Ebd. S. 300
20 Ebd. S. 177
21 Ebd. S. 146
22 Ebd. S. 83
23 Ebd. S. 18
24 Ebd. S. 21
25 Ebd. S. 111
26 Ebd. S. 143
27 Ebd. S. 314
28 Ebd. S. 423
29 Ebd. S. 76
30 Ebd. S. 77
31 Ebd. S. 202
32 Ebd. S. 253

33 Ebd. S. 217
34 Vera Brittain, *Radclyffe Hall, A Case of Obscenity*, London, 1968, S. 50 f.
35 Hall, a.a.O., S. 98
36 Ebd. S. 314
37 Donald Webster Cory, *The Lesbian in America*, New York, 1965, S. 23
38 Del Martin und Phylis Lyon, *Lesbian/Woman*, San Francisco, 1972, S. 22

Gertrude Stein

1 Gertrude Stein, *Fernhurst, Q.E.D. and Other Early Writings*, New York, 1971, S. 65
2 Gertrude Stein, *The Autobiography of Alice B. Toklas*, New York, 1933, S. 85
3 Ebd. S. 82
4 Stein, *Fernhurst*, a.a.O., S. 59
5 Ebd. S. 59
6 Ebd. S. 56
7 Ebd. S. 59
8 Ebd. S. 60
9 Ebd. S. 63
10 Ebd. S. 63
11 Ebd. S. 62
12 Ebd. S. 64
13 Ebd. S. 64
14 Ebd. S. 65
15 Ebd. S. 67
16 Ebd. S. 67
17 Ebd. S. 68
18 Ebd. S. 60
19 Ebd. S. 66
20 Ebd. S. 66
21 Ebd. S. 55
22 Ebd. S. 73
23 Ebd. S. 86
24 Ebd. S. 88
25 Ebd. S. 110
26 Ebd. S. 102
27 Ebd. S. 80
28 Ebd. S. 104
29 Ebd. S. 126
30 Ebd. S. 123
31 Gertrude Stein, *Three Lives*, Conneticut, 1933, S. 46
32 Ebd. S. 51
33 Ebd. S. 106
34 Richard Bridgman, *Gertrude Stein in Pieces*, New York, 1970, S. 57
35 Ebd. S. 240
36 Stein, *The Autobiography*, S. 87
37 Alice B. Toklas, *What is Remembered*, New York, 1963, S. 44
38 Stein, *Fernhurst*, S. 96
39 Stein, *The Autobiography*, S. 16
40 Stein, *Fernhurst*, S. 58
41 Stein, *The Autobiography*, S. 83
42 Ebd. S. 83

43 Ebd. S. 83
44 Ebd. S. 174
45 Ebd. S. 174
46 Stein, *Fernhurst*, S. 71
47 Bridgman, a.a.O., S. 11
48 Ebd. S. 258
49 Stein, *The Autobiography*, S. 23

Willa Cather

1 Elizabeth Shepley Sergeant, *Willa Cather, A Memoir*, Philadelphia/New York, 1953, S. 9
2 Edith Lewis, *Willa Cather Living*, New York, 1953, S. VI
3 James Schroeter (Hrsg.), "Willa Cather and *The Professor's House*", *Willa Cather and Her Critics*, Ithaca, 1967, S. 376
4 Lionel Trilling, "Willa Cather", *Willa Cather and Her Critics*, S. 155
5 John H. Randall III, "Interpretation of *My Antonia*", *Willa Cather and Her Critics*, S. 320
6 James Woodress, *Willa Cather, Her Life & Art*, New York, 1970, S. 86
7 Ebd. S. 92
8 Sergeant, a.a.O., S. 279
9 Mildred R. Bennett, *The World of Willa Cather*, Lincoln, 1961, S. 112
10 Lewis, a.a.O., S. 41
11 Ebd. S. XIV
12 Sergeant, a.a.O., S. 34
13 Ebd. S. 34
14 Randall, a.a.O., S. 321
15 Willa Cather, *Not Under Forty*, New York, 1936, S. 136
16 Marcus Klein, "Introduction", *My Mortal Enemy* von Willa Cather, New York, 1961, S. XV
17 Sergeant, a.a.O., S. 134
18 Willa Cather, *My Antonia*, New York, 1918, S. 157
19 Ebd. S. 330
20 Cather, *My Mortal Enemy*, S. 28
21 Ebd. S. 31
22 Ebd. S. 75
23 Ebd. S. 105
24 Willa Cather, *Lucy Gayheart*, New York, 1935, S. 170
25 Ebd. S. 12
26 Ebd. S. 34
27 Ebd. S. 81
28 Ebd. S. 175
29 Ebd. S. 134
30 Ebd. S. 165
31 Ebd. S. 181
32 Willa Cather, *The Song of the Lark*, Cambridge, 1915, S. 307 f.
33 Ebd. S. 455
34 Alfred Kazin, "Willa Cather", *Willa Cather and Her Critics*, S. 168
35 Cather, *Not Under Forty*, S. 81
36 Ebd. S. 79

37 Willa Cather, *The Professor's House*, New York, 1925, S. 282
38 Ebd. S. 275
39 Ebd. S. 282
40 Cather, *Not Under Forty*, S. 51

Vita Sackville-West

1 Nigel Nicolson, Portrait of a Marriage, bei: Weidenfeld and Nicolson, London 1973, S. 218
2 Ebenda, S. IX
3 Ebenda, S. 11
4 Ebenda, S. 26
5 Vita Sackville-West, Daughter of France, bei: Doubleday, New York 1959, S. 190
6 Nigel Nicolson, a.a.O., S. 33
7 Ebenda, S. 34
8 Ebenda, S. 34
9 Ebenda, S. 28
10 Ebenda, S. 33
11 Ebenda, S. 38
12 Ebenda, S. 39
13 Ebenda, S. 39
14 Ebenda, S. 103
15 Ebenda, S. 38
16 Ebenda, S. 38
17 Ebenda, S. 106
18 Ebenda, S. 14
19 Ebenda, S. 144
20 Ebenda, S. 14
21 Ebenda, S. 131
22 Ebenda, S. 161
23 Ebenda, S. 115
24 Ebenda, S. 119
25 Ebenda, S. 129
26 Ebenda, S. 108
27 Ebenda, S. 109
28 Ebenda, S. 39
29 Ebenda, S. 108
30 Ebenda, S. 143
31 Ebenda, S. 136
32 Ebenda, S. 206
33 Ebenda, S. 206
34 Ebenda, S. 231
35 Ebenda, S. 203
36 Ebenda, S. 206
37 Ebenda, S. 142
38 Vita Sackville-West, Challenge, bei: George H. Doran co., New York, o.J., S. 252
39 Vita Sackville-West, All Passion Spent, bei: Hogarth Press, London, 1931, S. 148
40 Ebenda, S. 160
41 Ebenda, S. 169
42 Ebenda, S. 178

43 Ebenda, S. 219
44 Ebenda, S. 220
45 Ebenda, S. 221
46 Vita Sackville-West, Daughter of France, S. 71
47 Ebenda, S. 152
48 Ebenda, S. 166
49 Ebenda, S. 71
50 Nigel Nicolson, a.a.O., S. 212
51 Vita Sackville-West, The Dark Island, bei: Longmans, Green & Co, Toronto, 1934, S. 205
52 Ebenda, S. 206
53 Ebenda, S. 215
54 Ebenda, S. 243
55 Ebenda, S. 255
56 Ebenda, S. 263
57 Ebenda, S. 288

Ivy Compton-Burnett

1 Elizabeth Sprigge, *The Life of Ivy Compton-Burnett*, London, 1973, S. 152
2 Ebd. S. 115
3 Edwin Muir, zitiert von *The Observer* auf der Buchhülle von Ivy Compton-Burnett, *A Familiy and a Fortune*, New York, 1962
4 Sprigge, a.a.O., S. 117
5 Ebd. S. 115
6 Ivy Compton-Burnett, *A God and His Gifts*, New York, 1964, S. 210
7 Ivy Compton-Burnett, *A Heritage and Its History*, London, 1959, S. 239
8 Sprigge, a.a.O., S. 25
9 Ebd. S. 31
10 Compton-Burnett, *A Family and A Fortune*, Vorsatzblatt
11 Sprigge, S. 79
12 Ebd. S. 95
13 Ebd. S. 110
14 Ebd. S. 60
15 Ebd. S. 83
16 Ebd. S. 40
17 Ivy Compton-Burnett, *More Women than Men*, London, 1951, S. 18
18 Ebd. S. 196
19 Ebd. S. 195
20 Ebd. S. 196
21 Ebd. S. 199
22 Ebd. S. 223
23 Ebd. S. 227
24 Ebd. S. 15
25 Ebd. S. 209
26 Sprigge, a.a.O., S. 81

Elizabeth Bowen

1 Elizabeth Bowen, *The Hotel*, New York, 1928, S. 294
2 Ebd. S. 55

3 Ebd. S. 88
4 Ebd. S. 88
5 Ebd. S. 119
6 Ebd. S. 90
7 Ebd. S. 30
8 Ebd. S. 100
9 Ebd. S. 105
10 Ebd. S. 95
11 Ebd. S. 197
12 Ebd. S. 224
13 Ebd. S. 262
14 Ebd. S. 280
15 Elizabeth Bowen, *A World of Love*, London, 1957, S. 182
16 William Heath, *Elizabeth Bowen*, Madison, 1961, S. 8
17 Ebd. S. 14
18 Elizabeth Bowen, *Seven Winters and After Thoughts*, New York, 1950, S. 18
19 Elizabeth Bowen, *The Death of the Heart*, London, 1938, S. 149
20 Elizabeth Bowen, *The Little Girls*, New York, 1963, S. 79
21 Ebd. S. 66
22 Ebd. S. 71
23 Ebd. S. 234
24 Ebd. S. 254
25 Ebd. S. 254
26 Ebd. S. 256
27 Ebd. S. 307
28 Ebd. S. 307
29 Elizabeth Bowen, *Eva Trout*, New York, 1968, S. 197
30 Ebd. S. 238
31 Ebd. S. 48
32 Ebd. S. 153
33 Ebd. S. 154
34 Ebd. S. 203
35 Ebd. S. 271
36 Ebd. S. 247

Colette

1 Colette, "My Friend Valentine", *The Other Woman*, New York, 1972, S. 102-103
2 Colette, *Claudine a l'ecole*, Paris, 1962, Oeuvres de Colette Bd. 1, S. 15
3 Colette, *Le pure et l'impure*, Paris, 1962, Oeuvres de Colette Bd. 3, S. 373
4 Ebd. S. 373
5 Ebd. S. 311
6 Margaret Crosland, *Madame Colette, a Provincial in Paris*, London, 1953, S. 171
7 Margaret Crosland, *The Difficulty of Loving*, New York, 1973, S. 126
8 Elaine Marks, *Colette*, New Brunswick, 1964, S. 70
9 Colette, *Claudine a l'ecole*, Bd. 1, S. 87
10 Ebd. S. 67
11 Ebd. S. 15
12 Ebd. S. 85
13 Ebd. S. 86
14 Ebd. S. 86
15 Colette, *Claudine a Paris*, Paris, 1970, Oeuvres de Colette Bd. 1, S. 184

16 Ebd. S. 240
17 Ebd. S. 268
18 Colette, *Claudine en menage*, Paris, 1970, Oeuvres de Colette Bd. 1, S. 337
19 Ebd. S. 337
20 Ebd. S. 348
21 Ebd. S. 334
22 Ebd. S. 265
23 Ebd. S. 366
24 Ebd. S. 362
25 Ebd. S. 365
26 Ebd. S. 390-391
27 Ebd. S. 390
28 Crosland, *The Difficulty of Loving*, S. 134
29 Colette, *La Vagabonde*, Paris, 1970, Oeuvres de Colette Bd. 1, S. 830
30 Ebd. S. 815
31 Ebd. S. 811
32 Crosland, *The Difficulty of Loving*, S. 140
33 Ebd. S. 161
34 Marks, a.a.O., S. 113
35 Colette, "L'Habitude", *La femme cachee*, Paris, 1970, Oeuvres de Colette Bd. 3, S. 141
36 Ebd. S. 141
37 Ebd. S. 143
38 Colette, Cheris Ende, Wien 1955, S. 56
39 Colette, "My Friend Valentine", a.a.O., S. 117
40 Colette, *The Pure and the Impure*, New York, 1966, Vorwort, S. 6
41 Ebd. S. 7
42 Colette, *Le pure et l'impure*, S. 327
43 Ebd. S. 329
44 Ebd. S. 346
45 Ebd. S. 351
46 Ebd. S. 350
47 Ebd. S. 350
48 Ebd. S. 350
49 Ebd. S. 351
50 Ebd. S. 351
51 Ebd. S. 359
52 Ebd. S. 308

Violette Leduc

Anm. d. Übers.: Die Verfasserin zitiert Violette Leduc nach den amerikanischen Übersetzungen. Sie bezieht sich auf folgende Titel:
– Violette Leduc, Therese et Isabelle, bei: Dell, New York, 1968, im Folgenden: Leduc 1
– Violette Leduc, La Batarde, bei: Farrar, Straus und Giroux, New York, 1965, im Folgenden: Leduc 2
– Violette Leduc, Mad in Pursuit, bei: Farrar, Straus und Giroux, New York, 1971, im Folgenden: Leduc 3
Um das Aufsuchen der Originalzitate zu erleichtern, werden für diese Werke außerdem in Klammern die Seitenzahlen für die entsprechenden Belegstellen in den französischen Texten angegeben. Sie beziehen sich auf folgende Ausgaben:

– Für Leduc 1: Violette Leduc, Therese et Isabelle, bei: Editions Gallimard, Collection Folio, Paris 1966
– Für Leduc 2: Violette Leduc, La Batarde, bei Editions Gallimard, Collection Folio, Paris 1964
– Für Leduc 3: Violette Leduc, La Folie en Tete, bei: Editions Gallimard, Collection Folio, Paris 1970

1 Leduc 3, S. 349 (585)
2 Ebenda, S. 350 (586)
3 Ebenda, S. 256 (423)
4 Leduc 1, S. 16 (21)
5 Ebenda, S. 17 (22)
6 Ebenda, S. 17 (22)
7 Leduc 3, S. 258 (422)
8 Ebenda, S. 280 (457)
9 Leduc 1, S. 19 (24)
10 Ebenda, S. 45 (55)
11 Leduc 2, S. 109 (158)
12 Ebenda, S. 110 (158)
13 Leduc 3, S. 255 (422)
14 Leduc 2, S. 117 (169)
15 Leduc 3, S. 256 (429)
16 Leduc 2, S. 187 (256)
17 Ebenda, S. 185 (256)
18 Ebenda, S. 144 (203)
19 Ebenda, S. 187 (257)
20 Ebenda, S. 249 (336)
21 Leduc 3, S. 171 (298)
22 Ebenda, S. 171 (298)
23 Ebenda, S. 167 (294)
24 Leduc 2, S. 302 (404)
25 Ebenda, S. 316 (421)
26 Ebenda, S. 411 (541)
27 Ebenda, S. 460 (600)
28 Ebenda, S. 3 (25)
29 Leduc3, S. 351 (587)
30 Leduc 2, S. 488 (634)

Margaret Anderson

1 Margaret Anderson, *My Thirty Years' War*, New York, 1930, S. 4
2 Margaret Anderson, *The Strange Necessity*, New York, 1969, S. 135
3 Anderson, *My Thirty Years' War*, S. 4
4 Ebd. S. 5
5 Anderson, *The Strange Necessity*, S. 23
6 Anderson, *My Thirty Years' War*, S. 122
7 Margaret Anderson, *The Fiery Fountains*, New York, 1969, S. 226
8 Anderson, *The Strange Necessity*, S. 151
9 Anderson, *The Fiery Fountains*, S. 86
10 Ebd. S. 88
11 Anderson, *The Strange Necessity*, S. 148
12 Anderson, *My Thirty Years' War*, S. 40

13 Ebd. S. 232
14 Ebd. S. 40
15 Ebd. S. 231
16 Anderson, *The Strange Necessity*, S. 162
17 Ebd. S. 149
18 Anderson, *The Fiery Fountains*, S. 84
19 Ebd. S. 95
20 Ebd. S. 9
21 Anderson, *The Strange Necessity*, S. 176
22 Anderson, *The Fiery Fountains*, S. 73
23 Ebd. S. 89
24 Ebd. S. 92
25 Ebd. S. 92
26 Anderson, *The Strange Necessity*, S. 144
27 Alice B. Toklas, *What is Remembered*, New York, 1963, letzte Seite
28 Anderson, *My Thirty Years' War*, S. 96
29 Ebd. S. 97
30 Ebd. S. 3
31 Anderson, *The Strange Necessity*, S. 222
32 Ebd. S. 27
33 Anderson, *My Thirty Years' War*, S. 31

Dorothy Baker

1 Dorothy Baker, *Trio*, New York, 1945, S. 38
2 Ebd. S. 38
3 Ebd. S. 163
4 Ebd. S. 163
5 Ebd. S. 208
6 Ebd. S. 227
7 Ebd. S. 228
8 Ebd. S. 229
9 Ebd. S. 229
10 Ebd. S. 234
11 Dorothy Baker, *Cassandra at the Wedding*, London, 1962, S. 201
12 Ebd. S. 225
13 Ebd. S. 169
14 Ebd. S. 203
15 Ebd. S. 204

May Sarton

1 May Sarton, *Journa! of a Solitude*, New York, 1973, S. 123
2 May Sarton, *Mrs. Stevens hears the mermaids singing*, New York, 1965, S. 190
3 Ebd. S. 191
4 Ebd. S. 219
5 Ebd. S. 55
6 Sarton, *Journal of a Solitude*, S. 203
7 Ebd. S. 202
8 Ebd. S. 202
9 Ebd. S. 202

10 Ebd. S. 91
11 Ebd. S. 91
12 Ebd. S. 100
13 Ebd. S. 99
14 Ebd. S. 113
15 May Sarton, *The Small Room*, New York, 1961, S. 247
16 Ebd. S. 22
17 Ebd. S. 23
18 Ebd. S. 69
19 Ebd. S. 34
20 Ebd. S. 196
21 Ebd. S. 196
22 Ebd. S. 185
23 Sarton, *Mrs. Stevens...*, S. 19
24 Ebd. S. 25
25 Ebd. S. 26
26 Ebd. S. 28
27 Ebd. S. 29
28 Ebd. S. 94
29 Ebd. S. 95
30 Ebd. S. 42
31 Ebd. S. 47
32 Ebd. S. 125
33 Ebd. S. 129
34 Ebd. S. 125
35 Ebd. S. 112
36 Ebd. S. 112
37 Ebd. S. 172
38 Ebd. S. 98
39 Ebd. S. 65
40 Ebd. S. 119
41 Ebd. S. 123
42 Ebd. S. 143
43 Ebd. S. 144
44 Ebd. S. 149
45 Ebd. S. 156
46 Ebd. S. 163
47 Ebd. S. 164
48 Ebd. S. 166
49 Ebd. S. 173
50 Ebd. S. 170
51 Ebd. S. 180
52 Ebd. S. 156
53 Ebd. S. 209
54 Ebd. S. 210
55 Ebd. S. 157
56 Ebd. S. 158

Maureen Duffy

1 Arno Karlen, *Sexuality and Homosexuality*, New York, 1971, S. 210

2 Maureen Duffy, *The Microcosm*, London, 1966, S. 173
3 Ebd. S. 268
4 Ebd. S. 288
5 Ebd. S. 7
6 Ebd. S. 30
7 Ebd. S. 272
8 Ebd. S. 51
9 Ebd. S. 50
10 Ebd. S. 129
11 Ebd. S. 108
12 Ebd. S. 109
13 Ebd. S. 13
14 Ebd. S. 15
15 Maureen Duffy, "Rites," *New Plays: 2*, London, 1969, S. 7
16 Ebd. S. 35
17 Ebd. S. 7
18 Maureen Duffy, *Wounds*, New York, 1969, S. 7
19 Ebd. S. 33
20 Ebd. S. 127
21 Ebd. S. 124
22 Maureen Duffy, *That's How It Was*, New York, 1966, S. 83
23 Ebd. S. 191
24 Duffy, *The Microcosm*, S. 16
25 Maureen Duffy, *Love Child*, New York, 1971, S. 65
26 Ebd. S. 181
27 Ebd. S. 196
28 Ebd. S. 215
29 Maureen Duffy, *The Paradox Players*, London, 1967, S. 217
30 Ebd. S. 218

Belletristische Bücher der letzten vierzig Jahre

1 Isobel Miller, A Place for Us, bei: Bleecker Street Press, New York, 1969, S. 129
2 Gale Wilhelm, We Too Are Drifting, bei: Random House, New York, 1935, S. 203
3 Ebenda, S. 204
4 Djuna Barnes, Nightwood, bei Harcourt, Brace & Co., New York, 1937, S. 41
5 Ebenda, S. 42
6 Ebenda, S. 187
7 Ebenda, S. 179
8 Ebenda, S. 196
9 Ebenda, S. VII
10 Elisabeth Craigin, Either is Love, bei: Pyramid Books, New York, 1963, S. 43
11 Ebenda, S. 57
12 Ebenda, S. 58
13 Ebenda, S. 57
14 Ebenda, S. 63
15 Ebenda, S. 76
16 Ebenda, S. 112
17 Ebenda, S. 122
18 Ebenda, S. 20
19 Ebenda, S. 20
20 Anais Nin, Ladders to Fire, bei: E. P. Dutton & Co., New York, 1946, Vorwort

21 Ebenda, S. 185
22 Han Suyin, Cast But One Shadow und Winter Love, bei: Jonathan Cape Ltd., London, 1970, S. 181
23 Ebenda, S. 206
24 Ebenda, S. 233
25 Claire Morgan, The Price of Salt, bei: Bantam Giant, New York, 1958, S. 69
26 Isobel Miller, a.a.O., S. 18
27 Joan Haggerty, Daughters of the Moon, bei: The Bobbs-Merrill Co., Inc., New York, 1971, S. 205
28 Ebenda, S. 283
29 Elisabeth Jane Howard, Odd Girl Out, bei: Viking, New York, 1972, S. 212
30 Ebenda, S. 260
31 Rita Mae Brown, Rubyfruit Jungle, bei: Daughters Inc., Plainfield, Vermont, 1973, S. 28
32 Ebenda, S. 33
33 Ebenda, S. 155

Neuere Sachliteratur

1 Ann Aldrich, We walk Alone, bei: Fawcett Publications, Inc. New York, 1955, S. 30
2 Ebenda, S. 37
3 Del Martin and Phyllis Lyon, Lesbian/Woman, bei: Glide Publications, 1972, S. 9
4 Ebenda, S. 75
5 Sidney Abbott and Barbara Love, Sappho Was a Right-On Woman, bei: Stein & Day, New York, 1972, S. 134
6 Del Martin und Phyllis Lyon, a.a.O., S. 266
7 Ebenda, S. 73
8 Ebenda, S. 57
9 Ebenda, S. 44
10 Robin Morgan, Lesbianism and Feminism: Synonyms or Contradictions, in: Amazon Quarterly, Bd. 1 Heft 3, S. 12
11 Ebenda, S. 17
12 Sidney Abbott and Barbara Love, a.a.O., S. 13
13 Ebenda, S. 16
14 Ebenda, S. 22
15 Ebenda, S. 168
16 Ebenda, S. 59
17 Ebenda, S. 60
18 Rita Mae Brown, Take a Lesbian to Lunch, in: Karla Jay und Ellen Young (Hrsg.), Out of the Closets-Voices of Gay Liberation, bei: A Douglas Book, New York, 1972, S. 195
19 Sidney Abbott und Barbara Love, a.a.O., S. 115
20 Ebenda, S. 107
21 Ebenda, S. 176
22 Ebenda, S. 209
23 Ebenda, S. 164
24 Ebenda, S. 164
25 Martha Shelly, Gay is Good, in: Karla Jay und Ellen Young (Hrsg.), Out of the Closets-Voices of Gay Liberation, New York, 1972, S. 34
26 Radicallesbians, The Woman-Identified Woman, in: Karla Jay und Ellen Young (Hrsg.),

Out of the Closets-Voices of Gay Liberation, New York, 1972, S. 172
27 Jill Johnston, Lesbian Nation, The Feminist Solution, bei: Simon and Schuster, New York, 1973, S. 143
28 Ebenda, S. 15
29 Ebenda, S. 225
30 Ebenda, S. 22
31 Ebenda, S. 22
32 Ebenda, S. 48
33 Ebenda, S. 55
34 Ebenda, S. 54
35 Ebenda, S. 59
36 Ebenda, S. 80
37 Ebenda, S. 66
38 Ebenda, S. 95
39 Ebenda, S. 127
40 Ebenda, S. 141
41 Ebenda, S. 179
42 Ebenda, S. 180
43 Ebenda, S. 166
44 Ebenda, S. 275
45 Ebenda, S. 138
46 Kate Millet, zit. nach: Chris Chase, jilljohnstonjilljohnstonjilljohnstonjilljohnston, in: Ms, November 1973.

Von den in diesem Buch berücksichtigten Autorinnen sind derzeit folgende Titel in deutscher Sprache zugänglich (Bibliotheken u.s.w.):

Dorothy Baker, *Verklungene Trompete*, Zürich, 1961

Djuna Barnes, *Antiphon*, Frankfurt a.M., 1972
Nachtgewächs, Frankfurt a.M., 1971

Simone de Beauvoir, *Alle Menschen sind sterblich*, Reinbek
Alles in allem, Reinbek, 1974
Das Alter, Reinbek, 1977
Das andere Geschlecht, Reinbek, 1968
Das Blut der anderen, Reinbek
Eine gebrochene Frau, Reinbek, 1972
In den besten Jahren, Reinbek
Der Lauf der Dinge, Reinbek
Die Mandarins von Paris, Reinbek
Memoiren einer Tochter aus gutem Hause, Reinbek
Ein sanfter Tod, Reinbek
Sie kam und sie blieb, Reinbek, 1972
Die Welt der schönen Bilder, Reinbek 1971

Elizabeth Bowen, *Seine einzige Tochter*, Berg. Gladbach, 1976

Rita Mae Brown, *Rubinroter Dschungel,* Reinbek, 1978

Colette, *Cheri und Cheris Ende*, Auslieferung Frankfurt a.M.
Claudine, Auslieferung Frankfurt a.M.
Claudine erwacht, Frankfurt a.M., 1976
Claudine geht, Frankfurt a.M., 1977
Claudine in der Ehe, Frankfurt a.M., 1976
Claudine in Paris, Frankfurt a.M., 1976
Claudines Mädchenjahre, Auslieferung Frankfurt a.M.
Duett, Auslieferung Frankfurt a.M.
Eifersucht, Auslieferung Frankfurt a.M.
Die erste Madame d'Espivantt, Auslieferung Frankfurt a.M.
Erwachende Herzen, Auslieferung Frankfurt a.M.
Die Fessel, Auslieferung Frankfurt a.M.
Die Freuden des Lebens, Auslieferung Frankfurt a.M.
Friede bei den Tieren, Auslieferung Frankfurt a.M.
Geträumte Sünden, Auslieferung Frankfurt a.M.
Gigi, Auslieferung Frankfurt a.M.
Gigi und andere Erzählungen, Reinbek
Das Hotelzimmer, Auslieferung Frankfurt a.M.

Die Liebenden, München
Mitsou, Auslieferung Frankfurt a.M.
La Seconde. Die Andere, Auslieferung Frankfurt a.M.
Sido, Auslieferung Frankfurt a.M.
Wir Komödianten vom Variete, Auslieferung Frankfurt a.M.
Ivy Compton-Burnett, *Eine Familie und ein Vermögen*, Köln, 1966
Phyllis Chesler, *Frauen – das verrückte Geschlecht?*, Reinbek, 1974
Maureen Duffy, *Die Lady ist fürs Feuer*, München, 1978
Radclyffe Hall, *Quell der Einsamkeit*, Berlin
Elizabeth Howard, *Das Mädchen Melissa*, Frankfurt a.M., 1978
Jill Johnston, *Lesben Nation*, Berlin, 1976
Violette Leduc, *Die Bastardin*, Reinbek, 1978
Therese und Isabelle, München, 1967
Isabel Miller, *Patience & Sarah*, Reinbek, 1978
Nigel Nicolson, Sohn von Vita Sackville-West, *Portrait einer Ehe*, München, 1978
Anais Nin, *Das Delta der Venus*, Bern/München, 1978
Tagebücher 1944 - 1947, München, 1977
Tagebücher 1947 - 1955, München
May Sarton, *Johanna und Odysseus*, 1966
Gertrude Stein, *Autobiographie von Alice B. Toklas*, Zürich, 2. Aufl. 1968
Drei Leben, Zürich, 1960
Erzählen, Frankfurt a.M., 1971
Kriege die ich gesehen habe, Frankfurt a.M., 1978
Paris, France, Persönliche Erinnerungen, Frankfurt a.M., 1975
Picasso, Zürich, 1975
Was ist eigentlich Literatur?, Zürich, 1965
Zarte Knöpfe. Tender Buttons, zweisprachig, Frankfurt a.M., 1978
Han Suyin, *Alle Herrlichkeit auf Erden*, Berlin
Eine Winterliebe, Berlin
Der Wind ist mein Kleid, Berlin
Wirf einen Schatten nur, Berlin
Wo die Berge jung sind, Berlin
Zwischen zwei Sonnen, Berlin
Charlotte Wolff, *Flickwerk*, München, 1977
Die Hand des Menschen, Weilheim
Innenwelt und Außenwelt. Autobiographie eines Bewußt-

seins, München, 1971
Psychologie der lesbischen Liebe, Reinbek, 1973

AMAZONEN-Frauenverlag

Monique Wittig
aus deinen zehntausend Augen Sappho
(Originaltitel der franz. Ausgabe: LE CORPS LESBIEN)
Ein poetisches Werk von eigenwilliger Schönheit und Faszination. Eine Frau mit sich – zwei Frauen miteinander, zärtlich, schonungslos. Traumhafte und halluzinatorische Visionen, bruchlos in Realität sich einfügend und sie dennoch tausendfach brechend. Beklemmende, leidenschaftliche, grausam nüchterne, märchenhaft zarte Bilder – teilweise der griechischen Mythologie entlehnt, geben sie einer inneren Welt von Frauen Ausdruck, die mit Sprache, wie wir sie kennen, kaum noch vermittelbar, nur noch fühlbar ist.
Monique Wittig erhielt für ihr erstes Werk Opoponax (1964) den Prix Médicis. Weitere Veröffentlichungen: Les Guérillères (1969), Brouillon pour un dictionnaire des amantes (1976).

DM 12,—

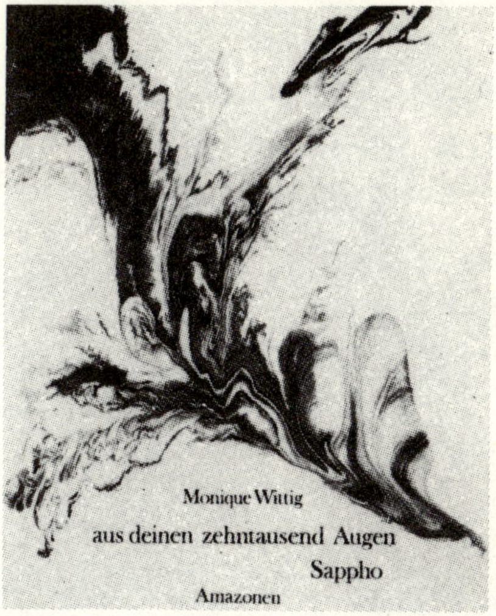

Jill Johnston
Lesben Nation
Der originellste und umwerfendste Ansatz, ausgehend von der individuellen gelebten lesbischen Praxis die feministische Theorie aus der Sackgasse herauszuführen. Brilliant eigenartig visionär formuliert Jill Johnston aus der selbstkritischen Analyse ihrer Biographie die grosse Herausforderung: „Alle Frauen sind Lesbierinnen außer denen, die es noch nicht wissen." Dies ist nur ein Beispiel für die mutigen, ironischen, einfallsreichen und oft brisanten Provokationen, mit denen die Journalistin Jill Johnston die amerikanische Öffentlichkeit und Frauenbewegung in Wort und Tat gleichermaßen beunruhigte und schockierte.

DM 16,-

June Arnold

SISTER GIN

„Sister Gin ist eine Novelle, die sich um eine Phase intensiver Entwicklung im Leben ihrer Hauptperson Su rankt, einer alternden Zeitungsrezensentin. Es ist insbesondere die Geschichte der üblicherweise nicht eingeplanten Weiterentwicklung dieser Frau und der Auswirkungen dieser Veränderung auf ihre Umgebung und auf Bettina, ihre Geliebte. Sie beginnt plötzlich, mannigfaltige, durchaus auch chaotische Wege zu gehen, ihre Affäre mit Mamie Carter, der 77jährigen, droht ernsthaft ihre Beziehung mit Bettina zu gefährden, bis sie sich schließlich in völlig vertauschten Rollen wiederfinden: Bettina, nicht mehr träge, fett, findet ihr Selbstvertrauen, nimmt sogar noch eine Arbeit an, während Su zuhause zurückbleibt, mit einer Flasche Gin ihre Träume zu verwirklichen sucht, von denen sie ihr Leben lang nur geträumt hatte.
Sie schwimmen in Alkohol, sie quälen sich durch die Wechseljahre, sie leiden unter ihrer Einsamkeit und unter ihrer Fettleibigkeit, und auch unter ihren gegenseitigen Wandlungen und Spielen, und erhalten sich dennoch ein hohes Maß an Humor, an Sensibilität, und eine anhaltende Gesundheit, in ihrer Abkehr von den Tabus, die für gewöhnlich dem Altwerden anhaften.

Amazonen-Frauenverlag

Frauen aus dem Fluss

Phantasie ? Realität ? Eine Autobiographie ? Frauen in den späten Sechzigern in den USA. „Da ist Inez. Da ist Abby. Da ist die Geschichte davon, was es bedeutet, Frauen zu sein und sich zu lieben mit siebzehn, mit den Jahren die sie gerade hinter sich gelassen haben (und warum es so kam), und den Jahren, die vor ihnen lagen . . ." Elana Nachmans Roman ist nicht nur die Stimme einer einzelnen Frau, es sind die Stimmen vieler Frauen, ihrer Erfahrungen, ihrer Wünsche, ihrer Träume.

DM 12,—